창광 명리학

# 실전 · 임상

## 2

**실전 임상 2**

지은이 • 더큼학당 엮음
펴낸곳 • 도서출판 신지평
펴낸이 • 김종현
표지 디자인 • 이미지라인
초판 1쇄 발행 • 2021년 2월 15일
등록 • 1995년 9월 22일 (제1-1932호)
주소 • 일산동구 무궁화로 40~428
전화 • (031) 902~5419
팩스 • ((031) 902~5418
E-mail • kj9694@hanmail.net

ⓒ 더큼학당
저자와의 협약에 의해서 인지를 생략합니다.

정가 35,000원
ISBN • 978-89-85535-26-7  03150

창광 명리학

# 실전·임상 2

더큼학당 엮음

**신지평**

## 책을 펴내며

　명리학 학습에 가장 큰 스승은 첫째가 고객이라고 여긴다. 시간의 변화에 따른 응용력이 필요하기 때문입니다. 타고난 명조를 기반으로 성장과 퇴보의 정도를 파악하는 잣대를 현장의 임상을 통해서 숙지할 수 있다고 봅니다.
　둘째는 고전이라고 여긴다. 자연현상과 만물의 생장성멸(生長成滅)을 관찰하고, 이에 맞는 생활을 통하여 재능을 발휘하고, 생존력을 높여나가는 방법을 제시하기 때문이다.
　셋째는 위의 두 가지를 제공해주는 강사의 몫이다. 학습가이드라인과 상담기법을 통하여 통찰력을 길러주는 것이다.
　넷째는 자기 자신이 된다.
　위의 세 가지를 통하여 이론과 기법을 습득하고, 자신에 맞는 궁리(窮理)를 해야 한다. 고객의 삶에 대한 궁리가 우선되어야 하며, 고전에서 이론을 터득하고, 스승으로부터 방법론을 제공받고, 자신의 역할은 무엇인가를 궁리해야한다.

　명리학은 운명(運命)을 논하는 학문으로서 명(命)에서 타고남을

  알고, 운(運)에서 명(命)에 맞는 재능을 발휘하는 임무와 사람 간에 제 모습을 다하는 역할을 논하는 것이라고 여긴다. 이에 오행(五行)의 상생(相生)과 상극(相剋)에서 만물의 생장성멸(生長成滅)을 찾아서 용신(用神)의 희기(喜忌)로 만물을 다루는 재능을 통하여 임무를 수행하는 과정이 제공되어 있다. 그리고 육신(六神)의 생화(生化)와 극제(剋制)관계에서 사회적 관계를 찾아서 격국(格局)의 희기(喜忌)로 사람 간에 자기 모습에 맞게 역할을 수행하는 과정이 제공되어 있다.

  고전을 통하여 현대적 해석에 중점을 두고 학습방법을 제시하여 명학의 깊이와 폭을 가늠하고자 하는 더큼학당의 명학강의를 주도하여 주신 창광 김성태님에게 감사드립니다.

                              **더큼학당 수강생 및 편집인 일동 두손모음**

　　이번의 실전·임상 시리즈 창광명리학 강의는 더큼학당에서 창광선생님이 강의하고 수강생들이 기록한 것을 토대로 엮은 것입니다.
기록에 참여해주신 김경희님, 김동영님 이명숙님, 이미자님, 진마령님, 이경대님, 김태금님, 김지숙님, 위경님, 김용애님, 김써니님 감사드립니다.

　　더큼학당에서는 앞으로도 창광명리학 실전·임상 시리즈를 계속 발간하여 완성시킬 것입니다.

　　창광명리학 실전·임상 시리즈 발간 이후에는 초급편, 중급편, 고급편, 각론 등의 시리즈를 지속적으로 발간하여 창광명리학 체계를 전반적으로 완성시켜 나갈 것입니다.

　　독자 여러분들의 지속적인 관심 속에서 창광명리학 전집은 완성되어 나가게 될 것입니다.

　　또한 독자분들이 책을 구입하신 후 더큼학당사이트에서 'dk-academy'를 입력하면 강의를 10프로 할인된 금액으로 수강하실 수 있습니다...

# 차 례

**창광명리학**

실전·임상 2

책을 펴내며 ● 4

제 6강 ● 9

제 7강 ● 77

제 8강 ● 141

제 9강 ● 211

제 10강 ● 281

제 11강 ● 355

# 제 6강

## 6강 1교시. 임상노트

| 팔품 | 용신 | 격국 | 일간 |
|---|---|---|---|
| 1. 조후의 덕 | 1. 당령의 임무에 | 1. 상신의 가격과 준비 | 1. 양간 |
| | 1) 음양배합의 자질계발 | | 2. 음간 |
| 2. 합충의 변화 | 2) 환경 적합성 | 2. 구신의 신분과 경쟁력 | |
| | 3) 가치상승에 필요한 노력 | | 3. 처세 |
| 3. 대운의 진행 | 4) 가치활용에 대한 효과 | 3. 세운에서의 효과 | 4. 세운의 문제 |

사주 예시 1)

격 : 주왕이

丁火령에

局이 없고

| 時 | 日 | 地 | 天 |
|---|---|---|---|
| 己 | 己 | 辛 | 己 |
| 巳 | 酉 | 未 | 酉 |

乾 9

### 1. 격국 : 편인격

격이 뭐예요? 주왕이 丁火령에 局령이 없고... 사량이 9대운이니까 丁火 사령에 났죠? 주왕이 丁火令에 局이 없고 편인격이다. 항상 쓸 때 辰戌丑未는 고려를 해서 쓰세요. 주왕에 낳다. 이것도 감안을 하시고, 未월은 丁火가 令이다. 局이 있나 없나 살펴보는 거예요.

### 局의 유무

局이 있으면 과거의 경험과 경력을 적극 활용해서 잡기로 모아 놓았다 생각 하면 돼요. 局이 없으면 과거 경험과 경력을 모아놓지 않았다고 생각 하는 거예요. 局이라는 게 亥卯未가 국이잖아요. 局이 있으면 과거에 경험과 경력을 모아 놓았다. 局이 없으면 경험과 경력을 모아 놓지 못했다.

성국이 됐으면? 성국이란 천간에 투간도 됐으면 이런 말이잖아요. 성국이 됐으면 "이 사람이 지도자도 해 봤다." 이렇게 생각하면 됩니다. 국이 없죠? 그러니까 이 사람은 과거의 경험과 경력을 후기에도 **사용할 수 없다**는 뜻이에요. **오랫동안 사용할 수 없다**는 이런 의미가 포함 되어있고, 그리고 지도자를 해 본 적이 없다고 하시면 됩니다. 누구나 지도자를 해 보긴 해 보져. 그렇지만 해 본적이 없다 이렇게 말하면 됩니다.

### 主王이란

主王이라는 건 未月이 주왕이란 뜻이에요. 다 모여 있다는 뜻이에요. 주왕이란 말이 뭔 말이냐면, '다 모여 있다. 장소적 특징도 중요하다. 사람들이 모이는 것도 중요하다. 전체를 관장해야 되는 것이다.' 이러한 뜻입니다. 주왕에 난 건 사실입니다.

丁火 슈이니까 용신이 당령을 기준해서 丁火다 이런 의미입니다. 그럼, 이제 항상 여러분들에게 격부터 들어가라고 했죠? 나이가 먹었으니까 또 격부터 해야 되고, 1969년생이면 50 넘었네. 격부터 하는 겁니다.

### 1) 상신 : 살인상생

殺이 있어, 없어? 상신이 있으면 살인상생이 되는 겁니다. 殺은 있긴 있죠? 未중에 乙木이 있긴 있잖아요. 그런데 殺이 목국을 이루지 못했기 때문에 제화능력으로 연결 되지는 못합니다. 살아온 흔적은 있지만, 그것이 경쟁력으로 연결 되지는 못한다고 생각하시면 됩니다. 그래서 뛰어나지 않은 살인상생이 됩니다. 이 사람이 뛰어나지 않은 것이 아니라, 경쟁력이 뛰어나지 않다는 뜻이에요.

만약에 식상이 없으면 경쟁할 필요가 없으니, 그냥 뛰어나다 그러는 거예요. 그런데 식상을 제화해야잖아요. 안 그려? 그러니 경쟁력은 뛰어나지 않다고 생각하는 거예요. 똑똑하지 않다는 말이 아니에요. 제화가 안 되잖아요. 식상이 제화가 안 되니까, 재차 살인상생은 안 된다는 뜻입니다.

### 2) 구신 : 인비

救神은 있죠. 구신은 印比가 있잖아요. 상신도 있고 구신도 있습니다. 아주 뛰어난 구신을 가지고 있는데, 뭘 못했죠? 比를 制하기 못했잖아요. 그러니까 **구신으로 경쟁하지 않은 안전함만 있다고** 생각하시면 됩니다.

### 3) 세운

격국의 운에서 이 사람은 무슨 운에 들어왔어여? 구신이 들어왔죠. 구신 인비 중에 비견이 들어왔죠. 신분변화 운세가 들어 온 겁니다. 구신은 항상 뭐라고 했어? 신분과 지위 변화라고 했죠. 단가 변화여, 신분 변화여? 격국은 신분 변화 운세가 들어왔습니다. 질문이 뭐여?

**질문**
교수님이신데 나라에서 문화 예술의 도시를 만들려고 하는데 본인 학교가 참여할 수 있을까요?

**답변**
뭐라고 했어?

**질문**
참여할 수 있다고....

**답변**
하여간 그런 기회가 왔는데 기신이 없음으로 성사는 불투명합니다. 미안하다고 했어? 구신이 기신이 없잖아요. 신분변화 운세가 왔는데, 그것이 효과가 나와야 되잖아요. 신분변화 운세가 인비니까,

신분변화 운세가 왔어. 하나의 신분에 하나의 신분을 더 보태는 운세죠? 이렇게 왔는데 "없습니다." 이렇게 말해야죠.

**질문**
2023년이어도요?

**답변**
왜 갑자기 2019년에서 2023년으로 넘어가는 거야? 이유가 뭐야? 시간이 지나면 되죠.

**질문**
"2023년까지 끌고 가십시오."라고 했는데…

**답변**
그랬어? 그러면 성사가 됩니다. 이런 운세입니다. 사주보면 뭘로 볼까 고민을 해 봐야죠. 만약, 이 사람이 나이가 젊어서 왔다 이렇게 하면 또 어떻게 할 건가? 용신으로 봐야죠. 젊어서 왔으면.

### \*\* 창광의 사주 통변 \*\*

그러면서 기타 여러 가지로 봤을 때, 뭐 볼게 없나 또 따져 봐야죠? 그러면 여기서부터 쭉 따져보면 이 나이에 조후 따져서 뭐 할 거여.

#### 2019년 택궁 : 亥未 三合

그러면 팔품에서 환경변화가 일어나나 봐야 되죠. 그럼, 세운 진행을 보니까, 2019에 택궁에 일이 벌어 졌져? 뭐가 벌어졌어? 亥未가 벌어졌져. 亥未가 벌어졌으니 이건 뭐에요? 재능이죠. 택궁에서 벌어졌으면 자기가 가진 방합이, 삼합이 들어오면 **환경을 적극 활용해서 그것으로 일을 맡아 재능을 발휘하라고** 들어왔죠? 환경에서 자기 재능을 발휘할 일이 생겼다는 뜻입니다.

**삼합이 있는 상태에서 방합이 들어오면**
만약, 월령에 삼합이 있다가 방합이 들어오면 뭐라고 했어? 자기가 재능이 있었는데, 방합이 들어왔으니까 환경에 활용할 일이 생긴 거죠. 그렇지만 이것은 방합에서 삼합이 들어왔으니까, 환경에서 자기 할 일이 생긴 거지? 의미가 이렇습니다. 그러면 올해 운세가 뭐여? 합충의 변화가 하나 또 들어와 있죠. 환경을 적극 활용하여 그것을 재능으로 활용할 수 있는 년운이 도착을 했다는 뜻입니다.

그러니까 아까 질문에는 된다고 해야 돼, 안 된다고 해야 돼? 된다고 해야 되는데, "기신이 없음으로 당신의 큰 공헌도는 아니고, 단독으로 대장이 되는 건 아닌 것 같아요. 큰 신분 변화가 아니라 참여 변화입니다." 이런 식으로 얘기해야 되져.

명리학 개론 2에 보면 거의 대다수가 들어가면서부터 뭐라고 되어 있어? 형합의 理라고 써 있져? 형합문제 써 있잖아. 전부 다 이 문제로 구성이 되어있습니다.

편인격이 구신이 왔고, 환경에 적극 활용하는 삼합이 왔다는 뜻입니다.

## 2. 용신

### 1) 당령
丁火가 당령입니다.

### 2) 세운

丁火 슈에 올해는 무슨 운에 온 거죠? 올해는 己가 오고, 밑에는 壬水가 왔잖아요. 그럼 丁己는 뭐에요? 丁火를 항상 재능이라고 하죠? 재능을 발휘할 환경이 왔져. 그런데 그것이 이 사람이 기획, 꾸민 사람이에요, 적합한 환경에서 일할 사람이에요? 그걸 현장에서 만난 거죠? 꾸미는 대장이 아니라고요. 亥중에 壬水잖아요. 己壬하면 되잖아요. 그냥 亥 그럴까? 亥를 壬水로 봐야 되는데. 이러한 것을 어디 가서 해여? 현장에서 하는 일이 왔다 이런 식입니다. 이거는 지위 이런 것이 아니라 재능을 어떻게 활용하는가에 대한 문제가 있다는 뜻입니다. 대운을 보던, 세운을 보던 나이가 들었으면 용신보다는 격국으로 보기를 권장을 합니다.

### 3) 일간

일간은 어때요? 己土. 일간이 근이 있어요? 근은 있는 것 같고, 생존력은 어때? 없어요. 돈을 많이 버는 사람은 아니에요. 그렇다고 능력이 뛰어난 사람도 아니고. 그냥 그렇게 편인격이 신분이 고정되어 있는 사람이다. 편인격이 구신이 있잖아요. **이 사주는 편인격에 구신을 갖춘 사람이에요. 그럼 신분이 안정되어 있다는 뜻이지, 뛰어난 인물은 아니다**는 뜻입니다.

### 2019년 정리

격은 구신이 들어왔고, 팔품은 방합에 삼합이 들어왔다. 이 두 가지만 가지고도 통변이 가능한 내용입니다. 두 가지만 가지고. 격에는 구신이 들어왔잖아. 팔품에는 방합에 삼합이 들어왔어. 그러니까 누

未로 방합해야지 원래가 단단하죠? 巳未 정도로는 이 사람이 질문이 확실시 된 질문이 아니라는 증거가 저기 있습니다. 그동안에 공헌도 도 큰 것은 아니라, 이 사람이 뭐 신분을 개인적으로 따내는 것은 아닌 것 같은 느낌이 들죠. 자기 조직에서 오더를 따서 자기가 참여하는 정도라는 약간의 문제가 있는 거지.

**질문**
00대 교수인데 기회가 좋다고 생각하시는 것 같은데…
**답변**
기회가 좋지. 두 가지가 다 있으니까… 참여하신다고 말씀을 드려야지. 그런데 단독은 아니신 거 같다는 의미를 가지고 있습니다. 그리고 자기가 연구한 게 아니고, 참여하는 정도다 이 정도만 생각 해주시면 됩니다. 하여간 나한테 왔으면 그거 힘들겠는데 이렇게 얘기하지. 또 사주!

------------------------------------------

사주 예시 2)

| 時 | 日 | 地 | 天 | |
|---|---|---|---|---|
| 庚 | 甲 | 辛 | 辛 | 坤 |
| 午 | 申 | 卯 | 酉 | 10 |

격 : 양인격

용신 : 甲木

1. 격국 : 양인격

격은 양인격이죠. 당령은? 지금 용신 쓰는 건 당령하는 중이에요. 당령은 10대운이면 甲木이죠? 여자 아니여? 이렇게 해놓고 두 가지는 항상 머릿속에 넣어야 됩니다.

己亥 운세

양인격에 올해 운세는 뭐 들어 왔어여? 이도가 안 되어 있으니, 뭐 들어 왔어여? 상신이 편관이잖아요. 편관에 재생살이 들어 온 것인지, 인성이라는 구신에 기신이 들어온 것인지 찾아 봐야 되죠. 일단, 인성에 기신이 들어 온 거예요. 재성이면 일단은 기신이죠? 구신에 대한 기신이 들어와 있습니다. **양인격은 상신이 편관이고, 편인이 구신입니다.** 구신에 대한 기신이 들어왔으니 무슨 운이여?

흉신의 상신과 구신

여기 쳐다 보세요. 기신 운이 들어왔습니다. 구신에 대한 기신. 길격하고 좀 틀리죠? 그러면 상신이면 뭐하는 거예요? 흉격에 상신은 자격조건, 지위입니다. 직업이동 변화입니다. 구신은? 임무수행 조건 그럽니다. 가격하고는 상관 없어요. 흉신을 가격, 돈 얘기 하려면 흉격에는 이도 된 것 가지고 따져야 됩니다. 그러니까 이거는 **업무 변화, 임무 변화, 업종 변화** 이런 것 있잖아요. 이런 변화가 왔다 생각하시면 됩니다. 구신에 대한 기신, 임무변화.

2. 용신

용신은 甲木입니다.

1) 癸甲
2) 己癸甲
3) 辛癸甲
4) 己辛癸甲丙

올해운세가 뭐에요? 甲木은 1번 癸甲이죠. 2번 己癸甲, 3번 辛癸甲, 4번 己辛癸甲丙 이렇게 해야 되잖아요.

己亥년

올해는 己가 들어왔죠? 이게 뭐 하는 거예요? 올해 운세는 2번 己癸甲이 들어 왔으니, 성장 중에 癸水가 뭐라고 했져? 애가 고등학생인가?

고등학생이 아니면 '새로운' 그러죠. 새로운 변화에 맞는 자기 투자, 자기 개발이 들어 온 겁니다. 이게 용신운입니다.

질문

초등학교 선생님인데, 애기 가질 수 있나?

** 창광의 사주통변 **

합충

팔품으로는 뭐여? 팔품은? 삼합이 들어 왔습니다. 그런데 어디에서 들어 온 거여? 그냥 들어온 거죠? 방합이 있는데 들어왔어, 그냥 있는데 들어왔어? 그냥 들어왔죠. 그러면 삼합이라고 하니 가택변화 밖에 없습니다. 이사수. 방합이 있는데 삼합이 들어왔으면 환경에 맞는 재능이 되는데, 이것은 단순한 이사 수밖에 없습니다.

그래서 격에는 구신에 대한 기신이 들어왔구여, 그런데 구신이 없으니까 효과가 없습니다. 맥없이 들어 온 것이고, 만약에 구신이 있었으면 뭐가 변해? 업종이 변합니다, 부서가 변한다는 뜻이에요. 흔한 말로 이렇게 하는 거예요. **"소임이 변한다."** 이렇게 하면 됩니다. 소임 변화 있죠. 그게 없습니다.

용신은 진행 중에 자기 개발을 해야 된다는 뜻이죠? 己癸가 들어왔죠. 근데 癸水가 있어, 없어? 자기개발 관심이 또 없습니다. 삼합은 들어왔는데 방합은 없이 들어왔죠? 이것도 또 자기 재능개발은 아니죠. 그냥 맥없이 들어왔기 때문에 이사수입니다. 운은 들어왔는데 와 가지고 뭐 해? 할 일을 안 하죠. 할 일을 또 안 하는 것에 들어간다는 뜻입니다. 질문이 뭐여?

**질문**
애기를 가질 수 있는지…

올해 운세는 있어, 없어? 없습니다. 그래서 2019년 운세는 無事, "일 없어." 운세입니다. 한글말로 해야 되니까 "일 읍서." 격으로 봐도 일이 없고, 용신으로 봐도 일이 없고 그리고 팔품으로 봐도 일 없어. 일이 없으면 이사나 가라 이런 뜻입니다.

제6강 19

뭐 이사 가라구? 그 집이 내가 사는 집인지, 이 몸뚱이가 집인지 모르잖아요. 어떤 집이여? 살 빼고, 몸뚱이 가꾸고, 몸뚱이 이사수입니다. 집이 이사가 아니라, 몸뚱이 이사수입니다.

아니, 월지에는 뭐가 들어가 있으라고 했어? 택궁이라고 했죠. 여러분들 사는 땅이 어디여? 집도 땅이고, 어디 살아? 여기 살잖아. 이거 이사도 가야지. 그렇잖아요. 이런 뜻입니다.

**질문**
몸 이사인지, 집 이사인지 어떻게 알아요?

**답변**
예리한 질문이야. 하여간 눈 쌍까풀도 고치고 그러잖아, 시력 말고. 이런 것 고치는 거. 손톱에도 바르고 하는 것처럼 몸뚱이를 이쁘게 가꾸도록 해라. 워낙 못생겼기 때문에 바꿔야 되어. 이런 것들을 뜻합니다.

**질문**
되게 궁금한데...

**답변**
무지하게 궁금하져, 나중에 비밀로 가르쳐 줄게요. 거주지인지, 이몸 집인지 이런 것 있잖아요. 되게 궁금하지? 나중에 몰래 가르쳐 줄게요. 질문이 뭐라구?

**질문**
애기 가질 수 있냐고?

**답변**
임신하고 싶다고? 하면 되는데 왜 그러지?

**질문**

자연 임신이 안 돼서요.

**답변**

미안하네. 왜 여지껏 애를 안 가졌지? 문제없어요. 물어보면 "올해는 안 되겠네." 이렇게 말하는데, 하여간 가지면 되지 뭐. 참, 답변이 힘드네. 좀, 그러네. 씨가 활성화가 안 됐네요. 거기다 쓰세요.

위 사주는 木旺節 출생하고 甲木이다. 金氣가 중중하여 한랭케 하며 위협을 하니 庚金으로 벽갑하여 쪼개고, 丁火로 인화하는 것이 마땅한 재주다. 時間의 庚金과 時支의 午중 丁火가 그 담당이니, 늦게까지 재주를 다하라. 하지만, 인덕은 이와 같지 않으니 丙火로 金氣를 제지하여 한랭한 木氣를 구하고, 癸水로 보양하여 甲木의 체를 유지하며 己土로 수분을 보호하여야 인덕이 있게 되는데, 삼자를 갖추지 못하였으니 귀하의 개인적 행복은 장담해 드릴 수 없다.

미안하게 됐죠? 제가 지금 한 말이 뭐여? **직업적 역량이라는 것과 개인적 일간이 가지는 행복은 틀리다**는 뜻이여. 또 사주.

---

사주 예시 3)

| 時 | 日 | 地 | 天 | |
|---|---|---|---|---|
| 庚 | 甲 | 己 | 庚 | 坤 |
| 午 | 申 | 卯 | 午 | 2 |

이 사주는 뭐 수분이 많아 가지고 수분이 충분하죠. 수분이 많아 가지고 애를 당장 쑥 날 수도 있으니까 걱정 하지 마.

**질문**
기토가 품고 있나요?

**답변**
품었잖아요.

**질문**
년월이 달라져서 그런 거죠? 아까 부른 신 거 하고...

**답변**
뭐가 달라?

**질문**
辛卯하고 己卯의 차이가...

**답변**
아니, 아까는 己土 있었어, 없었어?

**질문**
없어요.

**답변**
없었는데 왜 년월이 달라? 완전히 다르지. 이건 아주 충분합니다. 아까 말한 것과는 다르게 일간이 己土를 수분을 품을 수 있죠? 수분이 없는데 어떻게 품냐고? 있는 것만 품어도 상관없습니다. 다만, 일간을 구하는 丙火는 없죠? 丙火는 없는 것은 고되면 됩니다. 고되게 하면 되잖아요. 이건 뭐 조금 다릅니다. 또 사주 불러 보세요.

사주 예시 4)

| 時 | 日 | 地 | 天 |
|---|---|---|---|
| 甲 | 壬 | 壬 | 壬 |
| 辰 | 午 | 子 | 申 |

坤 8

양인격이 比向하다
        식신생재
인성 ⇒ 1) 비견 : 시장 진출
 (서생)  2) 식신 : 벌이 행위
         3) 재성 : 벌이의 정도

아니, 여자들을 다 이렇게 양인격이 되면 어쩌자는 거여?


1. 격국 : 양인격

이거를 또 격으로 봐야 되니까, 양인격이죠? 항상 양인격이 比向과 항상 나누라 했죠? 比向했으면 어떻게 되냐면 식신생재 하러간다는 뜻이죠.

1번 여기서 비견이라고 하는 것은 이도한다는 얘기죠? 시장에 진출 한다는 뜻입니다. 2번 그 다음 식신은 벌이행위 한다고 했죠. 3번 재성은 이때 뭐하는 거냐면, 이게 벌이의 정도라고 그랬죠.

그러면 비견이 있으니까 시장에 진출 해, 안 해? 하겠죠. 식신 있으니까 벌이 행위를 하겠죠. 재성이 있으니까 벌이의 정도도 있겠죠. 그러면 부자가 될 수 있습니다. 貴를 버리고 富로 가는 거예요.

그런데 여기서 이리 못 가게 막아 설 수 있잖아요? 누가 막아선다 했어? 인성이 막을 수 있다고 했죠. 인성이 이렇게 막아서서 "너 가지 마." 그러면 항상 이렇게 쓰라고 했죠. 서생이다. 그러면 "서생이다." 이렇게 말하는데 이건 인성이 막지 않습니다. 이렇게 사주 분석을 하는 겁니다.

**\*\* 창광의 사주 통변 \*\***

아, 이 사람은 양인격이 시장에 나가겠구나. 그럼, 양인격이 시장 나갈 때 무식하게 칼 들고 나가야 돼? 국가 자격증을 따 가지고 나가야 돼? 따서 나가야지. 아니, 양인격 아니여? 양인, 건록격이면 파격 돼도 하여간 일반 격보다는 높은 거야. 그래도 대격이잖아. 그래서 공부해서 따 가지고 나가란 뜻입니다.

壬申생 정도 됐으면 사업한다는 얘기 하나도 하지 말고, "너 공부해서 국가 공무원 돼야 된다." 자꾸 이런 말을 해야 될 것 아니여? 그러다가니 한 서른 댓살 되면 "내가 너 그럴 줄 알았다." 하면 되여. 처음부터 그렇게 하면 안 돼. 比가 천간에 향했다. 이건 무지하게 잘 됐는데 지금은 뭐 하라고 해야 돼? 서생 얘기도 하면 안 됩니다. "양인격, 너 국가 자격증 따야 돼." 이렇게만 얘기하면 됩니다.

**질문**
식상이 향해 있어도 공부 하라고 하면 지가 해여?

**답변**

당연하죠.

**질문**

안 하던데요?

**답변**

누가 한다고 했어? 하라고 했지. 아니, 그래도 하라구, 좀 하라구여.

**질문**

꼭 인성이 있어야 하죠. 인성이 없으면 안 하죠?

**답변**

인성이 없으면 초등학교 때 나갔고... 질문이 뭐여?

**질문**

얘가 영국에 유학 갔다 왔는데요. 지금 부산에서 영어 강사로 일하고 있거든요. 근데 그걸 안하고 딴 거를 하겠다고... 뭘 하면 좋겠냐고 물어 봤어요.

**답변**

무조건 국가 자격증 따라고 하면 안 되잖아. 27에 맞게끔 해줘 봐.

**질문**

애들 공부방 같은 것 하면 어떠냐고?

**답변**

하여간 인성이 막지는 않습니다.

**교육 ≦사업**

막지 않으니까 그림을 그려야죠. 어떻게 했으면 좋겠냐? 사업 그리고 부등호를 치는 거예요. 인성이 천간에 없고 밑에 있죠? 인성 그러면 서당 이렇게 하는 거여. 이렇게 말하면 애들이 못 알아듣잖아. 교육 이렇게 얘기하는 거죠. 그런데 부등호가 인성이 완전히 막았어, 조금 들 막았어? 들 막았으니까 이렇게 치는 거예요. 교육 사업인데 교육위주의 사업이여? 사업위주의 교육이여? 인제 부등호를 이렇게 쳐 놓고 사진 찍어서 보내주면 애가 무슨 말인지 알아들어요.

교육 사업인데, 어디 위주로? 사업 위주로 해야 된다는 뜻입니다. 만약에 인성이 커다랗게 있다면 애는 무슨형이여? 가상관형이지? 그럼 돈 못 버는 겁니다. 우리 동네 말로 꼰대형, 못 먹어도 존심은 살아 있는 형, 뭐 이런 것 있잖아요. 어렵게 해서 배고파도 마음만은 화려해야 되여 이런 서생입니다.

나가게 되어 있습니다. 이건 比向하니까.

**질문**
학원하는 거죠? 보습학원 그런 거...
**답변**
사업형 교육 이런 뜻입니다.
**질문**
사업형이란 돈 버는 거잖아요?
**답변**
그렇지. 교육 사업인데 학원도 사업형 교육이 있어요. 말하자면, 열심히 학생을 가르쳐서 보습해서 애들 성적 올려 줘야지. 이렇게 하는 게 돈 벌 수 있겠다 해서 사업을 차리는 겁니다. 그런 것들입니다. 이게 이 사주입니다.

### 양인격이 파격되면

양인격이 파격 됐으면 일단 사주를 봐 주는 게 우선이고, 운을 봐 주는 게 우선은 아닙니다, 항상 사주 봐 주는 게 우선이라고 생각 하시면 됩니다.

### 운세

그러면 운도 봐 줘야 되잖아요. 올해 격국이 무슨 운에 들어왔어? 상신운 들어왔죠. 격운에는 편관 이런 얘기하면 안 돼. 우리는 고급을 하잖아요. 편관 이런 건 원래 알고 있던 거잖아. 상신.

**양인격의 상신은 뭐 하는 거지? 직업 자격조건**이잖아. 운에서 들어왔으니 뭐라고 말하는 거여? **새로운 직업의 자격조건을 찾다고 말하는 겁니다.** 2018년 운세입니다. 이게 양간으로 편관으로 보면 항상 2018년에 맞추죠? 그래서 작년, 올해 운세가 직업을 찾다하는 운세에 들어와 있습니다. 나머지는 격으로 보는 것 외에는 볼 만한 내용이 크게 없습니다.

### 조후의 덕

여기서 볼 때 이 사주의 특색이 하나 있는데요. 보이시죠, 조후의 덕 甲木 보이시죠? 부모덕이 있습니다. 돈은 누구한테 달라고 해? 엄마한테 달라고 하면 됩니다. 저거 하나 보이죠? 亥子丑 월령에 덕이 하나있습니다.

그런데 뭐가 없어요? 戊土가 없죠. 인내력이 없습니다. 戊土가 뭐라고 했어? 자기를 인내하는 힘이라 했잖아요. 이게 없습니다. 사업형 교육사업이라 얘기하면 됩니다.

**질문**

선생님 저런 사람은 상신, 구신, 어떤 기신운 올 때 마다 직업이 새로운 걸로 바뀌나요?

**답변**

항상 프로그램을 변화 시켜야죠. 또 사주.

---

사주 예시 5)

| 時 | 日 | 地 | 天 |
|---|---|---|---|
| 丙 | 丁 | 甲 | 辛 |
| 午 | 酉 | 午 | 丑 |

坤 2

월비(건록)         겁향

                    1) 겁재 : 사냥감.

인성               2) 상관 : 벌이 행동

(작전이 있다.)    3) 재성 : 벌었다.

辛丑생이면 나이 먹어 가지고, 사주 보러 올만한 나이가 아니야. 아직 희망이 이 사람들한테 있단 말이에요?

1. 격국 : 건록격

격은 月比죠? 격 이름을 지으니까 건록격이죠. 건록격으로 해도 뭐라고 안 합니다. 또 똑같은 얘기인데 劫으로 향했다. 저쪽으로 사냥을 나갔다고 그럽니다. 지금부터 사채업을 하러 가는 겁니다.

1번 겁향 하러 갑니다. 그래서 **겁재가 있으면 '사냥 감.'** 그러는 거죠. 그리고 나서 2번 **상관이 있으면 '벌이 행동함.'** 그러는 거죠. 그 다음에 **정재가 있으면 '벌었다.'** 그러는 겁니다. 이게 하는 일입니다.

인성이 가서 막으면 어떻게 하라구? 작전이 있다 그럽니다. 작전이 있어야 가지. 인성이 없으면 무식하게 어떻게 가? 연장 들고 그냥 가는 거예요. 그래서 통닭 튀기면 되는 거야. 인성이 있으면 작전을 짜는 겁니다. 인성이 있어, 없어? 겁나게 큰 게 있습니다. "내가 그래도 전생에 유건 쓴 학자였는데 무식하게 굴 순 없다." 이렇게 생각하시고 가면 됩니다. 항상 이렇게 보는 거예요.

또, 이제 아까하고 똑같은 걸 댔잖아요. 지금 여러분들 공부하기 싫으니까. 양인, 건록만 계속 대 가지고 앞길을 막아. 왜 그러는 거여?

이게 격국 본 겁니다. 나이가 먹었으니까 격국을 봐야죠. 여러분들이 이렇게 보고 나서 이거는 특별히 뭘 봐야 되여? 음간이잖아요. **음간은 중요한 일화가 인생에 많이 담겨 있다** 이런 뜻이어서 일간을 특별히 봐야 됩니다.

2. 일간 : 丁火

제6강 29

### 1) 甲丁 : 직업능력 (貴)

甲丁이 되어 있어서 자기의 직업능력이 있느냐 이런 뜻입니다. 甲丁 되어있죠. 직업능력 있죠.

### 2) 寅 : 인덕 +생존환경

丁火가 寅이라는 것이 있어 가지고, 인덕 +생존환경이 있는가 봐야 되잖아요? 甲丁은 귀한 사람이 되는 것이고, 寅은 부한 사람이 되는 겁니다.

### 3) 午未 : 주체성

午未가 있으면 주체성아시죠? 자리지킴. 주체성을 갖추고 있는가 볼 때 참 좋겨? 뭐만 없어? 인덕만 없잖아요. 저거는 뭐 나이 먹으면 들어오면 되지. 없잖아? 나이 먹으면 찬찬히 들어오면 돼. 이게 손자 날 때 쯤 되면 다 들어오잖아. 앞으로 복이 많으신 분입니다. 저렇게 해서 일간도 점검을 해야 됩니다. 올해 운세는 뭐겨? 2019년 운세는? 己亥로 봐도 되고 庚子로 봐도 됩니다. 질문이 뭐여?

**질문**
올해 해외 나갈 수 있는가? 또 코인을 한데요, 그게 잘 될 까요?

**답변**
여하튼 사채업은 잘되고, 돈 버는 행위는 금지. 아까 돈 버는 행위는 금지 안했어요? 아, 이 사람의 직업성향은 없었나?

## ** 창광의 사주통변 **

|  | 1) 겁향 |
| 작전 | 2) 무행위 |
| (기획) | 3) 돈 |

이 사람의 직업성향은 작전을 짜 가지고, 이걸 뭐라 그래? 기획이라고 하잖아요. 작전을 짜 가지고 어떻게 하라고 했어? 겁향 했죠. 사냥을 가라. 식상은 인정하지 못합니다. 金은 인정하죠. 식상의 돈 버는 행위는 하면 안 됩니다. 무행위 하셔야 되여. 무행위 하셔야 되고 돈은 있어야 됩니다. 사채업자 사주입니다. 손님 왔는데 사채업 그러면 안 되고, 작전 짜 가지고 투자업 이렇게 해야 돼지.

해외를 나갈려면 마음대로 하세요. 나갈 수 있는 건 표 끊으면 나가잖아.

**질문**
문서 잡을 수 있냐고?
**답변**
애매한 말이네. 뭘 사겠다는 거죠? 뭐 사겼어?
**질문**
코인도 한 20억 투자 했대요.
**답변**
그건 하라구.
**질문**

이럴 때 원래 재성운이 기신운이잖아요.
**답변**
겁향했기 때문에 안 따져도 됩니다. 이도를 확실하게 했기 때문에.

음록(陰祿)1)

> 1) 음록 : 일간이 음인 음 건록이라는 말임
> 陰祿

내 말 잘 들어. 이게 완벽하게 양인, 건록격이 아니지. 음록이잖아. 음록이기 때문에 원래가 이도를 했지? 거기다가 겁재까지 투간 하니까 확실하게 사냥 갔지. 그러니까 무슨 교육사업이니 이런 용어 안 붙죠. 아까 정식으로 양인격, 건록격으로 이름을 붙였잖아. 인성을 서당이라 했잖아. 그런데 이건 음록이잖아.
  **陰祿, 陰刃**2)은 인성을 내가 뭐라고 붙이는 거 같아? 작전으로 붙이는 거야.

> 2) 음건록, 음양인 이라는 의미
> 일간이 음간인 경우의 건록, 양인격
> 陰祿, 陰刃

딱 가서 하는 거 보니까 사냥은 가는데 식상은 없죠? 丑酉합 辛金이잖아. 행위 하지 않는거라고. 근데 돈은 있어, 없어? 돈은 있잖아. 그러니 無行. 원래는 이게 한눈에 탁 들어오잖아. 그러면 탁 쳐다보고 지금부터 사채업을 하러갑니다 이렇게 쓰는 거야.

**질문**

코인이 망하진 않겠어요?

**답변**

안 망해요. 이 사람은 작전이 있잖아. 작전 잘 짜져. 그러니까 이 사주는 일간으로 봐도 생존 환경은 없지? 뭐가 있어? 직업능력만 똑똑한 거여. 주체성이 있으니까 근본도 튼튼하고. 괜찮습니다.

**질문**

몇 월에 나가냐고…

**답변**

어디 해외 나가고 그러는 것은 전부 택궁으로 보시면 되어.

**질문**

택궁으로 보면 아무런 변화 없잖아요?

**답변**

그렇죠 달 운으로 보고 그러져. 외국 나가는 게 물어 볼 말인가 잘 모르겠어요.

**질문**

子달에 나갈 까요?

**답변**

그렇죠. 그렇게 하지 말고 추석명절 세고 나가라고 하세요.

**질문**

오행으로는 오월에 辛金이 올라가서…

**답변**

아, 이건 그냥 재성입니다. 辛金은 못 씁니다. 金으로 재성으로만 보죠. 한 번 써 보세요. 이게 30년 전 사주보는 법입니다.

〈위 사주는 午月 염천에 丁火로 출생하고 甲木이 火熾하니, 화다수갈하고 水가 있어야 수갈을 하는 거죠. 丑중 癸水가 수갈 되는 겁니다. 화치승룡이라고 辰중에 癸水 있었으면 못합니다. 수갈하고 토조하며, 목분은 진작에 했고 그리고 금소하다. 세상의 불행이, 목분은 보지 않습니다. 이건 화치를 부추겼기 때문에. 다 火에요. 목분이란 용어를 안 씁니다. 乙木이 있었으면 목분이란 용어를 쓰는데. 그래서 수(癸)갈하고 토(己)조하고 금(辛)소하니, 다 태웠죠? 세상의 불행이 나에게 이득이더라.〉

이러한 뜻입니다. 그래서 NPL로 돈 버는 사람들 그럽니다. 이권개입으로 돈 버는 사람들 그럽니다. 하나당 200억, 600억입니다. 뭐 꼬아?

NLP이라고 해서 M&A, 부실 이런 것 있잖아요. 부실채권 사용자들이라 그래요. 경매, 급매 이런 거 있잖아. 부실채권 사용이라고 해서, 김포, 일산, 영등포 이런데 가면 돈 벌 수 있어.

------------------------------------------------

사주 예시 6)

| 時 | 日 | 地 | 天 | |
|---|---|---|---|---|
| 丙 | 辛 | 戊 | 庚 | 乾 |
| 戌 | 酉 | 寅 | 午 | 3 |

## 1. 격국 : 정재격

### 재생관
이 사주는 격으로 말하면 정재격이 그러잖아요. 정재격이 寅午戌 화국 했죠? 정재격이 2번을 먼저 타고 났죠? 정재격이 상관생재를 먼저 타고났어, 재생관을 먼저 타고났어? 재생관을 아주 깔고 태어 났죠. 그래서 구신은 아예 타고나서 선천궁에 있습니다. 좀 얄미운 놈이죠? 그냥 타고난 거여. 열심히 노력해서 된 게 아니라.

### 제겁
재생관을 타고났는데 제지까지 하죠? 구신은 선천궁을 타고났고, 그리고 겁재가 투간도 했죠? 制劫으로 제화까지 합니다. 그래가지고 결론이 어떻게 됐어?

### 재생관(견고)
재생관을 하죠. 재생관을 하는데 이것을 뭐라고 말하냐면, **견고하 다** 그래요. **견고하게 재생관을 하고 있다** 이러한 뜻입니다. 또, 특이 점 찾을 거 뭐 있나여? 특이한 점. 찾을 거 있어?

### 2018년 세운 : 기신 → 상신을 극함.
2018년 戊土 인성 기신 왔죠? 기신이 왔습니다. 그래서 기신이 도 착을 해서 상관이란 상신을 극하져? 상신을 극합니다. 상신을 극하 는 기신이 오면 무슨 운이여? 상관생재를 하고 있지 않았기 때문에 상신이 다칩니다. 상신이 없어도 일단 다치기는 하거든여. 이게 뭐여? 이게 뭐 하는 거여?

상신이라는 게 준비력이죠. 戊土는 기신이니까. **새 시대에 맞는 신규 메뉴얼 구축** 이렇게 설명하면 됩니다. 그런데 이것이 신규 메뉴얼 구축하는데 뭐에 맞는 거라구? 새 시대에 맞는. 왜 그러는 거여? 와 가지고 어떻게 하면서 들어 왔어여? 재격이니까 재극인하면서 들어 왔잖아. 그런데 재극인이 **재, 세상을 살다보니 이렇게 하는구나** 하는 걸 구상하는 거죠? 재극인이 살다보니 새 시대에 **맞는 신규 시장성에 맞는 상품을 구성하다** 이런 뜻입니다. 이 꼬마는 질문이 뭐여?

**질문**
교직원 재직 중인데, 항공사 파일럿 시험을 봤는데 합격 할까요?
**답변**
네. 우리나라 사람들 다 합격합니다. 새로운 직업을 구축하라, 새로운 매뉴얼을 짜라 이런 얘기입니다.
**질문**
작년에는 떨어지고, 올해 또 봤는데...
**답변**
합격이여. 또 질문? 이런 사주 구경하기 힘들어요.
**질문**
합격이 되요?
**답변**
합격. 이 사주 질문 없어여?
**질문**
재극인이 잘 되나요?

**답변**

잘 되는 게 아니라 월령이 재잖아요. 재극인이니까 직업적 재극인이죠. 월령이 재극인, 올해가 재극인 되어서 새 시대에 맞는 새로운 환경에 맞는 신규 업종 선택을 하다. 신규 메뉴를 짜다 이런 식이여. 만약, 이 사람이 50 먹었으면 제 2의 직업을 하다 이런 뜻입니다.

**질문**

삼합이 되면 재생관을 먼저 한다고 하셨는데.... 삼합이 되면 생화가 되니까요...

**답변**

재생관이 잘 된다니깐. 잘 되니까 구신만 잘 되고 상신은 없죠? 그러니까 이 사주는 가격이 많이 나가는 업종을 선택하려고 해, 신분이 안정 된 업종을 선택하려고 그래? 신분 안정이 되는 업종을 선택하려고 하고, 아예 선천궁이 돼 있고 그럴 수 있는 운에 왔죠? 언제 왔어? 2020년에 왔잖아요. 庚子년에 왔잖아요. 올해 보고 합격이라 그래, 내년 보고 합격이라고 한 말이여? 내년 보고 합격이란 말을 한 것이지, 올해 보고 한 건 아니에요. 2020년이 제겁을 하지? 그래서 합격이라 하지. 상신 보고 뭔 합격이라 그래. 있지도 않은데...

**\*\* 창광의 사주 통변 \*\***

그래서 이 사주는 2016년에 직장 들어가서 3년 만에 또 바꾸는 거예요. 4년 만인가? 3년 만에 바꾸는 거죠. 2016년에 뭐가 들어 왔어? 구신 들어왔잖아. 신분이 생겼잖아. 2020년에 재생관을 또 해야 되잖아. 신분 변화가 생긴 겁니다. 그럼 또 그런 운이면 맨날 그러냐고 하잖아? 한 번 하면 인제 안 해. 제발 부탁인데. 그럼, 맨날 바꿔

게? 이제 안 하는 거여. 걱정하지 마 그런 거는. 庚子년 운세를 얘기한 거여 그거.

그러니 2019년 써 놓으면 庚子년도 보이고 丙申년까지 보여야 되는 거죠. 그런 게 다 보여야 되지, 기해년 써 놓고 뒤에는 뭐 있는지 앞뒤 구분 안 하면 안 되여. 꼭 앞에 전봇대 쳐다보고 뒤에 언년이 보고 같이 가야 돼=되여. 뭐가 같이 가는 맛이 있어야죠, 이렇게. 또 사주 대 보세요.

---

사주 예시 7)

| 時 | 日 | 地 | 天 |
|---|---|---|---|
| 壬 | 丁 | 丙 | 庚 |
| 寅 | 酉 | 戌 | 子 |

乾 1

주왕이  상관격이고,
辛金령에
무토가 용사하니  2. 상관생재
인오술 화국  1. 겁상하고

1. 격국 : 상관격
이건 격이 뭐여? 격 쓸 때 이렇게 하라고 했져. 다시 한 번 해 볼게요.

주왕이 辛金이 당령이란 의미입니다. 辛金령에 戊土가 용사하니, 戊土에 낳았죠. 1대운으로 주왕이 戊土가 용사하니, 상관격을 타고 났죠? 상관격이고, 辛金이 사령이라는 거 인정을 해야 되죠. 그리고 寅午戌 화국도 인정해야 되죠.

1) 인오술

상관격에 겁상하져? 화국하고 丙火가 떴으니까 겁재가 상관 생하잖아.

2) 상관생재

재성도 있죠? 재성 庚金 보이져. 그러니까 또 뭐도 해야 돼? 상관생재 하죠. 이 사람은 타고 났어요. 이게 이 사주가 상관격에 상관패인 할 시간 있어, 없어? 할 시간 없어요. 태어나면서부터 토끼잡이를 해야 되니까. 토끼가 옆에 보여. 그러니까 빨리 만들어서 토끼를 잡아야지, 토끼 잡으려고 연장 들을 새도 없어. 아무거나 붙잡고 가서 일단 해야 되여.

**  창광의 사주통변  **

화토상관격이 원국에서 겁상, 상관생재를 타고 났다 이런 뜻입니다. 그래도 나이가 어리니까 이렇게 이도 했습니다 말하면 된다 했어, 안 된다 했어. 안 돼져, 나이가 어리니까.

"너 공부 해 가지고 정규 학교도 나오고, 대학원도 다 나와야 되며, 국가 자격증도 따야 된다." 말하라고 했죠. 꼭, 그런 말 안 하면 못 씁니다. 꼭 해야 됩니다. 늦게나마 50이 넘어나마 박사학위도 받아야 된다.

**답변**

공부해야 되는 거죠. 당연하져. 공부해야 된다고 꼭 말하란 말이여. 틀림없습니다. 이거는 그냥 타고난 거고 안 되는 겁니다. 이렇게 타고 났어도 경계선을 넘지 못하도록 印이 또 지켜야 되죠. 그럼, **"학위도 받아라, 뭐도 받아라, 다 해야 된다"**고 해야 합니다. 그러면 이건 어디다 쓰고여? 걱정 하지 마라. 너는 그냥 니 아버지랑, 니 마누라랑, 니 장인이랑, 니 딸이랑 작전 짜서 널 부자 만들어 줄 테니까, 신경 쓰지 마라. 주왕 그랬잖아. 어디 모여 있다는 뜻이잖아. 그러니 너는 가서 印만 해라. 印 그러니까 뭐가 됐어, 인제? 서생을 해라 이런 뜻이여.

**질문**

지금도 공부하라고 해여?

**답변**

계속 공부 해야지.

**질문**

공부해서 교육쪽으로 나가라 그래요?

**답변**

서생이 되라. 印 그러면 또 쓰는 거야. 서생이 되라 이렇게 말한다고. 그럼, 인성이 어디 있어야 되는 거 아니냐 그러잖아. 아니 뭐 여기에 큼지막하게 있습니다. 년에 있어도 쓰는데, 시에 있으면? 아까 어떤 여자는 년에 있었어. 그것도 쓰는데 시에 있으면 더 써. 어떤 사람은 시간에 있어도 안 썼어. 甲이 여기에 이렇게 있어도 월비라 안 썼어. 걔는 일단 나왔잖아. 어릴 때부터 교육을 시켜야 됩니다. 나이가 아직도 어린 애에요.

그럼, 이제 세상 밖에 나가야 되잖아요. 나가긴 해야 되죠? 그럼 나간다 한 거잖아요. "걱정 마라, 너도 나갈 수 있는 기회에 이제 올 수 있다." 그럼 깨부시면 되잖아요. 그럼, 아주 간단합니다. 2020년 庚과 2021년 辛丑에 고민 고민을 한 연후에 어디로 가? 일리 가죠. 가는 겁니다.

**질문**
겁상으로?
**답변**
네, 印을 들고 가야죠. 그럼 교육 사업입니다.
**질문**
이건 부등호가 상관이 크다고 해야 되요?
**답변**
아니여, 인성이 큽니다. 인성이 훨씬 크져.
**질문**
인성이 寅木인데...
**답변**
또 써.

위 사주는 丁火가 숨을 죽이고 심지가 타들어 가는 불꽃, 심지라는 게 있잖아. 심지가 타들어 가는 늦은 가을에 낳다. 오로지 甲木에 의지하여 불꽃을 꺼트리지 말아야 한다. 庚金으로 수원을 삼아 오래도록 유지함이 마땅하다.

癸水가 있죠? 마땅하다. 다소 내력이 교류한 유전인자가 있으니,\ 교류, 언어도 활용할 줄 알아야 된다. 언어 아시죠? 언어. 맨 수학하고 과학만 하지 말고, 언어 공부도 해서 세상 밖에 나가 가지고 뭐라고 하는 거여. 천하를 주유천하, 풍류처럼 세상도 좀 돌아라. 그렇게 슬픈 낯짝 하지 말고. 이런 뜻입니다. 이거 수학하고 과학 선생 사주에요. 수학, 과학처럼 보이잖아. 근데 壬水가 있으니까 어떻게 해? 늦은 나이에 좀 배도 타고 언어 공부도 좀 해서, 가서 좀 주유천하라 해서 "세상을 좀 돌아라." 그런 뜻입니다.

내가 맨날 월령만 쳐다보라고 하니까 그거 밖에 안 보이죠? 丁火가 오로지 의지할 때가 어디여? 누가 상관패인하란 얘기도 안 해. 오로지 甲木이잖아. 저쪽으로 갔다가는 재는 죽어, 안 죽어? 금수 많은데 가면 불이 홀라당 꺼지지. 심지에 불타 죽것는디 지금 그 정신 어딨어, 연료를 때야 되는데, 甲木으로. 천간 甲木이 아니고 지지의 寅중 甲木이죠. 이건 인덕 甲木이니까 사람을 살피는 겁니다. 천간에 있었으면 "벽갑해라." 막 이렇게 하지. 천간에 있었으면 벽갑, 쇄금 다 하는 겁니다. 丁火 일간이라는 거를 잊어 먹지 않기를 바랍니다. 참 사주보는 게 힘들져?

질문
이혼은... 작년부터 별거해요.
답변

그건 알아서 답변해 주시고, 전 이혼 전문가가 아니라...

**질문**

공부를 안 하고 여자가 들어와서 살게 될 건지 아니면 남자는 그냥 살고 싶어 하는 것 같아요....

**답변**

가정문제 상담소 OOO씨가 해 드리겠습니다.

가정문제
1. 관계 : 재생관
2. 부부관 : 간합
3. 남녀문제 : 상관생재 + 관인상생

1번 부부관계는 재생관에서 찾고, 2번 부부관은 간합에서 찾고, 3번 서로의 남녀 문제 있잖아요, 부부 문제가 아니라 부부 관계의 특징 남녀 문제는 이 사주가 상관격이니까 상관생재에서 찾아야 되져. + 관인상생에서 찾는 겁니다.

3. 남녀 문제

상관생재 잘 되져? 관인상생 잘 되져? 남녀 간에 사랑문제는 별로 나쁘지 않죠? 서로 사랑하는 사이입니다. 상관생재 사랑하죠? 서로 이 부부가 몸뚱이가 사랑해, 안 해? 사랑하잖아, 상관생재. 관인상생 대화도 했어. 남녀 문제 이상 없어, 오케이. 괜찮아. 늙은이라 그렇지 괜찮아.

## 1. 부부 관계
재생관을 봐야 되죠? 재생관 잘 되죠. 좀 차갑지만 잘 되죠? 조후가 좀 문제지만 잘 됩니다 잘 되니까 부부관계도 문제가 하나도 없습니다.

## 2. 부부관
그럼 이제 간합적 특징을 봐야 되는데, 도대체 이 부부는 어느 남성관, 여성관이 있느냐예요. 그럼 간합을 잘 살펴봐야 되는데, 이 간합을 살펴보니까 丙辛합이져. 그러면 겁재 + 편재죠. 이건 무슨 관계 특징이 있는 거죠, 부부관이? 재정적으로 서로 원원한다는 뜻이죠.

### 질문
돈 때문에 못 헤어진다고요?

### 답변
그렇지. 재산을 가르면 문제가 되잖아. 서로 원원한다는 뜻입니다. 그러니까 괜찮죠. 그러면, 도대체 문제없이 살잖아요. 문제가 하나도 없습니다. 그런데 무슨 문제가 있느냐 이거에요. 지금 무슨 문제가 있느냐 이런 뜻이잖아요.

### 2016년 쟁재
2016년에 쟁재를 했죠? 그런데 천간에서 했기 때문에 인성 없는 쟁재를 하는 거여. 일단 쟁재를 했어. 쟁재를 했으니까 부인이 뭐라고 하냐면, "나 이제 당신 시중드는 거 지쳤어. 나 혼자 있고 싶어." 그래서 가출을 시도할 마음이 생깁니다. 뭔 말인지 알지? "당신 시중드는 거 너무 지쳤어." 그럽니다. 그래 가지고 시간이 지났어.

### 2018년
2018년이 되니까 이 사람 부인이 상관견관을 하죠. **"아, 나 이제 너랑 안 살거야."** 그럽니다. 그렇지만은 원래 원국에 있잖아요. 명분을 찾기 힘들잖아요. 상관견관. "나 이제 더 이상 너랑 안 살거야." 그럽니다. 그런다고 本 이라는 게 있어. 사주 원국이 이별 할 수 없습니다.

**질문**
그럼 여자가 들어와요? 여자가 나가 있어요. 다시 들어올 건지?

**답변**
그냥 그렇게 살면 안 되어?

**질문**
떨어져서요? 얘가 이혼은 안 하죠?

**답변**
안 해요, 쫌상이라. 불 꺼질 까 봐 못해요.

**질문**
이혼하면 오히려 불이 꺼져요?

**답변**
가만히 생각 해 봐여. 이렇게 불을 여기 켜 놨잖아, 촛불을. 여긴 어둡잖아요. 여기만 환하잖아요. 이 불이 기름이 꺼질 까 봐 계속. 완전 쫌상이에요. 丁火 일간이 의지를 어디 다 하고 있어요? 딱 하나, 寅중에 하고 있어요. 부인이 바람을 수 백 번 펴도 용서 할 사람이에요.

**질문**

병신이네요?

**답변**

아, 좋은 남자지 왜 그래요? 부인의 외도를 눈 감아 주는 남자. 제 친동생 이거든요. 병신 같아요. 얼마나 열 받는데요.

**답변**

그렇군요.

**질문**

어쨌든 지네끼리 싸워 가지고 나갔어요. 처음엔 이혼 한다고 발발 떨더니 지금은 병신이 쫓아다니는 거 같아요. 이혼 안 할 건가 봐여?

**답변**

못해요 이혼은. 부인이 그랬어요, 더 이상 당신을 비위 맞추는 거 지쳤다, 이 꼬장아. 까칠, 꼬장 지쳤다.

**질문**

얘가 나중에 퇴직해서 이 공부해도 되요? 교육이니까?

**답변**

교육사업 밖에 못 해요.

**질문**

이걸 배우고 싶어하더라고요.

**답변**

해도 되요. 말조심해야 되겠네. 이혼은 못 해요. 그냥 그렇게 살면 어때요.

**질문**

이혼 안 하면 좋죠, 애들 결혼 시킬 때까지...

**답변**

이 부인도 많이 참았어요. 2016년까지 참고, 2018년에는 인제 아씨팔 뭐 이렇게 한 거예요. 그런 거예요. 근데 이 사람의 원래 사주가 좀 괜찮아요. 寅중에 甲木이 있어서 괜찮아요. 아, 좋은 사주에요.

---

## 6강 2교시 임상 노트

사주 예시 8)

| 時 | 日 | 地 | 天 |
|---|---|---|---|
| 己 | 丙 | 庚 | 辛 |
| 亥 | 子 | 子 | 丑 |

坤 9

**질문**

친정 엄마 쪽 유산 받을 수 있나요?

정관격이 壬水가 령이져? 亥子丑월생이고요. 항상 亥子丑월생이 들어온다. 특히, 亥 말고 子丑월생이 딱 들어온다. 제일 먼저 할 말이 뭐라고 했죠?

子丑월

금생수가 됐나, 안 됐나 봐야 되여. 항상 똑같은 말이에요. "귀하께서는 엄동지절에 출생하고, 얼음이 녹아 물이 되니 계곡이 넘쳐흐른다." 이렇게 항상 말하라고 했죠? 그쵸. 그러면 2대 요소가 뭐예요? 과거가 가고 미래가 온다. 세대교체죠. 과거가 가고 미래가 온다.

1) 인원 구조조정이 벌어지니, 윗사람은 가고 아랫사람은 태어난다는 뜻이에요. 그러니까 말하자면 산 아래 마을의 논밭에 자식들의 '합격' 이런 소식이 들어온다는 뜻이고, 부모는 이제 편치 않으신 일이 생긴다는 뜻이에요.

2) 회계 구조조정 이렇게 하라고 했죠. 그런 뭐 하는 거여? "부모 돈 안 받아 오면 손자 돈 떼어 먹는 사람이 된다." 이렇게 말하라고 했죠. 이러한 경우에는 불목이 벌어질 수 있다. "형제지간에 다툴 수 있다." 이렇게 말하라고 했잖아요.

3) 신규 사업 구조조정 하라고 했죠? 지나간 업종을 뒤엎고 새로운 업종을 창제하라 이런 뜻이 항상 벌어져야 됩니다. 그걸 항상 염두해 두세요, 겨울생은. 멈추라고 할 때까지 그걸 계속 쓰세요. 이 얘길 언제부터 시작했냐면 2008년부터 이 얘기를 똑같이 하거든여. 제가 멈추라고 할 때까지 계속 실천하면 됩니다.

## 1. 격국

### 1) 상신

정관격이면 갖춘 게 뭐 있어여? 재생관 갖췄죠. 정관격에 재생관을 갖췄으니 상신을 갖춘 겁니다.

### 2)구신
인성은 갖췄어, 안 갖췄어? 구신은 갖추지 않았습니다.

정관격, 상신은 갖추었으나 구신은 갖추지 않았죠? 가격은 있으나 뭐가 없어여? 신분이 크지 않다는 뜻입니다. 돈은 있으나 신분은 크지 않다. 그러니까 직장성향이여, 사업성향이여? 사업성향이라고 말하면 됩니다.

그러면 사업 성향이라 한다면 배짱을 봐야 되잖아요. 배짱을 보라고 했죠? 상신이면 사업 성향, 구신이면 직장 성향. 구신이라는 신분이 없으면 사업 성향이잖아.

배짱을 보면 또, 귀하는 비겁이 투간 되지 않았음으로 돈 욕심이 크지 못하다. 일간의 근이 무력함으로 사업을 추진하는 능력 또한 크지 못하다. 그런 뜻입니다. 그럼 사업수단이 있는 거여, 없는 거여? 그런 이미지는 있어도, 뭐가 없어? **"실천력은 없습니다."** 이렇게 말하는 겁니다. 항상 그게 문제로 지적 되는 겁니다.

### 2. 용신 : 壬水
壬水가 용신이져? 순행 9대운이니까 壬水가 용신입니다. 壬水가 용신이면

### 1) 辛壬 : 음양배합의 자질 개발
辛壬이 되져? 직업능력이 있습니다. 직업 능력이 아주 좋습니다.

직업 능력이 좋은데 신분이 고정화 된 직업 능력이잖아요.

### 2) 戊土 : 환경 적합성

그리고 나서 또 뭐도 있어요? 戊土가 있어, 없어? 없어. 그래서 자기 개발에 대한 것이 조금 미진하죠. 辛壬이라고 해서 직업 능력은 매우 좋은데, 그렇다고 戊壬이라는 게 없잖아요. 없으니까 환경변화에 따라 꾸준히 자기 능력을 개발하진 않죠?

### 3) 丁辛 : 가치 상승에 필요한 노력

가치 상승능력을 봐야 되겠죠? 가치를 계속 꾸준하게 키우는 가 봐야 되잖아여? 그러려면 丁辛이 있어야 되죠. 자기 가치를 계속 꾸준히 발전시키나 봤더니 丁辛도 없습니다. 물론 戊土가 없으니까, 丁火가 있으나 마나이긴 하지만.

### 4) 壬甲 : 가치 활용에 대한 효과

그 다음에 뭐가 있어야 되여? 壬甲이 있어야 되죠? 인기를 빵빵하게 얻어 가지고 그냥 지나가는 사람도 알아보긴 해야 될 거 아니여? 스타성이 있어, 없어? 없습니다. 甲木도 없습니다. 그래도 잘 삽니다. 왜? 없으니까. 잘 삽니다. 질문이 뭐여?

### 질문

부모님이 돈이 많은데 자기 빚을 좀 갚아 줄까요?

### ** 창광의 사주통변 **

정관격은 사업성은 있는데 사업을 주도해서 돈을 많이 벌 수 있는 성향은 없단 얘기죠. 사업성만 있는 거고. 직업 능력은 있는데, 辛壬이 있는데 나머지 세 개가 하나도 없잖아요. 직업 능력만, 자질만 있는데 나머지 환경 적합성, 가치 상승형, 인기성이 하나도 없잖아요. 그러니까 호환이 안 되는 거예요. 성향만 있고 발전이 안 되는 사람 있잖아요? 그런 사람입니다.

그럼, 己亥년에 물어봤어요. 그러면 우리가 말 할 때 홍수가 났다고 했잖아요. 범람을 했잖아요. 그러면 망한 겁니다. 부모가 도와주겠냐 얘기 좀 해 봐. 왜 안 도와 줘?

**질문**
삼천만원 빚이 있는데 그것만 갚아주었으면 하는데...
**답변**
하여튼간 도와주겠어, 안 도와 주겠어?
**질문**
인덕이 없어요.
**답변**
인덕이 없어? 하여간 죄송합니다.

### 조후 용신
여기에 조후 용신으로 봤더니,
1. 丙火는 있어서 환경은 멋있고,
2. 戊土가 없어서 이 사람이 실력이 없고,

3. 甲木이 없어서 인도를 못 받고,
  4. 寅木이 없어서 인복도 없답니다. 인복이 없어서 안 된대요. 寅이 없답니다. 사람은 다 인덕이 있어야 되여.

  또 한 번 써 보세요. 30년 전 식인데요, 제가 젊었을 때 교육 받았을 때 하던 식인데...

  丙火가 子월에 낳고 庚金이 북서풍이 되니 금한수냉 하였다. 온난한 丙火가 한파를 막아, 丙火 일간이잖아요. 온난한 丙火가 한파를 막아 목을 구하여 귀인이 되고자 한다. 목을 구해야 되잖아요. 丙火니까 목을 써야 돼, 구해야 돼? 구해야 되니. 한파를 막아서 목을 구해야 되잖아. 그렇지만 인걸이 없다. 사람이 없단 뜻이에요. 구할 게. 이 사람의 마음은 목을 구하고자 하나 인걸은 없다 이런 뜻입니다.
  그러니까 적덕을 쌓았어, 안 쌓았어? 안 쌓은 겁니다. 丙火는 꼭 금기로부터 금의 위협으로부터 목도 구해야 되지만, 이거는 금의 위협이여, 한파여? 남의 가난함부터 구해야 된다는 뜻입니다. 남의 가난을 구제할 마음은 있었는데, 선행할 마음은 있었는데, 실천을 안 한 거죠.

### 丙火 일간

  丙火 일간은 참으로 적덕이 많이 필요합니다. 천간에 丙火만 딱 떠도, 천간에 庚金만 있어도 적덕 쌓을 환경이 있잖아요. 목을 딱 구하면 평생을 보장 받습니다. 이 적덕을 쌓은 걸로. 근데 庚金이 없으면 어려운 사람이 주변에 보이지 않습니다. 사람은 항상 있잖아요. 그런

데 어려운 사람은 보이지 않죠? 그런 것들입니다.

　근데 丙火가 금은 없고, 목만 있는 사람 있죠? 丙火 일간이 금은 없는데 목만 있는 사람 있어요. 그거는 어려움이 없었잖아요. 그것도 좀 적덕에 들어가지 않고 그럽니다. 하여간 사람을 사랑한 적이 없어서 도움을 못 받겠는데. 농 속에 여기 2억, 저기 2억 있는데 삼천만원을 안 준다는 게, 말이 돼?

**질문**
아니, 아직 본인이 말은 안 했다고...
**답변**
가서 달라고 좀 해여.
**질문**
눈치만 보고 있다고...
**답변**
달라고 하면 되죠.


　　부모와 나 : 印 → 比劫 효도 → 制財
　　　　　　　　　日干

질문이 이거잖아요. 〈부모와 나〉를 물어 본 거잖아요. 부모에게 효도를 할려면 印이 있어야 되고, 효도를 하려면 印이 있고 또 뭐가 있으면 되여? 비겁이 있으면 효도를 해야 되여. 비겁이 없잖아요. 비겁이 없으면 일간이거든여. 비겁은 효도를 해야 된다는 거고. 효도를 해야 되죠? 그러면 효도를 할려면 엄마가 나를 잘 키웠으니 효도를

제6강 53

할려면 뭐가 있어야 되여? 制財가 있어야 되죠. 근데 이 사주는 재라고 하는 건 있어요. 이걸 부모의 어려움을 막아서는 비겁이 없죠. 그러니까 부모의 어려움을 막아서서 해 준 효도 내용이 없어요. 그래가지고 비겁이 없으니까 엄마가 나를 나서 잘 키웠어, 내가 엄마 배 속에서 났어? 내가 엄마 배 속에서 난 거에요. 그러니 효도를 하지 않았다고 보죠. 〈부모와 나〉 그럽니다. 어떻게 하져, 이거를. 이런 뜻입니다.

**부모와 나의 관계는 항상 인성 비겁, 인성 일간 이렇게 보면 됩니다.**

---

사주 예시 9)

| 時 | 日 | 地 | 天 |
|---|---|---|---|
| 癸 | 丙 | 甲 | 壬 |
| 巳 | 寅 | 辰 | 申 |

坤
5

몸무게가 얼마 나가여? 나처럼 생기진 않았겠지, 설마?

**상담사 답변**
밉지 않아요.
**창광 질문**
튼튼해여?

**상담사 답변**

멋있어요.

**창광 답변**

튼튼하면 됐어요. 풍수가 좋아야 되어. 풍수. 사람으로 하니까 풍수로 하면 안 되니까, 풍채. 풍채가 딱 좋아야 되여.


1. 격국 : 편관격

1) 살인상생

격을 뭘로 잡죠? 壬水도 투간 되고, 癸水도 투간 되고, 甲木도 투간 되고. 투간 안 된 게 없이 모두 됐잖아요. 申子辰 수국 됐는데, 辰월이면 癸水로 잡아야 되는 게 마땅한데, 子辰이 아니고 申辰이라 壬水로 잡아 줬습니다. 봄기운이 아닌 가을, 겨울 기운으로 잡아 줘서 살인상생으로 표시를 했습니다.

2) 재생살

재생살은 잘 되나? 잘 되죠? 재생살은 잘 됩니다. 아주 뭐 괜찮습니다. 다만, 제살이라는 게 있죠, 살격에. 그건 월령에 주왕에서 타고 났죠. 그거는 뭐 편관격이 戊土 壬水가 이렇게 있으니까 제살은 타고 났잖아요. 타고 난 거는 신분이 크지 않다는 뜻입니다. 제살이. 아시겠져? 그래서 5급 이상은 안 됩니다.

흉격이 월령에서 그냥 타고난 사람 있잖아요. 양인, 건록 빼고 편관격, 상관격이 타고나면 안 됩니다. 왜냐하면 후천적으로 월령에서 타고나지 말고, 다른 간지에 있어야지만이 후천적으로 교육을 받아야 되여. 그런데 저건 선천궁에 있기 때문에 타고난 거는 5급 이상이 안 됩니다. 자격 조건이 5급이 안 된다구. 미안하져, 그러니까. 그래서 그냥 식신제살은 인정 못합니다. 그래서 그냥 살인상생 그럽니다. 그러니 살인상생이 인성이 기신으로 형성 된 거죠? 기신이 형성 된 살인상생, 재생살 그럽니다. 행정고시 합격자여야 되는데.

**질문**

외국에서 대학 공부를 하고 왔는데, 메가스터디에 올해 10년 계약을 했는데, 그 학원 선생님이 100명이라면 본인은 20명 안에 드는데 이타래요. 그런데 내가 일타가 될 수 있을까?

**답변**

된다고 혀.

**질문**

일타가 되면 버스에 얼굴 붙여주고. 지금은 이타인데, 일타가 되려면 인터넷 강의에서 일타를 한 번 해야 되는데...

**\*\* 창광의 사주통변 \*\***

여하튼간 식신제살을 戊壬을 원국에서 했잖아요. 했으면 행정고시, 사법고시 합격생이 됩니다. 그런데 이건 안 됩니다. 안 되죠. 그래서 할 수 없이 뭘 간 거여? 살인상생으로 갔으니까 편인 기신을 쓴 거죠. 아까하고 똑같습니다. 아까, 양인, 건록이 이도 하잖아여. 이도 한거랑 똑같습니다. 살인상생이 된 겁니다. 그래서 뭐에서 넘어가냐

**면 살직에서 생직으로 빠졌습니다.**

관격이 살직이면 뭐라고 했져? 사헌부라고 했잖아요. 의사나 사헌부라고 했잖아요. 하여간 편관격이면 용어가 뭐 였죠? 살생필설. 그래서 이게 살직이 안 되니까 생직으로 넘어갔습니다. 그러면 펜을 들거나 혀를 든다고 했죠. 재생살을 한단 말이여. 그러면 재라고 하는 것이 뭐에요? 구신이라고 하죠. 재생살을 하니까 그래도 직업 돈은 높다 생각해야 됩니다. 급수는 5급 이하이고. 말하자면, 5급 이하인데 돈은 한 달에 3500은 벌 수 있습니다.

### 편관격의 원칙

원래 원칙으로 편관격 그러면 편관격 따지면 식신이 상신돼야 되잖아요? 그러면 우리가 5급 그럽니다. 식신제살 이렇게 해서 5급 탁 치는데, 그러려면 '**살생필설**' 이렇게 말하죠. 살과 생이라고 하는 게 식신제살입니다. 죽이는 직업 사헌부, 살리는 직업 의사. 그 나머지 이게 안 되면 필설로 넘어가는 겁니다. 서당이라고 하면 안 됩니다. 아까 말할 때는 양인, 건록격에는 서생이라고 했잖아요. 양인격은 교관, 건록격은 서생 그러거든여.

편관격은 탁 넘어가면 필설 이렇게 용어를 쓰는 이유가 **일반 교육자가 아니라 언론을 꼭 끼니까 필설 그러는 겁니다.** 잘 봐봐. 여기 손가락 쳐다 봐. 살 사헌부, 생 혜민서, 사간원 그 다음에 그러져. 사간원이 요즘 뭐여? 언론의 칼 그러잖아요. 언론을 끼게 됩니다. 그러니까 이 사주는 아까 교육 그랬잖아요? 그게 아닙니다. 언론, 언관입니다. 언론의 칼, 의학의 칼, 법의 칼 그러잖아. 편관격의 3대 요소입니다. 살생필설. 이거는 그냥 알고는 있어야 된다는 뜻이죠.

### 식신제살

구신이라고 했잖아요. 식신을 지켜야 되잖아여. 그러니까 편재가 되잖아요. 그러면 이 아이는 식신이 있어도 이건 쓸 수 없다는 겁니다. 왜 쓸 수 없냐면 천간을 쳐다보세요. 식신을 쓸만하겠어? 살인상생이 투간 되어서 올라가 있죠? 그것도 방국을 이루고 올라가 있잖아요. 寅辰 방국을 이뤘죠. 그러니 어떻게 쓰냐구. 기신이 자리를 딱 잡고 있습니다. 그래서 식신을 쓸 수 없습니다. 식신제살은 안 된다. 그러니까 넘어 간 겁니다.

### 재생살

재생살 됐으니까 구신은 되는 거죠? 구신입니다. 그러면 흉격의 상신은 뭐라고 했죠? 직업자격이라고 했죠. 직업신분 조건이라고 하잖아요. 구신은 뭐에요? 업무 조건이라고 했잖아 아까. 그래서 흉격에 구신이 돈입니다. 흉격에는 상신이 신분이 되는 겁니다. 길격하고 틀립니다. 길격에는 상신이 돈 됐죠? 구신이 신분이었잖아요. 이렇게 의미가 틀립니다. 그러니 돈은 된다는 뜻이죠.

그래서 신분은 필설이고 돈은 삼천만원은 벌겠다 이런 뜻입니다. 애들이 삼천만원을 번다는 게 말이 돼? 잘 모르겠다, 하여간 3500~4000은 벌 거 같습니다. 그런다고 부자 아닙니다. 이런 뜻입니다.

### 질문

이렇게 이도 된 것은 상구신은 변화가 없어요?

### 답변

이도를 했건 상구신은 변화가 없습니다. 이도는 이도대로 따로 보는 거고.

**질문**

월비 확실하게 됐을때만 바꿔 버리고요?

**답변**

그것도 상, 구신은 똑같습니다. 원래 원칙하고 이도 됐으면 변수가 있죠? 통변할 때는 원래원칙인 상,구신으로 해야 돼, 변수로 해야 돼? 변수로 통변을 해야 됩니다. 이도 했다고 상구신이 달라지는 건 아닙니다만 통변은 변수로 해야죠. 그러니까 고민이죠?

**상관격 + 정재운**

만약에, 상관격이라는 게 정재가 들어왔으면 이도 한 것에 대한 구신이잖아여? 그런데 정도에서는 개가 기신이죠. 통변 하면 되잖아요. 니 돈벌이에는 좋은데, 도리에는 어긋난다. 통변 하면 되잖아요. 도리는 어긋나잖아. 돈 벌이는 좋죠? 아주 간단합니다.

그런데 이게 이도 했을 때는 기신이고 정도로는 희신이고 어떻게 하란 말이냐 이렇게 하고 앉아 있으면. 어떻게 하란 말이냐 하는 순간 통변이 안 되는 거여. 그래서 어떻게 하란 말이냐구 많이 물어 봐여, 저한테. 하여간 뭔 말인지 알죠? 그냥 그대로 똑같이 얘기하면 됩니다.

**질문**

알겠는데, 통변이 힘들어요. 이도 하는 거랑, 상구신하고 같이 짬뽕해서 하는 게 힘들어요...

**답변**

아이고, 그럼.

**질문**

돈을 많이 버는데 왜 안 모여요?

**답변**

돈이 왜 안 모이냐구? 돈을 모으려면 어떻게 해야 된다고 했죠? 재생관을 잘 하시면 됩니다. 재생관 아주 잘 됩니다. 그쳐? 아주 잘 됩니다. 돈이 돈을 벌려면 어떻게 해야 되죠, 재생관 하고? 비겁을 제해야 돼죠? 비겁을 제하지 않죠. 수명이 짧습니다. 돈 버는 기간 수명이 많이 짧습니다. 그래서 이 사주는 정규직이 아닙니다. 계약직 입니다. 재생관은 돈을 모으다 그런 뜻이고.

**올해 운세**

하여간 올해 운세 대답을 해 줘야지. 戊戌, 己亥에 물어봤다 이런 뜻입니다. 재생살이 되는 거죠? 재생살이 됐으니까 인기가 있어, 없어? 인기는 있습니다. 그러니 올해 지가 원하는 대로 된다고 생각해 주시면 됩니다. 식신생재 재생살 됩니다. 언제부터 시작하는데?

**상담사 답변**

올해부터 시작을 했으니까...

**창광 답변**

2019년 6월부터 시작해서 오랫동안 됩니다.

**질문**

2026년, 27년에 비겁을 제하잖아요?

**답변**

멀리까지 봤어?

**질문**

10년 정도 계약을 했다니까…

**답변**

아 수명은 한 10년 갑니다.

**질문**

그 이후로 비겁을 제하니까 그때 마지막 잘 해서 그만 두고 나올 때 잘 차리라고…

**답변**

네. 나중에 차려도 되죠. 하여간 재생관, 재생살하잖아요. 이건 2019년 6월부터 시작을 해서 오랫동안 갑니다. 그러면서 살인상생까지 계속 가야죠? 최소 수명이 2024년, 최소 수명이 5~6년은 갑니다. 10년 계약 중에 5~6년은 무난히 넘어갈 수 있다는 뜻입니다.

여기 재생살 이렇게 썼는데, 戊戌, 己亥년에 물어봤으니까 그렇지, 재생살 기준을 어디 다 둔 거여? 2020년에 둔거 아니여. 이 사주는 뭐가 들어와야 돼, 항상? 이 사람이 잘 된 게 뭐 있어? 살인상생하고 재생살 아니여? 살인상생하고 재생살이여. 이 재생살에 대한 출발이 2016년부터 됐죠. 재생살이라는 게 비견이 들어왔죠. 비견을 쳤잖아요. 그러면 재생살 또 하는 겁니다. 그러면서 여기서 출발해서 2024년까지 재생살이 들어왔다 생각하시면 됩니다.

이 사주의 특징이, 가장 좋은 점이 재생살이죠? 자기 영역을 차지해 내는 거잖아요. 戊戌, 己亥년에 물어봤다. 그런데 답변을 뭘로 했어요? 재생살로 했죠. 2020년 기준입니다. 庚金이 올해 언제 들어오져? 庚午달에 들어오죠? 그때부터 들어오니 괜찮습니다. 인기는 뭐 있습니다.

**창광 질문**
메가스터디가 뭐여? 메가톤급이여?

**상담사 답변**
유명한 학원이에요.

**격의 서열**
나는 또 교육하는데 ebs가 있는 줄 알았더니, 메가도 있었구나. 하여간 뭐 괜찮습니다. 그래도 서열 3위에 들어가는 격이죠. 양인격, 건록격, 편관격, 정관격 그러잖아요. 양인이 1, 건록이 2, 편관이 3, 정관이 4 그럽니다. 그러면서 편재, 정재 격이 나눠집니다. 인성격이나 식상격은 명함 내밀 생각하지 말고. 열심히 가서 일하는 일꾼인데 뭘 내밀어.

그런데 이제 중요한 거는 서열이 높은 격 일수록 뭐가 심해? 경쟁이 심합니다. 그들은 편한 날이 없습니다. 24시간 일을 합니다. 인성격하고 식상격은 그럴 필요 없어요. 일 있으면 하고, 일 없으면 쉬고 그러면 됩니다. 편하게 살려면 인성, 식상격 네 가지 격으로 살고, 나머지 열심히 성공하고 싶걸랑 관살을 상신이나 격으로 둔 자들하고 상대하시면 됩니다. 성공할거냐, 실패할거냐는 격이 높으면 높을수록 합니다.

양인격이 대다수가 실패를 하는 이유가 뭐냐면, 파격이 되면 실패를 하는데 그게 뭐냐면, 주변 환경이 받침대가 안 됩니다, 파격이 되면. 그래서 양인격이 대체적으로 소년, 소녀 가장 힘겹게 살잖아요. 그런 것들이 바로 양인격에 해당사항이 있습니다. 파격이 그렇습니다.

---

사주 예시 10)

| 時 | 日 | 地 | 天 |
|---|---|---|---|
| 辛 | 丁 | 辛 | 辛 |
| 亥 | 巳 | 丑 | 酉 |

坤 1

사주 멋있네.

1. 격국 : 편재격

편재격. 편재격이죠?

1) 상신 : 식신생재

편재격은 상신이 식신입니다. 그리고 식신생재, 앞으로 이렇게 써 주세요. 편재격은 상신이 식신이니까 식신생재 이렇게 써 주세요.

2) 구신 : 재생살

편재격의 구신은 재생살 이렇게 써 주시면 됩니다. 그러면 같은 자리에서 타고났죠? 삼합이 있으니까 그거를 살려낼 수 있죠. 삼합이 있어서 그래서 살려 낼 수 있습니다. 그러면 사주 좋은 겁니다.

그런데 아까 어떤 사람은 辰월에 같은 자리에서 식신제살 했는데, 그거는 "**급수는 5급 이상이 안 됩니다.**" 이렇게 말 했잖아요. 걔는 사주이름이 편관격 이잖아요. 얘는 사주이름이 편재격이에요. 격 자체가 틀린 거잖아요.

격에 따른 멘트 구분

**관살** 이런 용어가 들어갔으면 제일 먼저 뭘 얘기해야 되여? **신분의 정도를 먼저** 얘기를 해야지. 그건 급수가 있잖아요. 그러면 **재격**이면 신분을 얘기해야 돼, 차지하는 걸 얘기해야 돼? **차지하는 게 먼저 얘기해야지**, 급수하고 뭔 상관있냐구. 격 자체 내용이 틀리죠. 그러니 격에 대한 멘트가 필요합니다, 항상. 그 격에 대한 멘트를 꼭 하셔야 됩니다. 앞으로 "격에 대한 멘트를 어떻게 해야 되나?" 이것도 좀 하세요.

하여간 격에는 격에 대한 멘트가 있으니까, 그 멘트가 하나씩 가지고 있어야 되여. 여지껏 배운 거 가지고 쓰면 안 돼? 하여간 멘트가 필요해요. 순서대로 양인, 건록, 편관, 정관, 편재, 정재 멘트별로 하시면 됩니다. 할 수 있죠?

재다신약

그런데 재다신약입니다. 사주 기가 막히게 좋습니다. 그런데 신약이란 말이에요. 신약이니까 능력이 좋아야 돼, 복이 좋아야 돼? 복, 복을 잘 타고 난 겁니다. 이쁜 마누라 만나면 됩니다.

**질문**
음간이니깐 이쁜 남자…
**답변**
그러면 끝난 겁니다.
**질문**
능력보다는 이 여자애는 잘 생긴 남자를…
**답변**
당연하져. 질문이 뭐에요?
**질문**
공무원인데, 내년에 지방으로 갈 거냐? 아니면 애들이 초등학교 가니까 직을 내려놓고 변호사로 갈 거냐?
**답변**
그건 뭐 알아서 설명하세요.
**질문**
부모는 아까우니까 직을 못 내려놓게 한다고…
**답변**
뭐, 알아서 하라고 하세요.
**질문**
변호사로 가도 괜찮을까요? 아니면 검찰 조직에 그냥 있을까요?
**답변**

원래 사주에 식신생재도 되어 있고, 재생살도 다 되어 있습니다. 그러면 됐습니다. 근데 재다신약입니다. 재다신약은 용신이 뭐져? 직장 생활해야 된다고 하셨잖아요. 알고 있잖아요. 알고 있어요. 운이 뭐로 바뀌던 상관없습니다. 이런 사주볼 때는 1분이 넘겨서는 안 됩니다.

편재격, 합국 편재격이죠? 이거 재능 있네. 식신생재, 재생살? 그려, 알았어. 이건 상신, 구신이 다 있네. 가격도 있고 그리고 지위도 있네. 근데 재다신약입니다. 이쁜 남편 만나고, 항상 누구 밑에 있으면 되는 겁니다. 재다신약은 항상 관살이 용신이라고 했잖아요.

### 식상이 용신일 때

근데 관살이 용신이 아니고, 식상이 용신이면 어떻게 된다고 했죠? 등신 같은 놈 만나서 먹여 살리고 이렇게 사는 겁니다. 이거는 관살이 용신 있잖아요. 그래서 정해졌잖아, 그러면 된 겁니다.

**질문**
丑중 癸水로 살인상생으로....
**답변**
그럼여.
**질문**
亥水는 뭐와 상관있는 건가요?
**답변**
아무 상관 없습니다. 나중에 재테크 하면 됩니다. 기본기만 충실하면 뭐 문제가 하나도 없습니다.

다시 한 번 해 볼 까요? 이 사주는 보는 거 너무 간단하니까. 저거 보니까 편재격이죠? 그 자리에서 식신생재 됐죠. 그럼 상신이 있습니다. 그 자리에서 재생살 됐죠. 구신이 있습니다. 그럼 끝났습니다, 이제. 재다신약, 그러면 떠오르는 게 있잖아요. '아, 좋은 **남자 만나고, 철밥통 직장 만나자.**' 철밥통 직장 아시죠? 끝난 겁니다. 그 다음에 아무것도 필요 없습니다. 그러면 됩니다.

그런데 식상이 용신이면 좋은 남자는 안 됩니다. 철밥통은 차지 할 수 없습니다. 이런 뜻입니다. 하여간 오늘은 공부하기 좋은 게 뭐냐면 격이 있고 변수 발생하는 게 계속 있었잖아. 오늘은 변수발생 공부까지 계속하는 겁니다. 막 이도하지, 별 소리가 나옵니다. 아까 살격은 기가 막히잖아요. 야, 살격이 이게 살인상생으로 즉시 발생 되잖아요. 식신제살이 아니라. 이거 이도성이거든여. 이 공부를 계속하면 됩니다. 그리고 끝입니다.

### 합충 변화

그리고 이 사주의 합충변화 볼 때 삼합만 있어, 성국도 됐어? 성국도 됐잖아요. 재능이 있고, 성국이 되면 수장도 해 본다고 했잖아요. 이런 것도 해 보는 겁니다.

### 질문

천간에 辛金이 여러 개 뜬 거는 괜찮아요? 재가 너무 많이 떠서...

### 답변

아니, 문제가 없죠. 이 동네이름이 뭐지? 이거는 서초동에도 한 번 갔다가, 이거는 여주도 한 번 갔다가, 여기는 대전에 갔다가. 여기를 서초동 그래요. 서쪽에 있다고 서초동이 아니구. 여기는 여주라고 그래여. 여주 저쪽에 아시져? 경기도. 여기는 대전 그럽니다. 이렇게 가면 돼지 뭔 문제여. 庚金이 있어 가지고 혼잡 된 것도 아니구. 庚辛도 아니고 辛金만 있다는 데 어떻다는 거여? 문제가 없습니다.

### 올해 운세

올해 운세입니다. 아까 얘기한데로 그대로 얘기하면 돼. 얘는 어린 애잖아요. 나이가 먹은 건 아니죠? 아까 어떤 사람은 亥子丑월령 생인데, 나이가 60이었지? 얘는 얘기하면 됩니다. 己亥년 운세를 봐 주세요.

### 子丑월령생

亥子丑월령생, 특히 子丑월령생이 운 오면 일번 뭐라고 했죠? 과거를 정리하고 새로운 환경에서 살아야 한다. 나이가 먹으면 먹을수록 복잡하고, 나이가 젊으면 젊을수록 안 복잡합니다. "너, 올해 발령 난다. 여주로." 이렇게 하면 됩니다. 항상 지방 발령 나면 주자 돌림자로 가는 겁니다. 여주, 광주, 전주 이렇게. 알았죠? 논산 이런 얘기하면 안 됩니다. 산으로는 안갑니다. 주, 아니 물이 갔는데 주로 가지. 물댈 주 자, 주로 가지. 물이 가지 뭐가 가, 그러면. 얘가 불이 가?

### 질문

기해년 亥子丑이라서 물이라고 하신 거예요?

**답변**

亥子丑이라서, 별 걱정을 다 해.

**질문**

저런 사람은 오행으로 봤을 때 辛金이 투간 돼서 스승이 많은 거예요? 주변에?

**답변**

왜 갑자기 스승이여?

**질문**

천간에 辛金은 스승이고, 丑중 辛金은 부모라고 그러셨잖아요, 오행으로…

**답변**

아, 저기 뭐야 뭐라고 하지. 오행으로 수원이 있네. 부모 유업계승, 유산도 있고, 스승도 있고 그러지. 숫자가 많으니까 많다구? 많다구 해, 그냥. 괜찮은 말이네, 그것도. 또 질문.

**질문**

저런 때는 甲木도 없고 寅木도 없어서 멘토나 후원이나 인덕도 없는 건데…

**답변**

네, 없습니다.

**질문**

천간에 금이 많고 부모덕은 있네요.

**답변**

그렇게 말하시면 안 되고, 이성적이십니다. 쓰세요.

위 사주는 계곡에 물이 흐르는 丑월에 났다. 일간이 丁火임으로 甲木으로 인덕을 삼고, 庚金으로 벽갑하면 공을 세울 수 있으나 자신을 돌봄이 없음으로 자신을 돌보는 게 아무것도 없으므로 (庚金도 없고, 甲木도 없고, 거기다 寅木도 없어) 처지를 비관하지 않는다. 있기만 하면 그거 기대잖아요. 단지 운로가 동남방에 있으니, 사주에 있지도 않는데 운로가 동남방에 있으니 보존을 할 따름이다. 보존, 자기를 보존한다구여. 아주 일간이 냉정해 버렸죠. 자기가 보존 되는 겁니다. 동남방에 있다 이런 뜻입니다.

하지만, 북서방을 만나면 갑작스러운 쇠함이 우려가 된다. 수명 얘기하는 거죠. 자기 관리, 수명 얘기하는 거죠. 미련을 버린다며 천수를 누릴 수 있다. 미련을 버려야 되죠. **"오랫동안 뭐하려고 하지 마라. 미련을 버려라."** 이런 뜻입니다. 이 사주는 격만 좋지 일간은 안 좋죠? 일간을 돌보지를 않습니다.

**일간**

이 사주가 편재격이죠, 일간이 편재격을 수행하려면 근왕하라고 했죠? 근왕을 하니까 이것도 격에 맞춘 것이죠. 일간을 돌보는 게 하나도 없잖아요. 그러니까 자기는 하나도 안 돌보고, 격만 맞추니 직업적 성향만 드러났다는 뜻입니다. 그런데 그것이 얼마간 갈 수 있냐는 얘기에요. 만약에 운이 북서방으로 갔으면 흉하죠? 흉을 만난 겁니다. 미끄럼틀 탄 거라 해서 흉을 만나는데, 동남방으로 운이 가잖아요. 귀한 건 아니지만 보존을 한단 뜻입니다. 일간은 아주 못났습니다.

질문

甲午 대운에 지나면서 甲대운에 사시에 합격 했다고...

답변

말하자면, 할아버지가 죄를 안 지었어요. 얘 할아버지가. 하여간 놀면 죄 안진 겁니다. 그래 가지고 못난이로 태어났잖아요, 丁火가. 엄동설한에 못난이로 태어났다. 태어나자마자 동남방이잖아요. 그러니까 복이 많죠. 복이 많아요.

질문

운로가 바뀌어서 동남방이 지나가면 직업을...

답변

그만 놔라.

질문

변호사 가도 별 볼일 없지 않을 까요?

답변

그냥 가서 일주일에 한 번 출근하면 되죠.

질문

내년에 庚子년이 오잖아요. 그거는 상관없어요?

답변

진급운이예요. 격운이잖아요.

질문

할아버지가 죄를 안 지었다는 것은 증거를 가지고 하시는 게 아니라 격으로 다...

답변

운이 좋으니까. 일간 운. 일간 얘기 하니까 가족 얘기하지. 격 얘기

했으면 가족 얘기 하지도 않아요. 일간이 참 외롭게 태어났잖아, 그런데 태어나자마자 동남방 운이고, 그리고 하필이면 세 번째 대운에 일간에게 가장 필요한 인화까지 들어오고... 그런 것들이 고맙지 않아요? 죄를 진 집안이 아니에요.

### 수원이 천간에 있으면

그리고 여러분들이 알다싶이, 수원이 천간에 있으면 천기를 받아서 똑똑해요. 천기 때문에 똑똑해요. 수원이 지장간에 있으면 부모의 기운을 받아서 건강해요. 수명도 길고 그래요.

### 수원과 인화

수원이라는 건 받고 타고난 거예요. 근데 인화는 자기가 만들어가는 거예요. 수원과는 게임도 안 되여. 인화는 만드는 기운 가지고는 사람이 살기 힘들어요. 그렇지만 사람은 타고난 걸 중요시 여겨야 돼? 후천적으로 만드는 걸 중요시 여겨야 돼? 만드는 걸 중요시 여기니까 화후세계라고 하지. 화후, 목생화, 화후, 자기를 수행해서 만드는 거 있잖아요. 그건 목생화라고 하죠. 인화라고 그래요.

인화가 안 되면 살아가면서 자기 몸을 탈진 시켜 버려요. 고장 나게 만든다고. 수원이 안 되면 선천적으로 타고나지 못하고. 수원도 천간에서, 지지에서 하는 게 있고. 지장간에서 하는 수원은 부모의 기운이라고 했잖아요. 근데, 유산만 생각하면 안 되여. 수명이라는 거 생각하고, 원래 타고난 체력이라는 게 있죠? 그런 것들이 수원에서 들어오는 겁니다. 천간만 있으면 무지하게 똑똑해 지는데, 수명이 짧아요.

**질문**

수원이 정신력이 아니고 체력이에요?

**답변**

정신력. 정신 차려, 정신력. 생명력. 순수히 체력 그러면 인화. 근~력 그러잖아요? 도세. 그리고 발생과 도세를 근력, 막 근력 세우는 거 있지? 근력과 체력과는 차원이 틀립니다.

**질문**

지구력은 화생토, 토생금이에요?

**답변**

끈기? 끈기라는 것은 과정을 의미하잖아요. 수생목하고 화극금. 그러니 화생토 토생금이 맞잖아? 제련, 단련, 끈기. 못쓸 인간들이잖아요. 물으면 안 놓는 인간 있잖아요? 이게 바로 수생목하고 화극금.

**질문**

丁火 일간이면 巳에 그래도 근이 있는 건 아니에요?

**답변**

근 있죠.

**질문**

근데 木이 없어서 약하다는 거죠?

**답변**

약하죠. 운동도 안 하고.

**질문**

잘해줘야 되겠네요?

**답변**

뭘 잘해줘? 하여간 직업 수명은 짧습니다. 전환을 언제 한다고 해도 반대 못합니다. 변호사로 개업 한다고 해도 반대 못합니다. 원래가 그런 거니까. 수명은 깁니다.

**질문**
직업 수명이 짧다는 거죠?

**답변**
네.

**질문**
애기 때문에 내년정도 고비라서요. 내려가면 애가...

**답변**
어딜 내려가?

**질문**
지방으로. 서울에 너무 오래 있어서....

**답변**
지방 가야 되요.

**질문**
지방을 돌아야 되는데...

**답변**
지방가면 혼자 가야 됩니다. 식구는 안 데리고 갑니다.

**질문**
애랑 떨어져야 되니까... 올해 애기랑 같이 살았거든요.

**답변**
떨어져 살아야 되여.

**질문**
올해 간신히 애를 보냈는데, 내년에 애를 또 봐야 되네?

**답변**

애가 누군데?

**질문**

우리 며느리...

**답변**

오늘 며느리 나오고 또 뭐 나온 거여. 아까 남동생은 경자생이였어? 누구를 파렴치한으로 몰고...

# 제 7강

## 7강 1교시 임상

사주 예시 1)

격이 뭐여?

### 1. 일간

일간이 식신격은 뭘 갖추어야 해여? 근왕. 근 또는 비합시다. 근왕하면 식신생재, 비왕하면 식신제살하려고 하는 성격을 가졌다 이렇게 합시다. 그렇다고 그거를 뚜렷하게 구분해서 이런다, 저런다 확고부동하게 좀 하지 마, 제발. 명리학 확고부동한 거 없어요. 명리학은 이얼령. 비얼령이다 좀 해 봐. 이얼령, 비얼령. 상황 따라 해야지 무슨 점처럼 타로 카드 뒤집어서 "이거 아니면 말어." 아니에요. 오늘 하고 내일 생각이 틀린 데 맨날 똑같이 하지 마. 남편이 오늘은 나쁜 놈이었다가 내일은 좋은 놈도 되고 그러지? 그렇게 살아야지. 이얼령 비얼령 해야지. 이얼령 비얼령 얼마나 좋아? 그렇죠?

일간의 처세는 됐어, 안 됐어? 처세는 괜찮지. 사회생활 하는데 딱 좋지. 그리고 비견이 있으니 협동심도 있고, 책임감도 있고 그리고 근왕하니 주체력도 있죠. 지지배가 이렇게 되면 안 됩니다. 지지배는 허약해서 "나 몰러." 그렇게 해야 되는데, 지가 무슨 대장군감이여 뭐 하는 거여? 여자가 이렇게 되면 코에서 뭐 나온다고 했죠? 수염나오고 혁띠 두르고 다니고 이렇게 된다고. 아주 골치 아파요. 좀 있으면 나와. 콧수염 나오고 혁띠 두르고 이렇게 나온다고. 목도 짧아져여, 자꾸.

일간은 튼튼하다. 근 그러면 성실하다. 그리고 비 그러면 근면하다. 성실이라는 건 자기 생활이고 근면이라는 건 남한테 하는 거죠? 그래서 성실 근면하다 이렇게 말하는 거여. 아무리 꼬마라고 해도. 辛卯생이면 꼬마가 아니네. 죄송합니다. 아니 51년생이잖아. 난 또 기묘생인 줄 알았어.

좋으신 분이네.

## 2. 격국 : 목화식신격

### 1) 상신

식신격 그러면 개인적으로 식신격이 얼마나 잘 되었나 봐야 되여. 격이 잘 되었나 봐야 돼. 식신격이면 첫째 개인적으로 자질을 갖추어야죠. 여기 일간이 있죠. 개인적 자질 그러잖아요. 일간이 갖출 게 근인데 개인적 자질. 이걸 뭐라 그래? 상신이라고 하죠. 개인적 자질이 되는 상신을 갖추었는가 보면 갖추었죠. 상신을 갖추었습니다. 그러면 개인적 자질이 있는 거죠? 충분합니다. 거기다가니 건방지게 추진력까지 갖추었어여. 그러면 교회 신도 회장 같은 거 하는 거 있잖아. 이런 거 할 수 있어.

2) 구신

두 번째로 사회적 저변 확대도 갖추어야 되죠. 그러면 '사회적 저변확대가 되는 구신은 갖추었는가?' 이렇게 보는 겁니다. 구신은 갖춘거여, 어떻게 한 거여? 없어? 그럼, 어떻게 하라구? 그러면 '비경쟁적 타협논리는 갖추었는가?'를 봐야 되죠.

그러면 식신이 편재를 갖추지 않으면 정재라도 갖추어야 될 거 아니야? 갖추었어? 없어? 그러면 뭐 먹고 남게 살면 돼. 상신이 있으면, 식신격에 상신이 있으면 먹고 남게 살 수 있다. 재성 구신까지 있으면 쓰고 남고, 놓고 남게도 할 수 있다고 하면 되여.

3) 2019년 세운

2019년 왔져. 그러면 어떻게 해야 되여? 구신이 왔으니까. 상신은 먹고 남게 살고, 구신은 쓰고 남게도 할 수 있다구. 그러니 올해 운세는 쓰고 남는 운세가 왔다고 생각하시면 돼. 그래서 쓰고 남는 운세가 올해는 왔습니다.

**질문**
투자해도 되나요? 조그맣게요.

**\*\* 창광의 사주통변 \*\***
戊戌, 己亥는 구신이니 먹고 남게 살다가 먹고 좀 남았다구. 먹고 남게 살다가 남은 것 가지고 쓰고 남게 살고 싶다가 왔죠, 이제.

저번 주 하고 올해부터는 통변방법을 바꿉니다. 저번 주까지는 이론적 차원에서만 계속 했잖아요. 지금부터는 그 이론을 가지고 손님한테 어떻게 직접 말하나 이거를 하는 거예요. 통변 방법입니다.

**2019년은 쓰고 남게 살고 싶다** 이러한 뜻입니다. 그런데 戊財가 왔잖아요. 그럼, 저변확대적 재성이 있으려면 사주에 있어야 되죠. 그런데 운에서 왔으니까 저변확대에요, 돈의확대에요? 식신격이니까 실력을 사회적 저변확대로 넓히는 거여, 벌이로 확대시키는 거여? 이거는 벌이 확대적 의미입니다.

그래서 이런 것들은 말하자면 **없던 육신이 온다는 것은 사업 확대 욕심이 아닌 금전 확대 욕심이란** 뜻입니다.

원래 식신이 생재하면 뭐가 확대 되어야 돼? 저변, 영역이 확대 되어야 한다고 말 했죠. 그게 없으니까 영역확대보다는 돈이 확대 되고 싶다는 뜻입니다.

**상신 甲 + 己土**
상신 + 뭐가 왔어? 상신이 甲木이져. 상신에 己土가 왔죠. 얘 이름 뭐라고 했죠? 仇神이 왔다고 했죠. 甲木이 상신이잖아. 상신이 합 되었으니 뭐가 온 거여? 그걸 仇神이라고 했잖아. 원수 仇자 구신. 이 구신은 구할 救 救神. 이 구신은 원수 仇 자 구신. **상신이나 구신이 합 되면 원수 仇 자 仇神 쓰라**고 했지. 통변은 뭐라고 했죠? 유혹당하셔라. 협의하고 논의하고 해라. 유혹. 유혹상품이 오신 겁니다. 그것도 구신이 유혹 상품이여, 상신이 유혹 상품이여? 갖추어 논 것에 대한 유혹상품. 실력을 갖추어 놓은 것에 대한 유혹상품, 돈을 모아놓은 것에 대한 유혹상품을 푸는 겁니다. 그래서 돈을 유혹당하시면 됩니다.

유혹 당하는 거 나쁜 거 아니여. 유혹 당하시면 됩니다. 그래서 '**지분이 날 부른다**' 이런 거 있잖아. 이런 뜻입니다. '지분이 날 부른다' 이런 거 알아여? 올해 운세입니다.

**질문**
지분을 더 효과적으로 가질 수 있는 거예요?
**답변**
그렇죠. 유혹을 당하셔라. '지분이 날 부른다' 이런 뜻입니다.

그러면 이러한 거를 유트브에서 보면 강의가 나와 있는 거 있죠? 比 + 財는 내용이 뭐였었지? 다시 시작 해 봐. 인성하고 식상합은 뭐여? 남녀 관계일 때 영혼의 대화가 인성 식상이라며, 합이. 사회적 관계로서는 문화예술이라며. 문화 예술 관계죠. 그럼, 이렇게 하자. 비견하고 재성이 남녀문제를 어떻게 통변 했었지? 원원 그랬잖아. 그 배경이 좋아, 그 사람 실력이나 인맥을 사용하는 게 좋다고 했어. 인맥을 사용해서 재테크형 결혼하라고 했지. **재성하고 인성이면 그 사람의 뒷배경의 재물반경을 사용해서 재테크형 결혼하라고 했죠?**

제7강 81

그건 그렇게 하게 돼있어.

그러니 이거는 사업적 얘기를 한다면 상신이니까 뭐에요? 주변의 인맥을 사용해야 되여. 주변의 인맥을 사용해서 상신, 남아 있는 재산을 사용해서 지분을 확보하란 얘기여. 질문이 뭐여?

**질문**
투자해도 되나요? 하고, 명리학 공부 하시는 분인데 사무실 내도 될 까요?

**답변**
내면 돼지 뭐.

다시, 己亥년은 戊戌 己亥는 구신이고, 상신이 합이 되었다 이러한 뜻입니다. 그러니 이런 것은 물어 본 대로 투자관리를 하시면 됩니다. 누구를 사용해서? 인맥을 사용해서, 이렇게 생각하시면 됩니다. 상신이 합을 했으니까 인맥관리하면 됩니다. 다시, **戊戌 己亥년에 구신이 왔으니까** 사업영역 확장 이 용어도 해야 되죠? 근왕도 하잖아요. **사업영역도 확장을 해도 된**다 이런 뜻입니다.

**比+財**
그런데 이 사람들은 재성이 원래 없었기 때문에 이것도 합으로 되어 있는 거 아시죠? 比+財합이니까, 인원보충 개업을 권장한다는 뜻입니다. 자기가 하는 게 아니라 인원을 시켜서 하는 거, 사람을 모아다 하는 거. 원래 비견이라는 거는 식상을 사용할 때 인력이라고 했죠? 인력사용 그런 거 하면 됩니다.

그런데 철학관을 어떻게 남의 인력을 사용하지? 아, 사주 카페? 나는 남더러 사주보라고 한 적이 없어서… 누구한테 보라고 해도 안 봐. 나도 어릴 때부터 내가 봐 가지고. 하여간 이거는 비견이라는 건 항상 남의 인력을 사용하라 이런 게 있는 거죠? 인력사용해서, 인원 보충해서 하라 이런 의미가 있다는 뜻입니다. 공동 투자, 공동 작업의 운이 왔다 이렇게 생각하시면 되여.

**질문**
庚子년에 식신제살 되나요?
**답변**
사주에 안 되니까 안 되죠.
**질문**
辛金이 원래 있었는데.
**답변**
뭐, 소용없어요. 식신격에 식신제살 그러면 국가 자격증 따야 되는데, 그건 안 되는 거고. 원래 지지에 丙辛이라고 辛이 있었잖아. 그것이 천간에 떴다 해도 재물상승이지, 경쟁에서 조금 먹고 남게 산다는 거고, 쓰고 남게 좀 산다는 의미지. 그것이 신분이 막 올라간다는 건 아닙니다. 그러니 암장에 있는 건 대체적으로 실전이라 했잖아. 실전적 의미이니 천간하고는 아주 관계가 틀립니다. 천간에 있는 순간 좋아할 것도 없어요, 경쟁이 치열합니다. 암장에 있는 게 최고여, 실생활이니까. 사주 또 불러 보세요.

사주 예시 2)

| 時 | 日 | 地 | 天 |
|---|---|---|---|
| 甲 | 辛 | 辛 | 庚 |
| 午 | 丑 | 巳 | 午 |

坤
10

1. 용신

1)당령
당령이 丙火입니다.

① 乙丙

음양배합이 乙丙이져? 그런데 이 사주는 乙丙으로 한 게 아니라 甲丙 했죠. 이게 틀립니다. 사회적 경쟁 성향 보다는 개인성향이 더 강화 됐죠. 그래서 이 사주는 **배우고 익히는데 초점을 많이 해야 되지, 활용하는데 초점을 많이 맞추면 안 됩니다.** 박리다매 식으로 자기를 쓰는 것 보다 자기를 높여야 된다는 그런 의미를 가지고 있습니다.

② 乙丙戊

그 다음에는 乙丙戊가 돼야죠? 戊가 없져? 戊가 없습니다. 그러니 또 己로 갔죠? 丑중에 己土를 사용해서 己로 갔다는 뜻입니다. 사회생활에 적합하지 않습니다. 또 개인 자질 개발에 적합하죠. 甲己가 되어 있습니다.

③ 癸乙丙戊

癸乙丙戊 중에 癸水로 착실히 자기 준비성향이 있나 봐야 되겠죠? 자기 준비 성향이 아주 괜찮죠. 甲丙은 자기개발을 하는가? 己土는 자기 개발한 것이 환경적합성이 있는가 보는 거예요. 癸水는 실력의 정도를 보는 거죠? 癸水가 있으니까 실력이 괜찮습니다.

④ 癸乙丙戊庚

癸乙丙戊庚 해야 되죠? 그러면 활용효과가 있나를 봐야 됩니다. 활용효과가 큰 가, 안 큰 가? 활용효과가 크죠. 그런 뜻입니다.

2) 세운

올해 운세는 어디에 들어왔죠? 庚金을 얘기를 해야 되니까 어디에 들어왔어여? 활용효과를 보다가 들어왔죠. 2020년 기준해서. 올해 다 갔잖아. 올해 다 간 거 아니야? 올해는 다 끝났어.

결국은 이거를 쭉 따져보니까 상생식이 癸甲丙己庚 이렇게 돼 있죠?

## 2. 격국 : 정관격

격을 보니까 정관격입니다.

### 1) 재생관

운명적으로 정관격이 타고나기를 巳酉丑합 되었죠. 그러면서 겁재가 투간 됐죠? 정관격이 운명적으로 제겁을 타고났죠? 그럼, 이 사주에 시급하게 필요한 게 뭡니까? 재생관이죠. 겁재를 이겨야 되잖아. 타고났잖아. 운명적으로 타고 났습니다. 巳酉丑 금해서 정관이라고 하는 丙火가 녹이지만 녹보다는 생이라는 庚金이 더 힘을 쓰잖아요. 그럼 내가 밑에 사람들이 쑥쑥 자라오는 거에 질 우려가 있어, 없어? 질 우려가 있잖아. 그러면 나이 어린 사람한테 "과장님" 그럴 우려가 있잖아. 아들이 태어났는데, 아드님하고 무릎 꿇고 절 할 우려가 있잖아, 인제. 그러니 자기도 열심히 배워야 되잖아. 그러면 재생관해야 되죠? 재생관을 해야 됩니다.

이 재생관을 뭐라고 말해여? 상신이라고 말하죠. 가장 필요합니다. 그러니까 가장 주의할 게 뭐에요? 실력의 뒤처짐 현상이 가장 중요하죠. 경쟁자가 있으니까 실력이 뒤처지지 않도록 노력을 해야 될 거 아니냐 이거야. 실력이 뒤처지지 않도록 해야 됩니다. 그래서 재생관이 아주 중요합니다.

이것이 나중에 육신에서 얘가 유용지신이 됩니다. 억부용신으로 유용지신이 됩니다. 그럼, 이렇게 유용지신이 있는 사람은 운에서도 100% 써먹습니다. 재성운에. 한 번 재성운이 들어오면 100년 간다고. 유용지신이 아닌 게 들어 와가지고 왔다 갔다 하면 운 본체만체입니다. 100% 써 먹습니다.

2) 구신

관인은 잘 하고 있나여? 관인상생. 戊土, 시원찮죠. 구신은 유력하지 못합니다. 그래서 신분의 고하는 고려하지 않겠다. 그러니 이 사주 상신이 튼튼하니까 뭐를 하면 돼? 돈을 많이 벌면 되여. 신분이 높은 거 보다는 돈을 번다고 생각하면 되는 거여. 상신이 빵빵하잖아.

그러면 신분을 높여야 돼, 돈을 많이 벌어야 돼? **상신은 돈 많이 벌자, 구신은 신분을 높이자**. 돈을 많이 벌면 됩니다. 어린놈이 별 소릴 다 하네.

### 3) 세운

올해 운세는 격국 운으로 무슨 운에 들어왔어? 구신운에 들어 왔져. 구신운에 들어왔습니다. 그런데 또 봐야 되잖아요. 올해 운세는 庚金으로 들어왔으니까 뭐하는 거여? 상신이 역할 하는 거죠. 그래서 **상신이 기신을 제압하다** 운에 들어왔습니다. 2020년 운세가 庚金이 들어왔으니까 목생화 화극금하면 되죠? 준비 상신, 여지껏 준비해 놓은걸 확 갔다 쓰면 되는 겁니다. 그럼, 뭐가 생겨? 돈이 생기는 겁니다. 다른 건 없습니다. 그런 뜻입니다.

## 3. 일간

여지껏 환경 얘기 했잖아요. 그런데 이렇게 죽어라 얘기했더니, 일간이 우리가 한 얘기를 듣는 체 만 체 하고, "난 몰라." 이렇게 하면 소용없다고 했죠? "난 몰라." 그러면 얘기 하나 마나가 되는 거야. 정관격인데 일간은 어떻게 생겨야 되죠?

**정관격의 일간은 근이 약해야지 순응하여 반항하지 않다** 그랬잖아요. 일간은 뭘로 왕 하라고 했어? 인왕해야 환경에 적합하다 그랬죠.

올해 운세에 일간은 뭐가 왔어여? 인왕이 왔죠. 이거는 2019년. 2020년은 뭐가 왔어여? 겁왕이 왔져. 그런데 사주가 참 애매하져.

근이 없으니까 순응하고 반항하지 않겠다면서 인성으로 또 일간이 왕 하지는 않아요, 일단은. 인성으로 인왕하지 않은데 적합하게 하기는 싫다는 거여. "시키는 대로 하겠는데, 니가 시키는 건 내가 못 하겠다." 이게 뭔 말이냐구. 별것도 아니여. 부인이 "니가 시키는 대로 할게. 그런데 그건 못 하겠네." 이렇게 말하는 것처럼, 애매하지 않아여? 호치래기로 맞을 놈이네. 좀 그런 게 애매함이 있죠?

그래서 왜 그러나 살펴봤더니 나는 비겁으로 왕한데, 시키는 대로 할 테니까 나 건들지 말라는 거야. 독립하겠다구. **비겁으로 왕, 그러니까 "독립 정신 그리고 독립활동을 하겠습니다."** 독립정신에 입각해서 독립활동을 하고 싶어 한다는 거여.

### 4. 팔품

#### 1) 방합 + 삼합

팔품은 뭘로 돼 있냐면 방합이라고 하져. 방합이라는 巳午라고 했죠. 이걸 통변할 때 뭐라고 했어여? 조성된 환경에, 삼합이라는 丑巳이 있죠. 환경을 활용해서 재능을 만들다 이런 게 사주에 있죠. **환경을 활용해서 재능을 만들다**는 뜻이 들어있습니다. 환경을 활용해서 방합 먼저 하는 거여. **환경을 적절히 활용해서 그곳에서 재능을 발휘하다**는 뜻이 생겼습니다. 그러니 환경 조건이 좋습니다.

#### 2) 세운

2019년 택이 巳亥상충이 들어왔죠? 팔품에서는 巳亥상충 왔습니다. 그러니 이동환경이 왔고, 팔품은 환경이니까 이동환경이라고 하죠.

일간으로써는 개인적으로 독립욕구가 왔고, 공간이동 환경이 왔고, 용신 운에서는 돈 벌고 싶다가 왔고, 격국으로는 돈 비는 때가 됐다가 왔고. 이거 어떻게 하면 좋죠? 나이 어린 사람이. 질문이 뭐여?

### 질문
서울대에서 동물 생명 과학 박사를 하고 애들까지 가르치는데, 스웨덴으로 가도 되는지? 그쪽에서 연구직으로 돈을 벌고 싶다고...


### ** 창광의 사주통변 **
스웨덴 가고 싶대. 더 나은 환경을 찾아서... 대답을 해야지. 네 가지 우리가 배운 거 그대로 해봐. 팔품부터.

설명할 때, "방합에 삼합이 있으니 네 능력을 하려면 좋은 환경을 만나야 된다." 방합에 삼합이잖아. 방합부터 삼합까지 설명 해봐. "방합에 삼합이 있고 올해는 상충이니 좋은 환경을 만나야지, 니 능력을 발휘한다. 지금 당장 장소를 옮겨라." 또 일간 해 봐봐.

### 상담사 통변
독립해야 하는 운에 왔으니까...

사주도 설명 하면서.

**상담사 통변**
겁재가 왔으니 독립할 마음도 생겼다.

뭔 말인지 알지? 설명을 잘 못해서 그렇지. 이거 해봐. 격국. 상신이 기신을 제압했다. 니가 배운 거를 쓸 때가 되었다. 그런데 그거 돈으로 환산 받아라. 상신이니까 배운 거잖아. 경험이여, 배운 거여? 경험은 이사람 없어. 구신이 없으니까 상신이잖아. 쓸 때가 됐지? 배운 걸 드디어 쓸 때가 됐다. 돈 벌 때가 됐다. 한 번 해 봐봐. **배운 것을 쓸 때가 됐다, 2020년 돈 벌러 가라.** 너는 원래 돈 벌고 싶은 놈이었다고 하는 거여. 여자여? 여자가 고향을 떠난 단 말이여? 남자도 아니고... 이렇게 설명하는 겁니다.

하나에 그 해 것을 다 써 놓고 설명을 하는데, 이 사주의 초점이 뭐였죠? 재생관을 대고 겁재를 제압하는 게 선천적이었잖아요. 겁재운에 들어오니까 통변 기준을 전부 다 2020년에 맞추는 겁니다. 올해 물어봤다고 해도 말할 때 2020년 써 놓고 해야 되여. 올해 당장 어떻게 한다는 건 아니잖아. 2020년 출발입니다. 그럼, 언제 떠나면 되여? 그러면 달 찍어 봐봐. 그냥 亥달 그래. 巳월이잖아. 물 들어오걸랑 떠나라 그래, 亥달. 巳亥상충 그렇게 하면 됩니다.

**질문**
삼합과 방합이 같이 있을 때...
**답변**
방합하고 삼합이 항상.

**질문**

삼합을 이용해서 능력을 만들고, 능력을 가지고 환경을 만드는....

**답변**

자기 영역을 활용해서, 환경을 활용해서 자기 능력을 만드는 거예요. 그런데 올해가 巳亥상충이 생겼잖아요. 삼합이 상충이 아니라 방합이 상충 되었다고 생각해야 돼. 택궁이 맞았다 그래. 그러니 공간을 이동해야 된다구.

**질문**

거꾸로도 할 수 있지 않나여? 능력을 만들어서 환경을 조성할 수 있는...

**답변**

그거는 삼합에 방합이 들어왔을 때.

**질문**

저럴 경우 삼합이 우선인지 방합이 우선인지....

**답변**

모든 것은 방합이 우선이여. 그런데 삼합하고 방합이 왔잖아. 그러면 능력을 만들었으니 환경을 찾아 나서라 그래요. 상충 들어오면 무조건. 합이 하나도 없으면 방합 이렇게 하라고 했죠? 합이 방합만 우선하면 돼, 항상. 능력이 먼저가 아니라 환경이 먼저라고 항상 생각하면 되여. 저게 상충이 들어왔으면 삼합상충이라 보지 말고, 방합상충이라고 항상 보고.

**질문**

그러면 능력을 만들어서 환경을 만든 사람은 사주 자체가 방합이 없었던 사람인 거죠.

**답변**

그렇죠. 좀 불쌍하죠. 방합이 우선입니다. 삼합보다는 방합이 우선입니다.

**질문**

무조건 가면 되죠?

**답변**

무조건은 안 돼지. 꼬마니까 부모 허락을 받고 가야지.

---

사주 예시 3)

| 時 | 日 | 地 | 天 |
|---|---|---|---|
| 癸 | 丙 | 甲 | 戊 |
| 巳 | 寅 | 寅 | 戌 |

坤 5

하나 둘 씩 해 봐. 2019년, 2020년, 2018년 이렇게 하라고 했죠? 2018에서 2019년 넘어왔으니까 2019년에서 2020년 넘어가는 식으로 통변하라고 했지? 항상 2019년 2020년 통변하면 됩니다. 이렇게 하면 못 알아들으니까 己亥년, 庚子년 이렇게 해서 통변 하시면 됩니다.

우리가 제일 먼저 할 일이 격 잡는 겁니다. 격을 잡아 보면 편인격.

**용신** 잡아보면 甲木. 용신은 당령 기준으로 하라고 했어요. 사령하지 말고, 일단은.


### 1. 팔품
팔품 잡아보면, 여러분들이 혼신을 다해서 잡아왔는데 보면 방합이 없죠.

#### 1) 방합
방합이 없져? 그쳐.

#### 2) 삼합
삼합만 있어. 삼합만 있죠? 삼합이 있다는 건 자기능력은 있는데 능력을 발휘할 좋은 환경은 못 만난다는 거 아니여? 그렇지? 운이 들어와야지.
이거는 **삼합이 되었으니까 재능은 있다. 방합이 없으니까 재능을 발휘할 환경을 잘 못 만난다**는 거야. 그럼, 언제나 들어와야지 재능을 발휘할 환경을 만나냐구? 그렇게 물어볼 거 아니야? 우리는 뭐라고 말해야 돼, 항상. 그렇게는 안 되겠네. 왜? 방합은 120년 있다 들어와. 방합이 금방 들어와? 미안한 얘기잖아. 미안하지만. 그러니까 년운에서나 기대를 하셔, 이렇게 밖에 할 수가 없잖아. 미안하잖아. 이렇게 말하면 그 사람들이 뭐라고 하잖아. 서운해 가지고. 그것도 없는 사람도 있어. 걔들도 잘난 척 하는데 뭐가 어떻다는 거야? 이렇게라도 해야지 어떻게 할 거냐구. 할 수 없잖아.

재능은 있는데, 뭘 못 만나? '**환경은 못 만난다**' 이렇게 일단은 대충해 놔야죠. 조후 용신 이런 것도 따져 봤잖아. 이렇게 일단은 해 놔야 됩니다.


## 2. 용신
재능이 있다고 했는데, 재능이 얼마나 되나 한 번 해 봐야지. 재능은 있다고 했는데 재능이 별 것 아니면 할 수 없는 거 아니여. 재능이 있나 없나 봐야 되겠죠?

### 1) 癸甲
癸甲했습니다. 재능을 개발해, 안 해? 재능 개발은 오케이 됐죠. 재능은 있어.

### 2) 癸己
그 다음에 재능이 활용 가능한가 봐야지. 그러면 어떻게 해야 돼? 癸甲이 己 이렇게 해야 되잖아. 癸己해야 되잖아요. 그런데 己土로 재능을 발휘할 내가 좋아하는 환경은 없지만, 그래도 무슨 환경이라고 있어? 戊土니까 그렇잖아요. 손이 발이 되도록 긁어서 개간해야 될 환경은 있는 거여. 가만히 있는데도 재능이 발휘될 그러한 환경이 아니고. 꼭 가 가지고 개발을 해야 될 환경이 있는 거야. 남들보다 두 배, 세 배 힘드는 거여.

용신으로 올해 己癸甲이 왔지. 내 재능을 알아 줄 환경이 왔어, 안 왔어? 왔어. 재능이 상승도 되고, 재능을 발휘할 적합한 환경도 왔다는 것이죠. 아주 괜찮습니다. 그러면 쬐끔 똑똑해져요. 많이 똑똑해 지지는 않고 쬐끔 똑똑해져요.

### 3) 己辛癸甲

己辛癸甲 해야 되는데 辛이 없죠? 없으면 庚이라도 있어야 되는데. 없어. 강제로 찾으려고 戌중에 辛金 억지로 갖다 붙이지 마여, 그거는. 안 되는 거여. 그래서 巳중의 庚金을 찾으려고 했더니, 巳酉丑이 안 되어서 없는 거여. 辛이 없어. 그러니까 재능의 깊이가 조금 부족합니다. 수원이 부족해서 깊이가 부족하니까, 깊이 재능을 개발하려고 해서는 안 되는 거야. 깊이가 있어서는 안 되는 거야. 그래서 좀 부족하다. 그래서 'NO' 그러는 거야. 재능의 깊이가 없으면 가격을 높이 받아야 돼, 작게 받아야 돼? 작게 받으면 되는 거여. 작게 받으라고. 그러니 하루에 30만 원 이상을 벌지 말란 말이여. 이런 뜻을 얘기하는 거여. 30만원이면 많이 버는 건가? 많이 버는 거여? 그럼, 10만원으로 줄일 수도 없고 어떻게 하면 좋아. 여하튼간 하루에 줄였어. 22만원으로. 이렇게 살으란 얘기여.

### 4) 己辛癸甲丙

그리고 이건 또 왜 있는 거야? 己辛癸甲丙. 丙은 있죠. 丙火가 있으니 파급효과가 일어난 거죠? 나가서 영업술은 잘할 수 있다는 뜻입니다. 총 따지니까 이 사주는 己癸甲丙으로 생겼으니까 **이 사주 甲木은 癸甲丙입니다.** 배운 것을 즉시 활용하라 이런 뜻입니다. 배운 거 활용하는 거로 생겼어요. 깊이 해가지고 박사학위 받아야 돼? 빨리 배워서 밖으로 갔다 확 써야 돼? 써야 된다구. 아니 또 좀 부족하면 경운기타서 좀 배워오고 이런 거 있잖아. 이렇게 하면 됩니다. 己辛癸甲丙입니다.

용신에서 올해 운 들어온 거는 재능이 좀 상승되는 소토, 소토라고 하죠? 환경이 좋아졌다는 겁니다. 이 사주는 용신은 癸甲丙으로 구성 되어 있습니다.

통변을 한꺼번에 하는 버릇도 이제 들려야 되죠? 배우다, 쓰다 이런 식입니다. 그리고 나서 2019년은 己癸甲丙, 己土가 하나 더 들어왔다. 배우다 쓰다로 하는 건데, **배우다를 깊이 배우지 마라**. 박사 학위 받고 가지마라. 그렇다고 수박겉핥기로 배우는 거 아니잖아. 배우다가 있잖아. 癸水 없는 사람 무지하게 많아요. 희신 없는 사람 인구의 77%여. 여기 희신 없는 사람 있잖아. 다 따져 봐. 없는 사람이 부지기수야. 있는 사람보다. 희신 있잖아 성실근면하고 화려하게 쓰셔라. 깊이 있게는 하지 마라. 그리고 2019년에는 어디에 충실해야 돼? 배우고 익히는데 충실해야 돼? 환경에 자기를 말뚝 박는데 충실해야 돼? "**환경 활용에 충실해라. 너 올해 날개 달렸다.**" 이렇게 얘기해야 됩니다.

### 태과불급

이 사주 木이 다하죠? 목이 多하잖아요. 화왕하니까 목이 多한 겁니다. 그러니까 水가 어떻게 됐어? 水가 부족합니다. **목다하니까 수가 부족하다**는 뜻이에요. 水가 부족하면 세월이 막 지나가면 화다수갈이 되고, 현재는 목다수축이 되고 그러는 겁니다. 그러니까 항상

水의 문제 그러잖아요. 마음이 가난해 질 수 있다고, 항상. 마음이 가난해 지는 거 알지? 해 봤어?

**이 마음이 가난한 거를 니 스스로 컨트롤해야 된다. 항상 입에 좋은 말을 달고 다녀라**는 뜻입니다. 걱정을 끊어라. 이런 뜻입니다. 걱정은 왜하냐면 과거의 경험이 미래에 불안으로 또 남을까봐, 현재에 살면서 자신을 약탈하는 모양을 걱정이라 그래요. 걱정은 자기를 약탈한다는 뜻입니다. 목이 자꾸 힘들어지죠. 힘들어진다는 뜻입니다. 그러니까 몸이 지치고 병약할 수 있으니. **목이 자꾸 지치면 몸이 병약할 수 있죠? 몸도 지치고 또 병도 들고 할 수 있다**는 뜻입니다.

그런데 水가 고여서 탁하지는 않으니까 바이러스 병균은 없어요. 몸이 지치고, 몸이 병약해 지면 오래 살 건데 질질 끌고 살 수 있잖아. 아니, 수가 썩지를 않아서 물이 썩지를 못 했지? 썩기나 했으면 얼마나 좋아. 그러면 병 걸려서 죽으면 되는데. 병은 안 걸려 죽지는 않고 몸은 들었다 났다 이렇게 하면 이게 안 되잖아요. 나중에 정신은 멀쩡한데 몸은 안 움직이면 골치 아프잖아. 그럼, 찐따 되는 거여. 그거 조심해야 되는 거여. 그러니까 **"항상 체조를 하거라."** 이렇게 말해야 되여. 왜냐면 金이 있어야지 금생수를 하는데, 없으니까 항상 체조를 하거라 이렇게 말해야 된다구. 이게 고쳐야 될 점입니다.

## 3. 격국
격을 잡아보면 이 사주는 편인격

### 1) 상신

편인격의 할 일은 殺印해야죠. 살인을 해서 상신을 거느려야죠. 상신을 거느려야 됩니다. 상신을 거느리게 되면 뛰어난 전략과 과중한 임무가 오죠? 인성이라는 뛰어난 전략에, 상신 殺이라는 과중한 임무가 오잖아요. 그럼 살인상생을 하면 되잖아. 뛰어난 전략가이며 과중한 임무가 옵니다.

그런데 이 사주는 殺이 있어, 없어? 없죠. 그러다 보니까 殺印하랬더니 생풍맞게 가서 관인을 해서 미련한 전략을 짜서 직장에서 쫓겨난 거예요. 뛰어난 전략에 과중한 임무인데, 미련한 전략에 임무를 배당받지 못했습니다. 임무 배당이 안 됩니다. 그러면 가서 어떻게 해야 돼?

2) 구신

이제 印比해서 독립을 해야죠? 인비로 독립을 하는 겁니다. 그래서 인비 찾아 봤더니 比가 눈 씻고 찾아봐도 없어. 아 돌아 버리겠네. 어떻게 살란 얘기여. 그래 가지고 어떻게 하는 거여? 뛰어난 전략을 殺 대신해서 比니까. 殺은 과중한 임무죠. 比니까 개인기. 뛰어난 전략과 개인기를 앞세워야 되는데. 전략은 뛰어난데, 개인기가 또 없네. 이거 어떻게 하면 좋아? 그래서 할 수 없이 찾는다는 게... 할 수 없잖아요. 어디서 찾아야 돼? 印하고 일간의 근으로 찾아야 되지? 뛰어난 실력에, 실력은 무지하게 뛰어납니다. 뛰어난 실력에 혼자 개인기를 발휘하면 됩니다. 印比면 전체를 감동 주는 개인기. 이래야 전체를 감동을 줌으로써 많은 공유하는 사람이 나타나죠? 매니아가 나타나잖아. 개인기입니다.

그러니 이 사주의 격은 살인도 아니고 인비도 아니고 인일간이란 말이여. 살인은 뛰어난 실력에 과중한 무거운 임무를 맡은 거죠? 없어. 직장에서 쫓겨납니다. 직장 두 달 다녔어. 그러다가니 뛰어난 자기 개인기를 세상 만방에 펼쳐서 자기문화를 거느려야지? 없어. 아무도 안 알아줘. 그래서 할 수 없이 나만 알고 있는 실력을 만들어서 그냥 그걸 펼치면 됩니다. 그럼, 진짜 그렇게 할 수 있나 봐야지.

### 4. 일간
일간이 편인격은 근왕해야 되지? 그래야 잘하지. 근왕한데 이 사람이 戊戌생이잖아. 58년이잖아. 58년이 육이오 끝나고 며칠 안 있다 낳았는데 지들이 巳시인지, 午시인지 어떻게 알아? 모르잖아. 戊戌생은 대략 말하는 거여. 그래도 넘어가도 午시니까 인정을 좀 해 주니까 이거는 인정을 해 주겠다 이거야.

### 5. 운세
금년에 격운은 뭐가 왔어? 살인이 왔어, 인비가 왔어, 근이 왔어? 변변히 온 게 없어. 올해는 격이, 토가 왔으니 토극수하는 거잖아. 격이 상신, 편인격의 상신을 극하는 기신이죠? 격이 기신을 제압했죠? 잘했건 못했건 목이 했잖아. 잘 했다 그래, 그냥. 부족하나마 했어.

그래서 뭐가 살아나? 목극토하니까 상신이 살아나져? 상신이 살아납니다. 그래도 **올해는 상신이니까 실력이 좀 증가 한다**는 뜻이구여. 실력 증가하는 운이죠? 이런 운에는 공부 하세요 이렇게 말해야 돼. 목숨 걸고 해. 실력 증가. 그리고 상신이니까 지위가 좀 살아나, 돈이 좀 살아나? 돈이 살아나지. 그럼, 아까 22만원에서 좀 올려 30만원으로. 월 30만원으로 올려. 그래서 벌이증가 이렇게 말하는 겁니다.

그리고 팔품에서는 뭐가 있어? 삼합, 방합, 인해? 인묘진 없지. 삼합도 없지. 그러면 팔품도 봐주는 김에 봐 줘야 되니깐, 2018년 삼합이 들어왔지? "환경은 넉넉히 좋은 환경은 아니지만 실력은 점점 증가하고 있습니다." 이게 들어 온 거여. 이게 합충이 없으면 볼만한 내용이 없습니다.

**질문**
저 사주가 戊戌생이잖아요. 인비식으로까지는 안 되여? 印일간만 되여?

**답변**
여지껏 얘기하니까 딴 소리야. 격으로 따지면 인비가 안 되니까 印일간이라 했지.

## ** 창광의 사주 통변 **

용신으로 따지면 뭐라 했어? 癸甲丙이잖아. 용신으로 따져 봐. 배우고 잘 쓸 수 있다. 용신이니까 니 실력을 배우는 것은 깊이 연구하려고 배우는 거여, 쓸려고 배우는 거여? **쓰기 위해서 배우다** 이런 뜻입니다. 이거 하나 기가 막히게 좋습니다.

그런데 인비, 그것이 저변 확대로 넘어가지는 않는다. 인비가 없으니까. 인일간, 그러니까 개인적 만족에 맞춰라는 뜻입니다. 저변 확대가 일어나지는 않는다는 얘기여. 홍준표 안 돼. 그러니까 개인적 만족에 맞춰라 이러한 뜻입니다.

그리고 삼합으로만 되어 있져? **꾸준히 재능을 개발을 하도록 하여라**. 아주 꾸준히 재능을 개발을 하도록 하여라는 뜻이져. 2014년부터 근심하고, 2014년부터 근심을 계속 해야 돼. 그리고 2016년부터 공부를 열심히 하고, 2022년에 공부를 성취를 한 다음에, 성취를 해야 될 거 아니여. 하여간 알아서 해. 그 다음에는 니가 알아서 해.

2014년에 근심. 근심 아시지? 가까울 근 자, 마음 심 자. '**내가 뭐 해야 돼?' 마음을 내란 말이야**. 마음을 내니까 공부하러 가야지. 가야 되는 거라구. 2016년 때 이거는 좀 알거 같기도 하고, 모를 거 같기도 하고 등신 뺨치는 소리 하면 되는 거여. 2022년 되면 꼿꼿이 서 가지고, "음... 그건 그런 게 아닌 거 같은데..." 말하면 돼. 성취를 하는 거여, 이렇게. 지금쯤이면 어떻게 됐어? 공항장애가 올 때쯤 됐지. 지금 2019년이잖아. 여기서 온 거는 이 만큼 왔지. "여기로 갈 날은 산천이 의구한데 인걸은 간 데 없고..." 그래 가지고 좀 이상하지 않아여? 여기서 여까지 왔잖아. 그런데 여기서 여까지 또 가야 되잖아. 얼마나 심란할 때가 왔어 지금.

이럴 때 뭐라고 말하냐면, '나오나니 한숨이요. 흐르나니 눈물이네. 내 인생은 어디로 가는 가.' 뭐 이런 거 있잖아. '나는 왜 이렇게 사나 이런 거 있잖아. 긁어도 시원하지 않고, 밟아도 시원하지 않은 내 몸뚱이...' 하면서 살아가는 겁니다.

아직 멀었어, 성취 하려면. 그래도 사람이 여기서 여까지 왔는데 몇 년 안 걸리잖아. 8년 밖에 안 걸리잖아. 아무것도 아니네. 슬슬 가면 돼지 뭐. 그러다가니 2026년이 되면 도인이 되는 거여. 2016년에 공부를 좀 했으면, 2019년이잖아. 이 중간에서 이렇게 보면, 2019년 9월정도 보다는 제자를 받아서 좀 가르쳐야 되지. 가르쳐야 돼. 당사주라도 가르치던지, 뭘 가르쳐야 되는 거 아니여? 가나다라마바사아 이런 거라도 가르치던지. 가르쳐야 되는 거 아니여? 하나 둘씩 이렇게 하는 거여. 잘할 수 있어.

### 월령 삼합의 장점

삼합이 들은 사람은 장점이 뭐냐면 바로 이거여. 꾸준히 재능을 개발. 계속 한다는 거여. 월령 삼합이 들은 사람이 오걸랑 통변용어가 "아직 끝나지 않았습니다. 계속 되어야 되며, 아직 시작도 안했습니다. 계속 시작해야 됩니다. 어제와 오늘이 다르게 계속 성취하시면 됩니다. 무시 받고 또 무시 받으세요." 이렇게 말하면 됩니다. 방합이 있는 사람은 그렇게 말하면 안 됩니다.

일간은 뭐로만 되어 있어? 근왕만 하죠. 일간은 편인격은 근왕하고 비견으로 왕 합니다. 비견으로 왕 하지 못하니까 자기 문화를 만들 수 없죠? 그러면 남의 문화에 들어가기를 권장 드린다. 그래서 항상 비견이 없으면 자기문화가 없으니 단독플레이를 할 줄 알아야 됩니다. 상표차용이 잘 안된다는 뜻입니다. 의문점? 올해 운세를 얘기해 줘야 되는데, 나 혼자 떠들어서 미안해요. 의문점이 뭐여?

**질문**
己土가 와서 상관견관하잖아요....
**답변**

그런 건 없고. 己土 얘기했으면 己癸甲이여.
**질문**
상관견관은 그냥 넘어 가는 거예요?
**답변**
편인격에 상관견관은 무슨 얘기를 해? 무슨 상관이 뭔 힘이 있다구. 차라리 상관상진 됐다구 하지. 편인격이 왕 한데, 상관이 己土가 뭔 힘 없죠.


격국으로 통변하는 걸 잘 못하시는구나.
격이 기신인 상관을 제해서 식신상관을 제했죠? **상신인 관살을 살리니** 그랬잖아요. **가격이 좀 올라간다**고 통변을 못하는 구나. 육신만 보는구나. 여기다 육신대면 "편인이 식상을 제해서 관살이 살아납니다." 이렇게 말해야 되잖아요. 이런 통변은 육신으로 하시고, 그거보다 더 **고급진 통변은 "격이 기신을 제해서 상신이 살아나니 실력이 좀 증가 되고, 벌이가 좀 좋아집니다."** 2018, 19년 이렇게 말하는 거여.
그러니까 이거를 갈증으로 말하면 벌이 갈증과 실력 갈증. 갈증으로 얘기하잖아. 이러한 실력 증가, 벌이 증가라고 말은 했지만, 갈증으로 얘기하면 실력 갈증과 벌이 갈증 그래요. 그런데 이것이 상극에 의해서 살아났잖아요. 기신을 제해서 살아났잖아. 이렇게 되었을 때 상신은 경쟁에 비하여. 그래서 남에 비하여 실력 갈증, 남에 비하여 벌이 갈증 그래요. 만약, 상극이 아니고 그냥 상신이 들어오면 그냥 남에 비하여가 아니고 자기 스스로에요. **상극해서 들어오는 것은 경**

쟁에 의한 갈증 이렇게 설명하면 됩니다.

그러니까 이 여자분은 금년 운세가 겁이 기신을 극해서 상신을 살렸지? 그러니 다른 사람에 비하여 실력이 갈증 났고, 다른 사람에 비하여 벌이가 갈증 난다고 설명하는 겁니다. 이게 육신으로 설명하는 거예요. 정관이 아무 짓도 안 하는데, 뭔 상관견관이여.

물어봤으니까 답변을 해야 될 거 아니야.
식상이 殺을 제하거나 관을 극하는 걸 하죠. 살을 제하는 걸 뭐라 그래? 식신제살이라고 하고, 관을 극하는 걸 상관견관이라 하죠. 식신이 극 맞은걸 도식이라고 하고, 상관이 극 맞은 걸 상진이라고 한단 말이여. 그래서 식신제살, 상관견관, 도식, 상진 그런단 말이에요.

### 식신제살
식신제살은 병원균에 의한 사망 또는 퇴원 그러죠. 운에서. 그런데 이건 분명히 병원균 입니다. **병원균에 의한 사망 또는 퇴원** 그럽니다.

### 상관견관
상관견관은 신체 불균형이니 사고가 나잖아요. 사고가 날 수 있죠? 교통사고가 나잖아요. 그런 뒤 뒤틀림, 부정체. 몸이 이렇게 구부러지거나 이런 거 있잖아요. 제가 날씨만 추우면 이렇게 되거든여. 가끔 못 일어나잖아. 이렇게 부정체 돼서 그래요.

도식

도식이라고 하는 것이 발생을 하면, 이렇게 되면 혈액순환계 장애. 혈액순환 있잖아요. 이렇게 도는 거. 장애, 소화기 장애 하여간 순환계 장애 아시지? 알아야 되는데. 혈액순환, 무슨 순환, 대사 이런 거 있잖아요. 장애가 이렇게 발생을 합니다.

상진

이게 상진이 되면 무슨 말이냐면, 속이 순환 장애가 있잖아? **상진이 되면 피부, 골격 순환 장애가 온다**는 뜻입니다. 뭐라고 하더라? 아토피? 이런 순환계 장애 이런 것이 옵니다.

식신제살에서 식신이 약할 때 식신제살, 상관견관에 관이 약할 때 상관견관, 도식 상진은 뭐가 약한 거여? 식신, 상관이 아예 약한 겁니다. 저거는 지금 뭐가 약해여? 관이 약하져. 관이 약하니까 상관견관형이져. 이런 형태의 운이 옵니다. 그런 거 주의하면 됩니다. 이런 건 얘기하면 안 되는데, 원래는.

그래서 육신으로 이렇게 설명을 하면 전부 다 뭐라고 말해여? 원인이 뭐져? 스트레스. 육신으로 설명하면 과민성스트레스, 신경성 그럽니다. 오행으로 설명하면 전염성, 유전성 그리고 습관성 그럽니다. 대체적으로 통변할 때는 습관 잘못해서, 악습 때문에 그러죠. **육신으로 설명할 때는 스트레스, 오행으로 설명할 때는 악습** 그러면 됩니다. 악습 그러면 손님이 조금 미안해할까 봐 유전 그러면 좀 핑계가 되잖아. 사람은 "내 잘못이 아니야."를 외치고 싶지 않아여?

그런 것들이 있다는 뜻입니다.

---

7강 2교시 임상

| 일간 | 격 | 용신 | 팔품 |
|---|---|---|---|
| 개인생활 태도 검사 | 직업 활동 및 부귀빈천 검사 | 업무 능력 검사 | 환경 변화 |

사주 예시 4)

| 時 | 日 | 地 | 天 | |
|---|---|---|---|---|
| 乙 | 丙 | 庚 | 丁 | 乾 |
| 未 | 午 | 戌 | 卯 | 5 |

1. 격국 : 화토식신격

丁卯생이면 1987년생. 술월이니까 주왕이 화국하고 辛金이 령인데, 용신이란 령까지도 한꺼번에 포함된 격 잡는 방법이에요. 辛金이 령이죠. 庚金이 투간 됐죠. 화국한 丁火도 투간 됐죠. 모두가 투간 됐습니다. 령인데 화토식신격이다 이렇게 설명하는 겁니다.

식신격 속에 암암리에 들어 있는 본능적, 선천적 자질이 뭐가 들어가 있어? 주왕도 들어가 있고, 辛金령도 들어가 있고 그러면서 화국도 들어가 있지. 그래서 식신격 그려져. 식신격이니까 식신이 토이고 辛金이니까 식신생재는 당연히 그냥 들어가 있죠. 또 화국도 했으니 비겁 식신생재는 다 들어가 있죠. 그냥 타고 났어요.

### 1) 상신
비겁 식신 이렇게 타고 났으니까, 상신을 그냥 타고났죠. 자기가 후천적으로 가꿀 상신이 아니라 주변여건에서 만들어 놓은 상신이라구. 아예 만들어 놨어. 주변 환경이. 썰매 타려면 썰매 만들어야 되지? 아버지가 썰매 사주는 데 어떻게 할거냐구. 그래서 등신이여.

### 3) 식신제살 : 상신 기신
식신이 가서 어떻게 해야 되여? 제살을 해야 되죠. 제살하려니까 살이 없어. 그러니까 이거는 경쟁 가치가 아니라 생존 가치가 되는 거예요. 만약에 살이 있었으면 경쟁실력이 되는 거라구.

### 2) 식신생재
식신생재를 해야 되지? 그냥 타고 났어, 그냥. 그것도 안에서 타고난거여. 투간이 되어서 조금 달라졌을 뿐이여. 그러니까 구신도 이렇게 타고났어요.

### 4) 재극인
생재 했으면 재극인을 해야 되지. 하면은 경쟁 신분도 높아지는 거지? 활용 가치도 높아진다고. 그럼 지위도 막 뛰는 거여. 식신생재 했으니까 재극인 하지? 制印 보다는 합화를 하잖아. 그것만 해도 얼마나 고마워. 합화를 하지. 그러니 구신의 생존 활동, 합화는 생존 + 경쟁 활동력까지 더 높아진 거죠? 물론 합화로 했으니까 제화보다 신분이 1급이 못 되는 것뿐입니다. 괜찮습니다.


2. 세운

금년(2019년) 운세는 격에 뭐여? 격운. 그리고 2020년 되면 구신 운세. 구신이 가서 기신을 탁 치니까 격이 높아지는 거지? 그래서 또 격상위운 그러는 거여. **올해가 격운이고, 격이 상위로 되는 운이다.** 격이 올라간단 뜻이여. 그러면 가만히 있어야 올라가, 왔다 갔다 해야지 올라가? 왔다 갔다 해야지 올라가지. "나 여기서 하면 좋아? 저기서 하면 좋아?" 하면서 막 올라 가야 되지. 변화를 해야 한다구. 가만있으면 누가 올려줘. 원서도 쓰고, 영어로 하면 어플라이? 하여간 뭐라고 하던데...


3. 일간

일간 좀 봐봐. 일간 태도가 어떤 가, 식신격이면. 근왕하지. 겁재도 있지. 태도가 어때? 많이 건방지지. 너무 심하지. 일단 그래도 인정해 줬어. 식신격은 인정해야 되지? 인정해 줘야 돼. 일간도 근왕해.

### 4. 팔품
팔품 좀 봐봐. 뭐로 돼 있어?

#### 1) 삼합
삼합으로 돼 있지? 삼합을 돼 있으면 어떻게 하라고 했어? 아까 통변할 때, "너 아직 끝나지 않았다. 재능을 꾸준히 더 업그레이드 개발을 해야 된다."

#### 2) 방합
방합은 못 얻었지. 그렇지만 "화려한 능력에 비하여 활용은 조금 약하다." 이렇게 얘기해야죠. 방합을 못 얻었잖아.

### 5. 용신
용신 좀 봐봐. 뭐가 용신이여? 辛金이 용신이져? 辛金 용신입니다. 질문!

**질문**
어떤 식으로 투자를 해야 되는지와 결혼운....

**상담사 답변**
구신운에 결혼하는 거 아닙니까?

**답변**
결혼 언제냐고 물어 보니까, 남녀로는 만날 수가 없대요. 사주가 너무 건조해서 어떤 여자도 안 붙는다는 거야. 고개를 가만히 들고 쳐다보더니 "음... 연애결혼은 틀렸구나." 그럼 할 수 없이 구신운에, 또 구신을 가만히 보니까 庚金하고 乙木하고 합화가 되는 구신운에, 이 뜻을 가만히 해석을 해 보니까 어떤 뜻이 또 담겨져 있냐? 애가 돈에 대한 희망사항이 있어서 구신이 유혹을 당했지? 그래서 **돈이 배경으로 깔려 있는 사람을 원한다**는 뜻이여. 결국은 구신이니, 이게 연애는 하기 틀렸잖아. 중매라고 있어. 일명 강제결혼이라고. 내릴 강 자, 모두 제 자. '~~의 배경' 금융적 배경을 갖춰 있는 사람과 강제로 결혼을 해야지, 얘는 붙지를 않는다는 거야. 구신이 가서 유혹당했지? 누가 돈 들고 흔드니까 유혹을 당한 거 아니야. 이렇게 보면 되는 거야. 또 질문이 뭐여?

**질문**

돈을 벌긴 버는데 돈을 모으기 위해서 증권이나 어디에 투자를 해야될지...

**답변**

그런 건 답변 안 해도 되여. 백놈이면 백놈 다 물어 보니까. 안 물어 보는 놈이 어딨어? 그거 안 물어보는 사람 봤어여? 안 물어보는 사람 아무도 없어.


## ** 창광의 사주 통변 **
### 신약과 근왕의 투자법

부동산 투자는 안심투자라고 해서 재테크형 임대업, 안심투자 있잖아요? 이건 일간이 근약해야 됩니다. 일간이 근왕하면 안심투자를 안 하고, 안전자산 투자를 안 하고 도전형 투자를 하니까 주식이나 증권을 하게 돼 있습니다. 뭐를 하냐고 물어보는 게 아니라 뭐를 하겠다 말해 줄 수는 있다. "니가 하는 짓을 내가 너한테 말 해 줄 수는 있어도, 니가 나한테 물어본다고 내가 답변한다고 니가 그렇게 할 놈은 아니다."

**신약 안심 투자, 근왕 한 번 던져 봐(투기형 투자).** 그래 놓고 올라가는 거 있잖아요. 불안전 하지만 비싸게 받을 수 있잖아. 그래서 주식이나 부동산 투기형으로 하는 겁니다. 저게 가격이 비싸다니까 한 번 뒤치기 하는 거 있죠? 부동산 안전 투자형이 아니라, **당신은 투기형 투자이며 재테크를 주식으로 할 수도 있**다는 의미입니다.

이 아이가 투자를 물어 봤다고 했잖아. 그러면 주왕부터 답변을 해야지. "귀하께서는 주왕함으로 지주가 돼야지 직성이 풀리는 성격을 가졌습니다." 그냥 싸그리 아까 여기들어 갈 때 용신도 들어갔지? 용신도 들어갔잖아, 이렇게. 부동산 투자입니다. 지주가 되는 겁니다. 이것만 쳐다보고 이건 안 쳐다 본 거 아니여?

주왕이 辛金 령에, 말이 식신격이지 이속에 들어가 있잖아. 辛金 령이니까 어떻게 해여? 상품을 구축하고 싶죠? 사업해서 돈도 많이 벌고 싶죠? 辛金 령이라 이게 들어가 있는 겁니다. 그리고 화국도 했고, 재능도 있고 그러는 겁니다. 또 질문. 그런데 반대로 물어 봐야 돼. 왜 장가를 안 들었대?

**상담사 답변**
여자가 있었는데 헤어졌데요.
**창광 질문**
이유가 뭐냐고, 도대체.

상담사 답변
이유는 없어요, 여자가 없으니까. 맘에 드는 여자가 없으니까.

土剋水 된 사람의 특징
참 건조하져? 토극수 상황이 되어서 남녀가 만나면 인간 대 인간의 만남과 비슷한데요. 그런데 화생토적 남녀 만남은 인간 대 인간보다는 그의 재능을 먼저 보려고 그래요. 상업적 가치, 금융적 가치. 인간적 가치하고 금융적 가치하고 틀리잖아. 사고도 좀 틀립니다. 되도록 토극수 된 사람하고 결혼하지 마세요. 뭐만 따져? 인간적 가치만 따져요. 나를 좀 이렇게 금융적 가치로 따져주면 좋잖아. 그런데 인간적 가치로만 따지는 거여. 그러면 인간적 가치로 따지면 마누라한테 용돈주면 얼마나 좋아하겠어. 근데 그건 생각을 안 하는 거여. 말 잘해주면 좋아하는 거여. 남자가 어떻게 말을 잘 하냐고, 여자한테. 이렇게 말하면 안 되는데... 토극수 별로 안 좋은 거여. 화생토가 최고여. 그런 걸 생각하는 겁니다.

사람들의 가치 기준도 토에 수가 머물렀느냐, 화가 머물렀느냐 이런 의미가 상업적 가치로 바라보고 이럴 수 있다는 뜻입니다.

하여간 水가 하나도 안 보이면 뭐라고 말하라 했죠? "정이 안 가. 이 자식이." 이렇게 말하라 했잖아. 토에 화가 없으면, 토에 또 화가 하나도 없을 수 있잖아. 그럼 뭐라 그랬어. "어디다 써먹어?" 이렇게 하는 거여. 둘 다 있으면 잘하고 있어, 이렇게 말하면 돼. 둘 다 있으라니까 땅이 그냥 물이 질퍽질퍽하면, "아이, 짜증나." 그러는 거예요. 그러면 오래 못써먹어. 정이 오래가지 못 한다구. 토에 수가 너무 많으면. 토에 또 화 있으라니까 토에 화 밖에 없는 사람 있잖아. 그럼, 화가 없으면 어디다 써 먹을려구, 화가 있으니 써 먹을 만 하지. 너무 많으면? 고장 났네. 고장 났어. 고장 난 거여.

다시 통변 해 봐.
土水, "사람 좋네." 토에 수가 없으면 "정이 안 가." 토에 수가 너무 많으면 "고장 났네, 맴이. 마음이 울어. 정이 끊긴 거야. 뭔가 트라우마가 생긴 거야." 토에 화 있으면 뭐라구? 고장 안 났어, 아직은. "쓸 만 하네." 그리고 토에 화가 없으면 "어디다 써. 이거를…" 또 토에 화가 넘치면 "고장 났네." 이런 식으로 설명하는 겁니다.
이 사주 가만히 보니까 토에 수부터 설명하면, 사람이 정이 안 가. 사람을 정으로 봐? 안 보잖아요. **토가 화가 넘치니까 고장 났네.** 정도 안 가는데 고장까지 나고.

**질문**
그럼 어떻게 결혼해요?
**답변**
아까 얘기했잖아. 강제 결혼.
**질문**
투자대비 효과를 보려면 제화형 사주가 가능하다고 하셨는데…
**답변**
아, 이런 거에 대한 효과는 모두 제화가 되어야 효과가 일어납니다.
**질문**

이 사주에서 乙丁辛을 제화로 볼 수 있습니까?
**답변**
이 사주는 모든 제화가 일어나는 건 상관이 없는데, 식신이 제화가 일어나도 효과가 있구여. 생재해서 재극인이 일어나도 효과가 있지. 그런데 식신생재의 효과는 자기 능력을 활용한 효과이고, 재극인은 안전 자산권 효과. 재극인 효과가 더 낫지.

**질문**
그럼 乙丁辛으로는...

**답변**
별로. 庚金이 乙木을 제하는 효과, 재극인 효과. 효과라고 말하면 육신은 무조건 제화. 격국에서는 상신제화, 구신제화 있잖아요. 이 두 가지입니다.

이게 식신격인데 식신이 가서 살을 제화를 못하잖아요. 능력 효과보다는 재성이잖아요. 재테크 효과가 더 낫다는 뜻입니다. 지분투자 효과도 좋긴 한데 이 사람은 만나는 사람이 많지가 않습니다. 만나는 사람이 별로 없다구. 그래서 지분투자 효과는 별로 크게 권장이 안 됩니다.

**질문**
이런 사람들은 갑진년에 어떤 제화가 잘 일어나나요? 효과를 많이 볼 수 있나요?

**답변**
운세가? 이 사주는 운에서 그렇게 볼 거는 없구여. 구신이 똑바로

서 있으니까 항시 하면 되여. 구신이 똑바로 서있으니까 항상. 구신이 꼭 제화를 해야지만 일어난다고 그러지 말고 항상 해도 된다는 식이에요.

---

사주 예시 5)

| 時 | 日 | 地 | 天 |
|---|---|---|---|
| 癸 | 丙 | 乙 | 庚 |
| 巳 | 戌 | 酉 | 申 |

乾 9

1. 격국 : 편재격

편재격입니다. 편재격은 일간이 근왕해야 됩니다.

1) 식신생재

편재격이 성격이 되려면 식신이 있어야 됩니다. 그래서 식신생재가 이루어야 됩니다. 그러면 편재격이 성격이 되어서 편재격이 기득권을 확보하기 위한 실력을 갖추었다 이렇게 말합니다. 기득권을 확보하기 위한 직업적 실력을 갖추었으며, 근왕 그와 같이 행동한다는 뜻입니다. 근이 없으면 행동 못합니다. 근왕하니까 행동하면 되죠.

2) 재생살

재생관, 재생살 중에 재생살을 해야 되죠. 재생살을 해야지만 지배권도 갖습니다. 지배 구조. 운영권, 경영권 아시죠? 기득권을 갖기 위한 실력을 갖추어서 행사를 한다. 기득권을 확보하기 위한 실력을 갖추었다. 그렇게 행동한다. **재생살 하면 '갖추다'** 이런 뜻입니다. 그러면 경영자가 됩니다.

**재생살 → 재생관**
그런데 이건 재생살이 안 됐죠? 재생관으로 바뀌었죠. 그렇게 되면 경영자가 되기 위해서는 이동을 해야 됩니다. **진로 이동을 해야 된다**는 뜻입니다. 재생살에서 관으로 이동하는 거예요. 진로 이동을 해야 된다는 의미입니다. 경쟁이 치열한 곳에서, 경쟁이 덜한 곳에서? 덜한 곳으로. 아주 잘했어여.
**살에서 관으로 바뀌면 "하향 조정해야 돼."** 이렇게 말하는 겁니다. 관이 살로 바뀌었으면 경쟁이 치열한 곳으로 가서 상향 조정을 해야 된다구. 더 힘들게 자기를 만들어 가면 더 성공합니다. 그러면 찢어지게 힘들잖아요. 찢어지게 힘들면 힘들수록 더 좋아집니다. 그런데 그런 거를 말해 봐야 통해야 되잖아요. 근왕하지 않으면 안 통합니다, 편재격은. 또 근왕한다고 근이 너무 많으면 또 안 통합니다. 그래서 신태왕은 신태약하고 하나도 안 틀리고 똑같습니다. 그런 것도 생각을 해 주셔야만 됩니다.


2. 세운
2019년은 무슨 운이죠? 상신운이죠. 격은 상신운입니다. 암장에 있던 상신이 천간으로 올라간 상신운입니다. 상신운은 통변을 어떻게 하더라? **가격이 높아진다.** 만약에 상신인데 천간에 비겁까지 있으면 독립 한다고 해야죠. 그때는 독립 한다고 해야 돼, 비겁까지 있으면. 이거 격국 공부하던 뭘 하던 간에 이거 세 가지는 명심하라고 했잖아요.

### 비겁과 근

비겁이 천간에 있으면 독립 욕구가 있으며, 만약 근이 있으면 자영 욕구가 있다. 둘 다 있으면 나간다. 이건 기본으로 깔고 있어야 됩니다. 모든 사주를 볼 때 그런 것들을 말하죠.

### 壬水, 丙火와 癸水, 丁火 차이점

오행 볼 때도 기본으로 깔고 가는 게 있으면 **壬水, 丙火는 활용성이고, 癸水, 丁火는 준비성이다.** 나의 가격을 높이는 것은 癸水, 丁火이며 활용 가치를 높이는 것은 壬水, 丙火이다. 이 기본 가격으로 항상 가지고 있어야 됩니다. 현대 사회에서 가장 귀하게 여기는 것은 壬水, 丙火 활용성이다. 인기성이잖아. 인기와 흥행, 활용이잖아요. 실력만 높다고 되는 건 아니다.

癸水, 丁火는 "대우는 해주지만, 당신은 쓸모는 크게 없습니다." 이렇게 말할 수 있다구여. 壬水, 丙火는 "못난 짓을 하지만 당신은 최고여." 이렇게 말 할 수 있다고. 이런 것들을 생각을 머릿속에 항상 넣고 있어야 됩니다.

하여간 2019년은 격운이고, + 2020년도 하라고 했죠. 2020년도 격운이져? 격운입니다. 상신운, 격운 그럽니다. 자기의 체통을 상향 조정하는 이런 운입니다. 이를 흔히 우리들이 말할 때 아들 낳는 운 그러죠. 아들 낳는 운, 종자 낳는 운 그럽니다. 상신도 왔지, 격도 왔지, 한꺼번에 왔잖아요. 그러면 종자를 낳는 운 이런 식으로 설명합니다.

### 3. 팔품
팔품은 뭐 어때요? 환경 변화를 봐야 되잖아요.

#### 1) 방합
방합이 있잖아요. 申酉戌 있잖아요.

#### 2) 삼합
그리고 삼합도 있죠. 巳酉 있잖아. 환경을 활용해서 능력도 발휘할 호조건에 있죠? 조건이 좋잖아요. 이런 뜻의 설명을 드릴 수 있습니다.

#### 3) 격 + 합
가장 나쁜 게 격 + 합 = 仇神의 문란함이 보이죠. 격 + 합 됐잖아. 격이 합거 됐잖아. 그러면 뭐가 된 거여? 구신한테 홀렸죠. 그러면 문란해지는 겁니다.

### 질문

문란하면 무슨 일이 일어나요?

답변

문란이라는 거는 재테크를 해 가지고 돈을 벌려고 하다가 실패할 수 있는 문란.

질문

상신운이거나 격운 상관없이요?

답변

아무 상관없어요. 운 따라 말고. 사주에.

질문

여자에게 껄떡대거나...

답변

합만 보면 왜 여자여? 너무 하네. 일간이 합되면 그렇죠. 일간이 합되면 항상 투잡.

질문

월령에서 합된 거니까 직업적인 거....

답변

아니, 월령이 아니라 격. 월령이라고 쓰면 안 되고. 격, 격이 합되었다.

질문

재다신약까지는 안 봐요?

답변

재다신약은 아닌데. 근왕하니까. 인성도 있고. 투잡 이런 거 있잖아요. 개인적 문란 이런 것들은 대체적으로 일간이 합 되었을 때 얘기하는 거고, 다른 거는 크게 논할 것은 없습니다.

이러한 천간과 천간끼리 합하는 거는 소용성이 별로 없어요. 그래서 문란 그러고. 이런 것이 암장 하나 있잖아요. 그러면 실효성이 좋잖아요. 계획과 실천 그러잖아요. 계획 그러면 문란, 황당무계, 상상력 이런 것들이니까 조심하시면 되죠. 질문이 뭐여?

**질문**
돈을 잘 버는 척 하는데요....
**답변**
척? 아니 잘 벌어여. 사주는 괜찮잖아.
**질문**
로펌에 있다가 丙申년에 독립을 해서 지금 8명이 개인당해서 하는데 어마어마하게 잘 버는 척을 해서 진짜인가해서요.
**답변**
잘 벌어요. 바람둥이는 아니고. 왜 바람둥이라고 자꾸 그래. 편재격 봐봐여. 편재격이지? 식신이 있잖아요. 천간에 안 있고, 실제 상황의 식신이 있죠. 그런데 酉月 庚金한테 어울리는 戌中에 戊土잖아요. 辰중의 戊土도 아니구. 있잖아, 있으면 됐잖아. 식신생재 하니까 기득권을 차지하기 위한 실력 갖췄잖아. 그런데 경영자까지 가야되니까 殺에서 옷을 벗고 재생관으로 내려가야 되지. 그럼 경영자까지 가는 겁니다. 그런데 조심할거는 딱 하나라구. 재성하고 인성이니까 투자라고 말한 거 뿐이여. 탐재괴인이라고 재왕인약이잖아. **탐재괴인 아시지? 지나치게 돈 욕심내다가 한꺼번에 뜬다** 이거 얘기하는 거여. 그거 조심하란 얘기여.

**질문**

저기서 일간 합 되는 거 아니에요? 丙辛합으로 일간 합으로 볼 수는 없나요?

**답변**

봐. 껄떡 그렇게 하지 말고. 丙戌일주이니까 일주 간합 됐지. 부인 시켜서 뭐 학원 연다고 하면 되잖아. 부인시켜서 '**학원 연다.**' 그러면 돼, 그런 것들은. 아주 간단해. **丙辛합**이 학원이여. 辛壬이 옷 장사를 한다고 하면 丙辛합은 학원이야. 학원 그러면 요즘은 안 되니까 **교육 문화 예술 콘텐츠** 이렇게 하라고 했지. 옛날에 뭐라고 했어? 옛날에 다 뭐라고 했냐면 언론, 출판, 문화 예술이라고 했어. 그리고 또 뭐도 합 되었어? 월에도 합 되었네. 다른 사람하고 협동사업 하면 되잖아. 투 잡으로, 지분투자 뭐 이런 거.

**질문**

저런 사람은 투 잡, 쓰리 잡 하겠네요?

**답변**

투자하면 되잖아.

**질문**

아, 투자…

**답변**

남 시켜서 하라고 했잖아. 日支면 가족 시키고, 옆에 있으면 남 시키라고 대행시키라 했지. 대행시키면 돼. 이거 합도 봐봐, 환경도. 방합에 삼합이잖아. 자기가 사는 환경에 어울리는 능력이 있잖아. 환경과 재능 이렇게 말하면 되여.

또 의문점? 올해 운세도 봐 줘야지. 질문이 뭐여?

질문

딸이 만나고 있는데, 남자가 엄청 달려들어서 딸이 무서워해요...

답변

중요한 거는 저기를 보라구여. 저기 써 놨잖아요. 2020년.

질문

너무 편재격이라 저돌적으로 나와서...

답변

여러분들 배운 게 흠이여. 전부 다 사기꾼으로 보이고. 그러다 딸 하나도 시집 못 보내겠네.

질문

딸이 의심이 많아서요...

답변

여기 봐봐. 여기 쓰여 있잖아. 종자를 낳는 운이라잖아. 아들 낳는 운.

질문

투자를 뭐 하라 주의 시켜요?

답변

뭐 하러 주의 시켜요? 그까지 것 좀 잃으면 돼지.

질문

잘 버는 건 맞아요?

답변

잘 벌죠. 잘 벌잖아. 근왕식신 먹고 남다, 식신생재 쓰고 남다, 재생관 놓고 남다. 먹고 남다, 쓰고 남다, 놓고 남다!!

질문

재극인이 될 때 탐재괴인이 될 수 있지만, 乙庚이 확실히 되어 있으니까 괜찮지 않나요?

### 답변
그럼, 서류는 갖추고 있지. 그러니까 손해는 안 보니까 걱정 없지.

### 재인합 운이 격운일 때
중요한 건 그게 아니고, 오늘의 주제를 봐야지. 2020년, 종자를 낳는다구. 격운이니까 알맞은 종자. 왜냐하면 하필이면 乙庚합이 된 운인데, 재인합이잖아. 그것이 또 격이잖아. 그래서 그걸 종자라 그래. 아들 그러지 말고, 종자 같은 놈이다 상신이면. 상신운에 만나야지만 이 배필을 만나는 거여. 그래서 그거를 종자 생산까지 갈 수 있다구. 항상 상신운이어야 된다고 했잖아. 격에서 배우자 보면 상신이 배우자라고 했죠. 구신이 자식새끼고.

### 질문
구신에 결혼하면 약간 위험한 부분이 있고...

### 답변
애 잘 낳으면 돼지 뭐. "개떡 같은 마누라에 잘난 아들 낳으면 되지." 이렇게 하는 거고. **용신론에서 배우자 보려면 용신을 생화하는 희신이 배우자야.**

꼭 거시기 하세요. 지금 따님 배우자감을 한 2~30명 댄 거 같은데.

**질문**

그 중에 골라야 되는데, 얘가 너무 달라붙으니까 딸이 무서워해서...

**답변**

저는 얘가 좋아여. 난 얘가 마음에 들어요. 우리 공부했지만 오행으로는 丙火, 壬水가 있어야지 쓸모가 있다, 흥행이 있다고 하잖아요. 丙火가 있어야 쓸모가 있다는 거지. 癸水 이런 거, 丁火 이런 거 있어 봐야 가격만 많이 나가는 거니까.

**질문**

엄마가 맨날 좋다고 거짓말한다고...

**답변**

괜찮다니까요. 중요한 거는 아들 낳을 운에 왔다. 이건 종자다. 그런 뜻입니다.

### 방합이 없고 삼합만 있을 때

만약에 방합이 없이 삼합만 있으면 환경이 불우했다고 하는데, 환경이 불우하지 않습니다. 삼합만 있거나 그러면 성장 환경이 방합이라는 환경이 없었잖아. 환경 없는데 재능만 있으면 뭐 해. 저수지는 물이 빠졌는데, 배는 크면 뭐하냐구? 웃을 일 아니구. 그런 것도 생각을 좀 해 주셔야지.

**질문**

환경을 자기 스스로 개척을 해야 되나요? 자수성가 하듯이?

**답변**

떠나라구.
질문
삼합이 돼 있어서요?
답변
강원도에서 떠나야지.
질문
삼합되면 못 떠난다고 하셨는데...
답변
그래도 좀 하라구. 왜 못 떠나? 12일마다 한 번씩 떠날 기회 오잖아. 상충. 도망을 가던지, 떠나라. 방합만 있고 삼합이 없는 건 문제가 없어요. 환경이 튼튼하니까. 모기는 시궁창이 방합이잖아. 모기 인생을 생각 해 봐. 방합이 없으면 시궁창이 없으니 집이 없잖아. 맨날 날라 다니면서 집이 없으니까 피 빨아야 되잖아. 그러다가 손바닥으로 탁 잡혀 버리잖아. 이런 생각을 해 봐봐.

### 방합과 삼합의 차이
사람도 마찬가지여. **방합이 있어야지 사람이 환경이 좋지. 삼합은 일꾼이여**. 방합이 주인이라면, 삼합은 칠복이여. 개는 백날 해 봐야 칠복이여. 나르고 만들어 봐야 전부 다 대통령이 만들은 거여. 방합.

그런데 삼합이 키우기가 좋고, 좀 괜찮아. 왜냐하면 애가 자기가 아까워서 열심히 노력을 해. 삼합이 자기가 아깝잖아. 열심히 노력을 해. 방합은 가만히 어릴 때 보면 저 놈의 새끼는 지가 안 아까운지 자기를 그냥 놔 둬. 삼합이 불쌍해, 그래서.

**질문**

원진이 사주에 있잖아요. 때가 와서 원진살 발동을 하면 어떤 작용을 해요?

**답변**

별걸 다 따져. 별 걸. 그건 소용없고. 申酉가 있는데 卯나 寅이 와야지.

**질문**

월하고 상관없는 원진은...

**답변**

巳戌은 별로 필요도 없어요. 쓸모도 별로 없더라구. 나도 저거 하나 있는데 원진 같지도 않아여. 아무도 의심이 안 가. 마음 놓고 살아. 모든 게 月에서 작동이 되어야지 근본 뿌리가 있어. 쟤가 와서 일시에 있는 巳戌 원진을 물어보면 내가 그러지. "너, 마누라한테 의심 꾀나 받고 살겠다." 남자가 하는 게 아니라 거꾸로지. 또, 의심 가는 거 있으면 얘기 해 봐여. 오늘은 선보는 날로 정해서 해봐야 되니까.

**질문**

딸이 너무 저돌적으로 나오니까 바람둥이 같다는 거예요.

**답변**

庚에 낳았어, 辛에 낳았어? 庚에 낳네.

## 庚에 낳으면

### 1) 丁火 : 기술 재능인

1번 丁火가 배합을 해야지만 과학 문명적 기술자가 되죠. 그래서 기술 재능인이 됩니다.

### 2) 丙火 : 乙의 병행

그런데 2번 읽어 봐봐. 12페이지. 16페이지 세 번째 칸, 읽어 봐봐. 丁庚. 임무를 수행해야 되죠? 丙火가 배합 되니 乙의 임무를 병행해야 되죠. 병행하는 거져. 乙이 뭐여? 丙庚乙. 이거는 교도교정이라고 하잖아요. 치안과 국방, 법률 이렇게 얘기했잖아요. 교도 교정 아시죠? 교도 교정 일을 같이 해야 된다. 丁火에서 제일 많이 한 게 뭐여? 丁火 통변할 때 제일 많이 쓰라고 한 말이 금융, 금융 자산관리 및 병행해야 돼. 교정과 교도, 법률 서비스 등을 병행해야 된다는 뜻입니다.

### 3) 壬水

또 뭐 있어? 壬水 없죠?

### 4) 癸水 : 甲木의 교육 컨설팅

癸水. 한 번 읽어 봐봐, 뭐라고 써 있어? 크게 읽어요. 庚金이 癸水 보면 甲木으로 변화된 임무를 수행한다. 그러니 甲木임무도 수행해야 돼, 인제. 甲의 임무도 수행해야 되죠? 그러면 교육 컨설팅 이런 것도 해야 되지? 교육과 컨설팅하는 거 있잖아. 상담도 해야 된다. 다 병행해야 됩니다. 뭐만 빼 놓고? 壬水만 빼 놓고. 금융적 상품도 취급해야 되고 법률적 상품도 취급해야 되며, 컨설팅 하는 것도 병행해야 된다. 다재다능하시죠?

戊土

 이 중에서 사주에 戊土가 있어. 戊土를 어디다 갖다 붙일까? 丁火에 붙일까, 丙火에 붙일까, 癸水에 붙일까? 丁火는 있지도 않은데. 丙火에다 붙여야지 이렇게. 너는 이 사람이다. 너는 이거다 이렇게 말하는 거여. 戊土에 붙여야 되잖아. 이거 아까 한 거 아니여? 오전에 했지. 뭐라 그러면서 했어? 뭐라 그러면서 했겠어요. 여러분들이 내 말을 이거만 새겨들으면 명리학은 일독 한 거나 마찬가지일 텐데. 이거는 아마도 들어도 들은 체 만 체 하거나 못 알아들을 겁니다. 이거를 알기 위해서는 책을 한 70 권정도 읽으셔야 된다니까요. 그래야지 가슴에 와 닿아요. 안 와 닿으면 외우기라도 해야 되잖아요. 그런데 외우면 질문을 하두 이상하게 해서 내가 괴로워여. 진짜 괴로워여. 질문 무지하게 이상하게 합니다. 왜냐하면 책을 안 읽으시니까. 책을 안 읽으면 이거 참 음양배합이라고 책에 쓰여 있잖아요. 13페이지부터 15페이지까지 인가? 명리학의 전부라고 할 수 있는 거 제가 도표로 해 놨어여. 고걸 배합을 탁탁탁 맞춰가면서 너는 누구다 이런 식이죠.

 庚金에 낳았으니 庚金을 써놓고 배합을 착착착 맞춰 가요. 맞췄잖아요. 그러면 丙火하고 癸水있죠? 그렇지만 丁火를 떠나서는 안 되여. 금융이라는 마인드는 항상 있는 거예요. 여기 있잖아요. 현실화 시키려니까 토가 쏙 들어가야 되죠? 토가 뚝 들어가는 겁니다. 현실화 시키는 겁니다. 쉽지는 않아요.

질문

술 중 무토인데 가능한가 봐요?

**답변**

여기에 있으니깐. 계절의 토져, 실속적이져. 천간 좋아하지 마. 지장간에 있는 게 최고로 잘 쓰니까 천간 좀 좋아하지 마. 유튜브에도 보니까 "지장간도 씁니까?" 계속 질문하데. 참 그거 희한하데, 왜 그러는 거야? 몇 번을 "지장간을 더 잘 씁니다." 말해도 소용없데. 지장간은 사주 볼 때 못 쓴다고 배웠나 봐여. 그랬나 봐. 그런데 그거는 근본에 어긋나여.

---

사주 예시 6)

| 時 | 日 | 地 | 天 | |
|---|---|---|---|---|
| 丁 | 乙 | 癸 | 庚 | 乾 |
| 丑 | 酉 | 未 | 申 | 9 |

대운수? 대운수가 없으면 보는 방법이 있어, 우리도. 다 밥 먹고 꾀만 늘었어. 방법이 있죠. 이까짓 거 뭐. 용신이 뭐여? 丁火죠? 丁火입니다. 기본적으로 알아야 될 것들이죠.

**甲木 인화와 乙木 인화**

丁火가 甲木으로 인화하면, 乙木으로 인화하면이란 말이 있죠. 甲

木으로 인화하면 뭐뭐뭐고, 乙木으로 인화하면 뭐뭐뭐고 했죠.

甲木으로 인화하면 과학 기술적이고, 미래적이다. 乙木으로 인화하면 금융적이고, 그러면서 과거 적이다 이랬잖아요. 甲木으로 인화하는 건 미래에 오래 쓰려고, 乙木으로 인화한 거는 그 동안에 해 온 것을 이어 받으려고, 이런 것들 있잖아. 그래서 **乙木한테는 항상 경험과 경력**이라고 했죠. 甲木한테는 SF적이라고 했잖아요. 乙木의 클래식과 같은 거, 甲木은 인기성과 같은 거. 甲木은 인기성, 乙木은 보존성. 이런 것들을 좀 알고 있으면 됩니다. 癸水가 庚金을 생했을 때... 이것도 오늘 한 거 같은데. 오전에. 오후에 했었나?

### 1. 용신

#### 1)당령
丁火당령입니다.

① 丁庚
1번 丁庚, 자기개발이 되어 있는 가 봅니다.
② 丁己庚
2번 丁己庚, 현실 적합성이 있나 봐야 됩니다.
③ 乙丁己庚
3번 乙丁己庚, 가치가 그리고 깊이라고 했죠? 그러면서 전문성이 있나 봐야 됩니다. 맨날 똑같은 겁니다. 필기 할 것도 없어. 필기 무지하게 많이 했지, 이거. 더 이상 쓸 것도 없어, 볼펜 닳아.

④ 乙丁己庚壬

4번 乙丁己庚壬. 파급효과, 인기가 있나 봐야 됩니다. 얘 壬水 없네. 이거 없습니다. 특히, 이거는 벽갑을 못 쓰져. 甲木이 없어서. 원래는 벽갑을 써야 원칙인데. 벽갑을 딱 써야 됩니다. 그래야지 최고가 되는데, 이런 뜻입니다.

## 2. 격국 : 식신격

격이 뭐에요? 업무 능력 검사 해 보니까 대단히 뛰어나져. 파급효과만 없잖아요. 거의 이거 없는 거 수두룩한데. ①부터 쭉 있으니까 대단히 뛰어납니다. 업무 능력 최고 중에 최고입니다.

그러면 격을 봅시다. 격이 9대운이니까 뭐에요? 순행 9대운이니까 丁이죠. 그러면 식신격입니다.

### 1) 비겁(상신)

비겁이 있나여? 비겁이 없죠. 근은? 뭐, 없다고 하면 서운하니까. 찾아볼게, 그래. 상신이 없습니다. 그러니까 이 사람은 가격이 많이 나가, 안 나가? 가격 많이 안 나가여. 그럼, 이 정도 되면 지 아버지 돈을 얻어 써야 되는 거 아닌 가 싶죠? '**받아쓰다**' 그러면 됩니다.

### 2) 식신생재(구신)

그 다음에 생재는 되나여? 잘 됩니다. 구신은 있죠. 생재는 한다는 뜻입니다. 신분은 뚜렷하다는 뜻입니다. 상신과 구신. 가격은 안 나가는데, 신분은 뚜렷하다 이러한 뜻입니다. 이렇게 가격 안 나가는데 거기다가 호되게 두드려 맞으면 골치 아프지? 금극목을 할 수 있잖아요. 금극목을 할 수 있지. 그러면 금극목하면 식신이 구해주지를 못하잖아. 화극금을 못해 주니까. 이건 금극목을 해, 안 해? 하져. 그러니 "돈 까먹는 짓만 한다." 말하면 됩니다. 가격도 안 나가는데, 극까지 당하니까 돈을 까먹는 짓을 한다는 뜻입니다. 아이고, 애 아버지 골치 아프네. 돈 덩어리입니다. 애는 몇 살이나 됐어? 고등학교 3학년이 아니구나.

생재는 됐으니까 토극수는 해야 돼지? 水가 있져. 그러니 계급은 올라갑니다. **신분은 자꾸만 상승이 되고, 돈은 자꾸만 까먹고** 이런 겁니다. 아주 멋있는 사람입니다. 괜찮습니다.

### 3. 일간
일간 좀 볼 까여. 식신격이 근이 부족하져. 그러면 이러한 직업들을 다스리는데 힘겹습니다. 근은 인정 못 합니다.

**\*\* 창광의 사주통변 \*\***
그러면 통변해 보자.
식신격이 근왕 식신이면 어떻다구? 먹고 **남다잖아요. 근약** 식신이니까 먹을 것도 못 번다. 끝났습니다, 애기가. 지 먹을 것도 못 번다는 뜻입니다. 됐어요. 괜찮습니다. 괜찮아요.

**질문**

상신 없는데, 부모한테 돈을 받을 수 있어요?

**답변**

인화잖아.

**질문**

인화가 그렇게 잘 되는 것 같지 않는데...

**답변**

일단은 乙木이 있으니까. 돈을 까먹는다고 하면 되지.

**질문**

아니, 부모님한테 받는다고 하니깐...

**답변**

부모님한테 받아서 그걸로 불리는 게 아니라 까먹는 거지. 乙木이 지금 불에 타는 거 보이지? 그럼, 까먹는 거지. 그런 뜻입니다. 올해는 근왕식신이네. 올해는 인화가 잘 되죠. 어라? 얘 음반 나와야 되겠네.

**질문**

가수에요?

**답변**

직업은 음대교수. 음대 기악과 교수. 안 짤렸어. 작년에 거의 대다수 잘렸잖아요. 정리가 됐잖아요. 임금 때문에 잘랐는데 얘는 안 짤렸지. 올해 5, 6월 달 경에 연임이 되면 특강 교수로 승진하는 거고, 안 되면... 요즘은 먹고 살기 힘들어여.

**질문**

연임될 수 있겠네요?

**답변**

올해가 뭐 좋은 운이여? 구신이니까. 지위 상승하는 운이죠. 괜찮져. 올해는 또 명리학 논문 쓴다고 대학원 갔어. 논문을 그렇게 쓰라고 해도 한 10년을 말 안 듣더니, 말하자면 정해년에 대학원을 갔지. 못 다니겠다는 거여. 10년만인 기해년에 또 가는 거여. 12년만이네. 거기 가서 올해는 논문을 꼭 쓰겠다고. 명리학 논문 쓰고 싶어서.

**질문**

명리학과 음악하고 연관 시켜서 하는 거예요?

**답변**

기학 전공자들의 명리학적 특징에 관하여. **태극도설**1)을 갖다 붙이고 별짓 다해 지금.

---

1) 『태극도설(太極圖說)』은 중국 송대 성리학자 주돈이(周敦?)가 「태극도(太極圖)」를 해설한 도설(圖說)로 그의 우주론(宇宙論)과 인성론(人性論)을 249자(字)로 설명했다. 「태극도(太極圖)」는 다섯 층으로 나누어져 있고, 이를 설명하는 도설 또한 다섯 문단으로 되어 있다.
우주의 생성, 인륜의 근원을 논한 249글자의 짧은 글이지만, 그 뒤 남송(南宋)의 대유(大儒) 주자(朱子)가 그의 정치(精緻)한 해석을 통하여 자신의 철학을 서술하였으므로, 주자학(朱子學)의 성전(聖典)으로 여겨지고 있다. 이것은 '태극도'의 설로서, 그 5위(五位)의 순서에 따라 무극이태극(無極而太極)・음정양동(陰靜陽動)・5행(五行)・건곤남녀(乾坤男女)・만물화생(萬物化生)의 전개를 나타낸다. 즉 무극(無極)의 진(眞)과 이기오행(二氣五行)의 정(精)과의 묘합(妙合)으로 건남곤녀를 낳고, 만물이 화생하나, 만물은 결국 하나의 음양으로, 그리고 음양은 하나의 태극으로 돌아간다.
인간은 음양 5행의 수(秀)를 얻은 만물 중에서 가장 영묘(靈妙)한 존재이다. 그리하여 성인(聖人)은 인의중정(仁義中正)을 정하여, 정(靜)을 주로 하는 인륜의 규범을 세운 것이라고 한다. 위의 일원(一元), 무극이태극에 관하여, 도가연원설(道家淵源說)을 취하는 학자는 무극에서 태극이 일어난다고 보는 기일원론(氣一元論)을 제창하지만, 주자는 주자자득설(周子自得說)을 취하여 무극이므로, 태극일 수 있다는 이기이원론(理氣二元論)을 제창하여, 이른바 송학(宋學)을 형성하는 근거로 삼고 있다.

이 사주와 비교해 보게. 강봉철인가, 강동철인가? 사주 불러 봐봐.

**질문**
이 사주는 이동을 통해서...
**답변**
무슨 이동?
**질문**
丑未충 됐으니까요.
**답변**
당연하지.
**질문**
어떤 특별한 이유 없이 이동하는 건가요?
**답변**
올해는 환경 여건에서 자기능력을 만들어 내는 운이잖아요. 그리고 이건 '항상'이란 말을 하면 안 되고, 이동을 통해서 자기 능력을 만들어와야지. 파리 국립음악원 나왔어여. 파리 국립음악원 나왔는데, 거기 나오면 박사학위로 인정하거든. 그런데 우리나라에서는 석사는 한 걸로 해서 되는데, 지가 석사를 하고 싶대.

**사주 예시 7)**

| 時 | 日 | 地 | 天 |
|---|---|---|---|
| ○ | 乙 | 庚 | 己 |
| ○ | 卯 | 午 | 未 |

乾

애는 시는 모르는데. 용감한 형제들에 있는 강동철.

애는 착실한 그리스도교여, 험악해도. 온 몸이 문신을 두르긴 했어도... 험악한데, 얼마나 착하고 착실한데.

똑같애. 식신격에 庚金이 있고, 인화가 특별한 거 뿐이여. 인화가 특별하죠? 근데 그렇다고 그렇게 '큰 부자가 될 수 있나?' 싶어요. 한 놈은 평생 자기 아버지 돈만 갖다 다 쓰고. 아버지가 줄게 있는 게 다행이네요. 아버지가 평생 공무원하고 쓸 줄 모르고 살았으니까. 아들은 딱 하나지.

이 사주는 뭐하는 몇 백억을 기부할 정도로.

**질문**
뭐 하는 사람이에요?
**답변**
작곡가, 프로듀서. 빅뱅 노래는 애가 다 만들었으니까.
**질문**
결혼은 안 했죠?
**답변**
결혼은 왜 해. 결혼 해 가지고 돈 부인 줄 일 있어? 왜 우리더러 착하게 살라고 하는 거야. 지금 물기 하나도 없는 거 보이지? 저 위 사주도 하지 말아야 할 짓을 했잖아. 지가 물 있다구. 지가 인간미 펄펄 날리고 해 봤잖아. 그랬더니 펄펄 끓는 거야. 인간미 나와야 돼? 좀, 비교 좀 해 봐여. 비교 해 봐야 이런 거잖아요. 인화가 확실한 거잖아요.

### 인화

甲木 인화도 아니고 乙木 인화인데, 인화가 확실하다는 게 그게 참 희한하죠. 중학교도 안 나왔어여. 중학교는 의무교육이니까. 제대로 학교를 간 적도 없고. 아주, 그 지혜로움이 세계인들도 경악하죠. 이 丁火의 지식 추구와 지혜로움이 최고입니다.

### 癸水와 丁火의 지혜로움

그래서 내가 하는 카톡방에다 "癸水의 지혜로움과 丁火에 대한 지혜로움에 대한 지식력에 대한 것을 비교해서 올려봐라." 그랬더니. 등신 같은 놈이 나한테 뭐라고 올렸냐면, '癸水의 지식은 인문적이며, 인간적이며, 철학적이며 그리고 감성적인 지혜니 돈의 가치는 없다. 丁火의 지식은 현실적이고, 실용적이며, 과학적이며, 예술적이니 그 가치는 환산값이 천중부지로 뛴다.' 이렇게 하는 거여. 이 등신 같은 놈이 뺀질거리는 줄 알았더니 놀라운 단어를 적용하는 거예요. 나 놀랬죠.

"너 밥 먹고 땅만 파는 줄 알았더니 그런 생각도 했었냐? 어느 게 지식적이냐?" 그랬더니,

"당연히 丁火죠. 선생님 맨날 丁火가 공부 잘한다고 했잖아요. 똑똑하다구, 지식적이라구 그랬잖아요."

"癸水는?"

"걔는 우울증 걸렸다며여? 걔는 공부 안 하잖아요. 머리에 뭐가 차 있잖아여."

"빈 놈이 공부 잘 하냐? 찬 놈이 공부 잘 하냐?"

"빈 놈이 잘 하죠."

당연히 丁火가 잘 하죠, 비었으니까. 癸水는 찼으니까 안 받아들이 잖아요. 그런 것들이에요.

만약에 乙木으로 丁火를 생했으면 인간미가 풀풀 나죠. 인간적이 죠. 甲木으로 丁火를 생했으면 뭐가 풀풀 나여? 특허, 이런 게 풀풀 나잖아. 과학 기술. 이게 바로 丁火의 힘이고 癸水의 힘들입니다. 2~3년 전부터 얘기하죠. 丁火가 지식력이 가장 높다. 힘.

한 놈은 교수고, 한 놈은 뛰어난 작곡가죠. 저 인간한테 癸水만 없 었어도 불타는 열정으로 기타나 했을 텐데... 자꾸만 "저한테 왜 丑 이 있어 가지고 선생님한테 또 왔어요. 요즘 신은 잘 있어여? 귀신 은?" 이런 거.
癸水 丑土 자꾸 철학적 사유. 이래 가지고 무슨 공부를 하냐고. 진 정한 공부가 뭐야? 심기를 안정시키는 게 공부가 아니잖아. 돈이 안 되잖아. 저 놈의 癸丑. 癸丑생도 돈 안 되는 생각만 하고 앉아 있고, 癸亥도 그렇고. 지금부터 癸만 보면 지금부터 쫓아내자 癸. 戊土로 막아 버려야 돼. 뭘 하지 말아야 돼. 戊土로 막으면 토목공사하고 돈 이라도 벌지. 이 놈의 癸. 인생이란, 삶이란. 어떻게 사는 것이 인생 이고 삶인가. 이런 거 생각할 시간에 丁火는 가서 한 건 하잖아.
그래도 좋지 않아? 丑, 癸, 子 이런 거? 살만 하잖아. 그게 다는 아 니야. 인생의 강을 넘는 거는 배만 타고 넘는 거 아니야. 눈 감고 그 냥 한량처럼 마음으로 넘자. 우리 뭐 마음으로 강동철처럼 돈 있다고 생각하면 되지 않아? 그거는 개가 하는 짓이여.

질문

丙火 사령이 丁火 사령으로 바뀌었나요?

**답변**

바뀐 게 아니라 단련값을 쓰는 거고, 丁火로 제련값도 쓰고. 未가 있으니까. 단련이 없으면 저렇게 유명해지지 않아. 庚金이 벽갑하니까 乙木을 丙火로 구하고, 庚金으로 벽갑하니까 목이 튼튼해지고 위에 거는 쓰고 그러잖아요. 인화와 쇄갑이라고 하죠. 쇄목이라고 하져. 목을 말린다는 뜻이여.

**질문**

벽갑 했을 때 수기가 없는데 뿌리가 튼튼한가요?

**답변**

공부 안 했다잖아. 공부해서 뭐 할 건데. 학교에서 가르치는 공부 잘 하면 좋아? 이런 거.

**질문**

卯이 암장에 없어도 癸만 있어도 공부해요?

**답변**

하죠. "해야 되는데.. 해야 되는데..." 진짜 하겠어, 해야 되는데 하겠어? 상념. 저건 진짜 하잖아요. 등신 같은 놈. 왜 진짜 하는지 모르겠어. 올해 음반 나온다는데 가서 또 구매를 해야지. 원호가 올해 음반 낸데요.

**질문**

음반 나오는 건 亥卯未 삼합으로 되는 거예요? 己丁庚으로 하는 거예요?

**답변**

己丁庚으로. 亥卯未 삼합이니까 솜씨를 내야하고. 丁己庚 했으니까 담은 것도 내야 될 거 아니야? 己土가 왔으니까 담아내야 될 거 아니여? 음반 이달에 나오는데, 참. 일정하게 매니아들이 있으니까 매니아들이 음반을 내주지. 그리고 한민족 이런 걸 얘가 좋아하거든여. 민족정신, 한민족 모임에 있죠. 배달민족. 최재호 선생 6대조 자식이에요. 배달의 민족에서 내 줄 거야 아마. 배달의 민족이니까 배달하는 거 말고. 조심해야 되겠어. 배달의 민족 그러면 배달 앱인 줄 알더라구.

다음 주 임상은 꼭 50대 이상으로만 가지고 오시기 바랍니다. 다음 주부터 임상은 완성값 임상하게. 50 이상을 봐야 완성값 임상을 하잖아. 50대부터 70대까지 완성도가 어느 정도 나타나나 보죠. 요즘은 55살이 되도 완성도가 없더라고. 50대 이상자로 완성도 높은 사주를 증명해 보는 걸로… 젊은이가 오면 세대가 많아서 완성값을 펼쳐내지 못해요.

안녕히들 가세요.

# 제 8강

8강 1교시 방패 임상

사주 예시 1)

1. 격국 : 편재격
격국은 편재격입니다.

1) 식신생재 (2019년 새로운 현장)

2) 재생살
식신생재 잘 되죠? 그리고 재생살도 잘 되고.

## 2. 용신
용신은 뭐예요? 甲木이죠.

1) 癸甲 → 壬甲
2) 己癸甲
3) 己辛癸甲 → 庚甲
4) 己辛癸甲丙 →

丙火가 잘 되죠? 그리고 癸甲은 壬甲으로 되어 있고, 己辛癸甲은 庚甲으로 되어 있고. 용신에 참여하는 것은 庚壬으로 참여하고 있고. 용신에 참여하는 일간은 庚壬으로 참여 하죠? 이런 뜻입니다.

## 3. 팔품
일간의 조후용신을 보면은, 이렇게 팔품을 보면

### 1) 삼합 + 상충
합은 뭘로 되어 있어요? 삼합으로 되어 있죠. 삼합으로 되어 있고, + 상충되어 있죠? 상충 그럽니다. 능력이 꾸준하게 접목현상을 발휘해야 되죠. 상충으로 되어 있고.

### 2) 丙 + 寅
조후용신은 뭐여? 인월에. 날씨가 추우니까 병화로 봐야 되져? 인월이면 날씨가 춥다고 해. 戌亥子丑寅까지 봐야 하니까 조후 용신은

丙火로 봐야 됩니다. 유리한 환경을 만났다 생각하고. 그리고 寅도 있으니, 먹고 살 수 있는 생존력도 있단 얘기지? **丙火는 환경이 유리하다는 뜻이고, 寅은 먹고 살 수 있는 환경도 있다**는 뜻이여. 생존 환경도 있다 생각하시면 됩니다.

삼합이면 재능도 있고 그리고 재능을 발휘할 환경을 자꾸 바꿔 가면서 할 수 있다 이런 뜻을 설명합니다.


### 4. 일간 : 庚

1956년생이여.

#### 1) 격 : 근왕

일간은 격에 근왕하니까 격을 잘 다스릴 수 있고, 이런 건 아시죠? 일간을 많이 맞추지 말고, 庚 일간이니까 격 하나만 맞춰도 됩니다. 용신에 대해서는 안 맞춰도 돼. 음간은 왕쇠 맞춰야 되지? 양간은 왕쇠 맞출 필요 없이, 격 하나만 맞추면 점수가 그래도 있다 생각하시면 됩니다. 일간의 주체력은 좋죠? 점수가 아주 괜찮습니다.

격은 점수가 좋아, 안 좋아? 격도 괜찮죠. 재능은? 재능은 빵점. 왜? 甲丙 밖에 없잖아. 나머지는 기신으로만 되어 있으니까 빵점. 그리고 복은 너무 많아. 안 많아? 너무 많아. 너무 많으니깐 빵점이여. 질문이 뭐여?

#### 질문

개인 건설회사 전문 경영인인데 2021년에 계약이 끝나는데, 이 달에 권고사직. 그런데 너무 억울하다고...
**답변**
억울한 건 자기사정이고.
**질문**
퇴직금을 받을 수 있을까요?

**\*\* 창광의 사주통변 \*\***
위 사주 하여간 능력이 없습니다. 기술적 능력(癸甲) 없고, 이것(己癸甲)도 없고, 이것(己辛癸甲)도 없고, 이것(甲丙)만 있죠. 이거 무슨 능력이라 그래여? 甲丙 관리능력이라고 하죠. 이것만 있습니다.
일간은 격에 충실히 활동했고, 격은 높아지고 그럽니다. 올해 운세는 여기 써 있는데, 새로운 현장, 식신생재 돈벌이 방법이 바뀐다. **새로운 현장에 간다**는 뜻입니다.
격은 직업적 능력이라고 하죠. 용신의 개인적 기술 능력은 부족하다. 일간의 처세는 좋죠? 일간의 처세는 좋고, 지위활동이라 하죠. 그건 높습니다. 복은 없습니다. 그리고 일간의 능력도 없고 그러죠. 그럼, 빨리 설명해 봐. 뭐가 좀 부족해여, 이 사람은?
용신도 직업 능력이고, 격도 직업 능력이고. 조후는 감정처리 능력이라고 하잖아여. 복이 너무 많다 보니 감정처리 능력이 없죠. 이거를 뭐라고 말해? 감정처리 능력이 좀 부족하다는 뜻이에요. 복이 너무 많으면 그래. 寅월에 화기가 저렇게 많잖아요? 지나치면 부족한 겁니다.
용신은 뭐가 부족하다 그래? **업무능력은 부족하다** 이런 뜻입니다. 격은? 직무능력은 아주 100점 만점 양호한 겁니다.

### 2019년 운세

올해 운세는 직무능력에 대한 변화 운세가 왔죠? 2019년. 식신생재로 변화가 온 거여. 왜 이런 말을 했죠? 쓰다 말고? 올해가 식신운에 왔죠. 식신운에 왔으니까, 뭐 얘기 하는 거죠?

寅亥申, 이게 육합(寅亥)이 상충 됐죠? 육해살(亥申)로 바뀌었습니다. 올해 운세입니다. 그래서 새로운 현장에 가야 합니다. 원래 현장을 떠나고, 돈벌이 현장을 떠나는 겁니다. 그런데 뭘로 바뀌었어? 상충 되었다 가운데 亥가 끼었으니까. 원래가 있었잖아요. 육해살로 바뀌었죠? 육해입니다.

### 육합의 육해 특징

육합의 육해는 대체적으로 무슨 일이 벌어진다고 했죠? 육합이라는 특징이 뭐라고 했어? 지위라고 했죠. 고추가들의 모임. 상충이 되면 뭐라고 했어? 경쟁이 일어난다고 했죠. 그래서 =되면 소송전이 붙는다고 했잖아요. '감정이 이지러지고 소송이 일어나는 현상이 벌어진다.' 이런 생각이 육합입니다. 올해 운세입니다.

신살은 여기 없는 내용이죠? 그런데 이거를 격에 갖다 붙여서 '식신이 이지러졌다.' 이렇게 생각하시면 됩니다. 참, 희한하죠. 이런 것들은... 팔품에도 문제없고, 용신에도 문제없고, 일간에도 문제없고. 하여간 격에 대한 문제입니다. 그러면 올해 운세는 일간의 처세, 개인 문제도 문제없죠. 올해 문제는 격에서 나타난 거죠? 그러면 직무 문제가 발생한 거죠.

육신의 문제니까 직무 문제가 발생했다 그래서 현장을 떠나서 새로운 현장으로 가야 되는 문제가 발생했다 이러한 뜻입니다. 말하자면 직장에서 나이가 들어서 그냥 사직을 했는데 감정의 앙금이 남았나 보다. 이것이 육해살이 발동해 가지고 앙금이 남았나 보다 이런 뜻입니다. 그래서 뭐라고 했어?

**상담사 답변**
원래 사주가 인신충 되어 있고, 해수가 있어서 원래 가지고 있던 문제니깐 해결을 잘 해 보시라고...

**창광 답변**
해결은 안 됩니다.

**질문**
퇴직금을 못 받을 수도 있나요?

**답변**
이 시대에 퇴직금을 못 받을 일은 없죠. 그 사람이 말하는 것은 퇴직금이 아니겠지. 약속금이나 이런 것들.

**질문**
금융권에 일했었는데, 후배가 하는 건설 회사에 가신 거예요. 처음에 약속한 금액이 있었대요. 그런데...

**답변**
그렇지, 그걸 얘기하는 거지. 퇴직금을 안주는 법이 어디 있어여? 약속한 거지. 퇴직금은 누구나 다 받아여.

**질문**
그것도 안줄 거 같다고...

**답변**
그런 법은 없고, 확대해석 한 거여. 또 사주!

사주 예시 2)

| 時 | 日 | 地 | 天 |
|---|---|---|---|
| 壬 | 癸 | 丙 | 丁 |
| 戌 | 亥 | 午 | 巳 |

坤
1

1. 격국 : 편재격

사주 이름은 편재격입니다.

1) 식신생재 (상신)

편재격의 1번인 상신 뭐가 있어야 되죠? 식신생재. 사주를 힐끔힐끔 쳐다보면서 식신생재가 잘 되어있나 쳐다봐야 되여. 식신생재는 잘 안되죠. 이 사람이 상신, '준비력이 좀 부족하구나. 가격이 좀 덜 나가는구나.' 이렇게 쓰셔야 되어.

2. 일간 : 癸

그렇지만 끈기가 있나, 없나를 봐야 되니깐. 편재격이니깐 일간이 근왕한 봐야 되여.

1) 근왕

자기 자신을 자꾸만 재촉을 해서 용기 있고, 인내력 있게 끌어 나가는지를 봐야 되겠죠? 인내력이 있어, 없어? 인내력 있게 끌어 나가

제 8강 147

면 됩니다. 그래서 식신이 없는 식신을 뭘로 때워요? 근으로. 인내력으로 때운다는 뜻입니다. 그렇지만 아무리 인내력으로 때워도 조후 용신이 잘못 되면 감정으로 그르칩니다.

1. 격국 : 편재격
2) 구신 재생관

그리고 재생관해야 되죠? 편재격에 재생관해야 됩니다. 그런데 재생관도 잘 안 되죠. 식신생재가 안 되면 재극인을 못했음으로 편인이 있으면 도식을 하죠? 도식의 우려가 있나 봐야져. 사주가 도식은 돼, 안 돼? 편인이 없으니까 굶어 죽지는 않겠습니다.

그런데 재생관이 안 되어 있으니까 쟁재 할 수 있죠? 비겁이 있나, 없나 봐야 되겠죠. 있어, 없어? 있져. 그러면 **겁재를 제하지 못했기 때문에 쟁재가 발생을 합니다**는 뜻입니다.

### 2018, 2019년 운세

2018년, 2019년 쟁재입니다. 왜 쟁재여? 재생관하니까. 재생관 하죠? 재생관 안 되는데, 재생관 하죠? 쟁재입니다. 이런 뜻입니다. 그러면 쟁재인데 **비겁이 와서 쟁재 하면 쫓겨난다**는 뜻이에요.

그런데 관이 와서 충동해가지고 쟁재 하는 거죠. 그러면 '**나간다**' 그러면 됩니다. 그래서 이 쟁재는 재생관이 올해 되잖아요. 그러니까 2018년에 쟁재가 벌어진단 말이에요. 재생관 해서 쟁재를 제하는데, 왜 쟁재 벌어지냐고 하잖아여. 원래 이 사주는 이름이 쟁재였죠? 이런 현상이 벌어진다는 뜻이에요. 원래 용어를 하면 이렇잖아.

丁己戊壬

丁火 己土 그러잖아요. 그리고 戊土 그러잖아요. 그리고 壬水 벌어지는 거잖아여? 벌어지는 겁니다. 그러면 수극화 더러 쟁재 이렇게 말하는 겁니다. 그러시면 직장 옮겨야죠. 2019년 쟁재, "**직장 옮기면 됩니다.**" 이렇게 말 하는 겁니다. 이게 끝입니다.

그러니까 비겁이 와서 내쫓기는 것이 아니라 자발적으로 재생관 해서 옮기는 거죠? 겁재를 제하니까 재생관을 다시 하죠. 쟁재 그러니까 얘가 뭐라 그래? "나도 관 있어." 재생관, "알았어, 내가 나갈게." 그래서 직장 이동 하는 겁니다. 그러니까 이거는 직장 이동입니다. 이게 2018, 2019년 해야 될 행동이라는 뜻입니다. 지금 당장. 나이가 먹었으면 모두 격국으로 보는 겁니다.

2. 일간 : 癸

이 사주는 계수가 격이죠. 우리가 검사하던 세 개 검사는 해야 되겠죠? 음간이니깐.

1) 근왕

일간은 근이 있나 검사를 해야 합니다. 근이 있으니까 직업을 평생 유지를 하겠어, 안 하겠어? 직업은 유지 하려고 노력은 할 겁니다.

2) 庚

그런데 庚金이 없으니까 큰 능력이 없다는 뜻이죠.

3) 申

또 뭐가 있어야 된다고 했어? 申이 있어야 된다고 했죠. 사업해서 큰 돈 벌 일은 없져. 申이라해서 생존 문제잖아. 지지에 생존이란 말 있었지? 큰 돈 벌 일이 생긴다고. 말이 큰 돈이지, 돈 벌 일이 생긴다는 이 뜻입니다.

이 사주는 근이 있으니까 "직장 열심히 다녀라. 너는 큰 능력은 타고 나지 않았으며, 큰 돈 벌 일이 없다." 이러한 뜻입니다. 여자 치고는 아주 괜찮습니다. 남자가 이렇게 되면 어떻다고 했어? "왜 그래, 너" 이렇게 해야 되잖아여. 여자가 이렇게 되면 아주 괜찮습니다. 여자는 능력이 없으면 없을수록 겸손합니다. 안 그런 거 같은데요, 요즈음은. 능력이 없으면 없을수록 지랄하는 거 같은데.

### 3. 용신
丁火가 용신이죠.

#### 1) 丁庚
임상이 다 끝난 거 같지만 여기서 끝나야 정상이죠. 丁火가 용신이니까 공부 잘했나 봐야 됩니다. "아, 네 공부를 안 하시는군여." 그렇게 하면 안 되겠구나. "열심히 했는데 잘 안되셨구나." 이런 뜻입니다. "미안합니다." 이렇게 해야 돼, 또.

#### 2) 丁己
그 다음에 丁己해야 되겠죠. 세상에, 환경에 잘 맞췄냐. 친절하게 잘 맞춰 봤더니 "네, 국어 시간에 만화를 봤군여." 이런 겁니다. 아주 미안하네.

### 3) 乙丁

가만히 보면 乙丁을 해야 되잖아. 학교 졸업한 이후 자기를 업그레이드 했나를 봐야 되겠죠? "네, 그런 적 없습니다." 담배만 태웠지 불은 안 태웠다는 뜻입니다.

### 4) 庚壬

그리고 나서 뭘 팔았냐? 도대체 어떻게 하는 거냐 해서 庚壬을 해봤더니, 庚은 없어도 壬은 있잖아요. "열심히 살았네요." 이렇게 하는 겁니다.

다 빼고 남으니까 丁壬만 남았죠? 그러니 열심히 서비스 활동했다. 열심히 영업서비스 하는 거 있잖아. 영업 활동 했다. 그래서 "타고날 때는 박사님으로 타고 났었는데 丁火, 나중에는 끝내 영업까지 가게 된다." 이러한 뜻입니다. 그래서 제일약품 영업사원 사주입니다.

## 4. 팔풍

시집가서 남편은 잘 거시기 하고, 뭐시기 해 가지고 교양 있게 잘 하겠나 봐야 되죠? 그래서 조후용신 보니까 어때여? 조후용신 보니깐 괜찮아여?

### 2) 합충

① 방합

午에 巳午 방합 돼 있죠?

② 삼합

삼합도 되어 있죠? 午戌도 되어 있잖아. 그래서 **환경에도 적합하고, 자기 능력도 열심히 만들잖아요.** 환경에 적합한 능력은 있죠? 이 정도만 해도 어디여. 이 사람 나쁘다고 누가 뭐라고 안한단 말이여. 환경에 적합한 능력이 있잖아.

1) 壬

날씨 더우니까 壬水 있어, 없어? 壬水 있죠. 환경을 좋게 만났잖아. 戊土는 없죠? 자기능력으로 사는 게 아니라 환경 능력으로 살아야 되잖아여. 이건 있잖아요.

그리고 나서 복은 있나 보려고 했더니 申도 없고, 천간 庚도 없죠. 복은 좀 없지만 환경은 좋잖아. 여자 몸뚱이로 환경이 좋아야 돼, 복이 좋아야 돼? 천복을 타고 나야 돼, 인복을 타고나야 돼? **壬水 천복을 타고 났단 말이여**, 人福은 안 타고 나고.

여름에 인복이 뭐였죠? 庚이나 申이었는데 이건 타고 나지 못했죠. 환경은 타고 났어. 거기서 열심히 일하고 타고 나서 남편이 떼돈 가지고 장가오지는 않는다는 뜻입니다. 인복을 타고 나야 되여, 여자는. 그래도 아주 훌륭하십니다.

5. 일간 : 癸

1) 己

일간은 근이 있으니까 열심히 사는 거여. 인내력 있고 실천력 있게 열심히 사시고. 그래도 뭔 능력이 있어? 영업 서비스 능력. 영업이라고 하면 기분 나쁘니깐 영업서비스 능력은 있습니다. 괜찮습니다. 수화기제가 멋있게 되잖아. 미소가 보이죠, 얼굴에. 얼굴에 미소가 보이잖아요. 여자는 이쁘면 끝나는 거야. 못 생긴 거 보다 낫잖아. 수화기제가 되면 일단 이쁜 거예요. 우리 동네 말로 삼삼한 거야. 수화기제가 안 되잖아? 그려여, 좀. 얘기하기가 그려. 괜찮잖아. 이쁘죠? 아주 이쁩니다. 포인트도 이쁘고, 丁火는 특히 포인트가 이뻐여. 전체적으로 이쁜 게 아니라 조망조망 포인트가 이쁘게 생겼다는 뜻입니다.

그럼 이거를 어떻게 해야 되나... 점수를 어떻게 5단계로 줘야 되는데. 점수를 이렇게 5단계로 줘야 되어.

### ** 창광의 사주통변 **

격에는 점수가 어느 정도여? 격국의 1번 없고, 2번 없어. 특히 격국 2번은 비겁으로 망가졌어. 그러니 직업 유지 능력이 별로 없어. 신분이 상승이 안 돼. 자주 옮겨야 돼. 가격도 싸고. 어떻게 하면 좋아? 식신생재는 되니까 그래도 가격 유지는 할 수는 있잖아. 발전은 안 돼. 월급이 더 올라가지는 않지만 재생관, 비겁으로 쟁재 했잖아. 그러니까 어떻게 됐어? 자꾸 직장을 옮겨야 되는 형편이지. 점수는 어떻게 하냐구. 여기가 국무 총리급. 점수는 여기다 줘야 돼, 여기다 줘야 돼? 미안하니까 여기다 좀 줘? 미안하잖아, 좀. 어떻게 사람을 망가트리려고 좀 하지 말고. 미안하니까 여기쯤 주자.

팔품은 어떻게 해야 돼? 열심히 노력하는 거 보이지? 마음은 건강하잖아. 그래서 점수를 후하게 주자. 후하게 줘야지.

용신은 능력을 어떻게 했으면 좋아? 단 하나가 없어, 단 하나가. 없죠? 그러니 업무능력을 없죠. 그런데 영업업무는 하잖아. 그러니까 그래도 여기는 올려주자. 방패를 만들어야 돼.

일간은 어떻게 하면 되겠어? 인내력 하나는 끝내주지? 버티는 거야. 낯 두꺼워 아주. 버티기는 잘 하잖아. 점수 후하게 줘야 할 거 같은 느낌이 들지 않아여? 이거라도 안 주면 우리 쫓아올지 몰라여. 그래서 이렇게 하는 겁니다.

용신 업무 능력은 어때? 쪼금 부족하십니다. 격국 직무능력은? 서열 파괴 되었습니다. 그러면서 가슴은 넉넉하죠? 항상 웃잖아여. 편안하잖아. 그러면 어때? 조후가 됐잖아. "나 여기 아니면 갈 데 없어?" 완벽한 77년생 나이답지 않아여? 그러면서 또 버티기. 그러니까 점수가 사회적 지위와 개인적 업무 능력은 팍 줄었지만은 그래도 복은 있죠? 좋은 환경 그리고 개인적 의지력으로 살아가는 겁니다. 지위도 없고 전문성도 없는 겁니다. 이게 이렇게 방패를 만들어 내는 겁니다. 올해 운세는 어디에 있다고 했어? 항상 운세는 격으로 보라고 했죠. 쟁재 했잖아요. 올해 운세 보는 겁니다.

나이 먹은 사람은 특기 격으로 올해 운세까지 판단해야 됩니다. 요 정도로 봐야 돼져. 항상 이렇게 집에 가서 연습을 방패 그래서 해 보다 보면 자꾸 실력이 좀 늘어나고, 보는 방법이 숙달이 되고, 남들이 보면 미쳤다고 할 거에요. 이렇게 하는 거예요. 유튜브에 보니까 비난 글도 들어왔던데요. 방패한 것에 대해 재미로 사나 보다구... 이 사람은 질문이 뭐여?

**질문**

직장을 맨날 옮기고요...

**답변**

네, 자주 옮기면 됩니다.

**질문**

꾸준하게 할 수 있는 게 뭐 없겠냐고?

**답변**

없다고 하시지.

**질문**

방합하고 삼합이 되어 있잖아요. 용신도 안 되고, 격국도 안 되는데 저렇게 능력을 업그레이드 시키는 거는?

**답변**

환경에 적합하게만. 저는 이 사람이 뭐 했으면 좋겠냐면 매장매니저 했으면 좋겠어. 매장 매니저 있죠? 점장을 했으면 좋겠습니다.

**질문**

이 사람이 목하고 금이 하나도 없는데 어떻게 돼요? 수화에 의해서 목금이 결정된다고 하셨잖아요. 그래서 허황 돼 있나요?

**답변**

아니죠. 목하고 금이 하나도 없다며요. 수화만 있다며여. 그림만 그리고 실천은 안 하는 거죠. 왜 허황이라고 그래여? 동생이에요?

**질문**

아니, 아는 앤데요...

**답변**

동생인 줄 알았어요, 허황이란 용어를 막 쓰게. 그림과 계획은 잘 짜는데 실체가 없는 거고. 금, 목만 있고 수화가 없으면 그림 안 짜고 무작정하기예요. 저는 金만 있잖아요. 수화가 없어요. 무계획으로 일단 실천하기. 일단 해보고 나서 계획 짜기 이런 거예요. 좋은 사주에요. 또 사주 불러 보세요.

---

### 사주 예시 3)

| 時 | 日 | 地 | 天 | 乾 |
|---|---|---|---|---|
| 壬 | 乙 | 丙 | 甲 | 1 |
| 午 | 酉 | 寅 | 辰 | |

### 1. 격국 : 월겁

이 사주는 월겁이죠? 사주가 그냥 월겁입니다.

### 1) 겁상 : 개발 추진의 귀함

월겁이 겁재가 향했죠? 겁재가 향했으니까 겁상이라는 이도 상신이 있나 봐야 되니까. 겁상이 있죠? 이도 상신이 있습니다. 그러니까 **개발 추진의 귀함이 있다** 이런 뜻입니다. 준비가 철저하다. 뭔가를 개발하거나 추진하는 아주 귀한사람이 된다는 뜻입니다.

### 2) 상관생재 : 혁신적 개척에 의한 영역 확장

그리고 나서 생재를 해야 되죠? 상관생재를 해야 되잖아여. 생재는 있죠? 월령에 있습니다. 생재 여기 있죠? 없다고 하시면 안 됩니다. 있는 겁니다. 천간에 없어도 있는 겁니다. 그러기 때문에 혁신적 개척에 의한 영역을 확장해 나가다 이런식의 생각을 해주시면 됩니다. 2018, 19년 운세입니다.

그리고 나서 이거(겁상)는 2020, 21년 운세죠? 겁상 했으면 상관견관 해 버려야 잖아요. 새로운 신규 사업 준비로 삼으시면 됩니다.

### 2. 일간

일간 좀 볼 까여? 일간이 乙木 일간이져.

#### 1) 근 : 주관적

근이 있나 봐야 되겠죠? 근이 있죠. 그러니 이 사주는 주관적 의도가 있는 겁니다.

#### 2) 丙火 : 개인적 능력

丙火가 있어야 되죠? 丙火가 있으니까 개인적 능력이 있죠? 전부 다 일간이니까 개인적 능력이 있습니다.

#### 3) 巳午

巳午를 봐야 되죠? 巳가 있어, 午가 있어? **午가 있죠**. 巳이면 이런 말 안 쓰는데, '**힘들지만 생존력 있다.**' 이렇게 설명을 하는 겁니다. 여기다 **힘들지만**이라고 써야 됩니다. 巳는 그렇게 안 됩니다. 巳라는 건 힘들지만 안 써도 되지만, **乙木에 수는** 힘들지만 이렇게 해야 됩니다. 왜냐하면 탈진이 가끔 됩니다. 巳는 탈진이 안 되고 보호만 받는데 이런 것도 저기 내용에 써야만 됩니다.


### 3. 팔품
조후를 봅시다.

1) ① 丙火
　② 戊土

1번 스타일에 ① 丙火, ② 戊土 이렇게 써야 되죠.

2) ① 甲木
　② 寅

2번 스타일에 ① 甲木, ② 寅 이렇게 써야 되죠. 그런데 뭐가 있어? 丙火도 있죠. 그리고 뭐도 있어? 寅도 있습니다. 조후가 참 좋고 甲도 있죠. 戊土 하나만 없습니다. ①번이 천복입니다. 하늘에서 나아 줬죠. 그리고 인복 줬죠. 이런 뜻을 의미합니다.

그런데 기타 뭐도 있어여? 壬水도 있죠. 壬水가 있으면 戊土로 막아야죠? 가난한 마음이 있죠. 戊土가 없으니 그걸 자제를 해, 안 해? 자제를 못 하죠. 그러면 이 사람은 망할 우려가 들어와 있습니다. 마음이 가난하니까 무리할 확률이 있습니다, 돈 벌려고. 그래서 **무리를 해서 망할 확률이 높다** 이렇게 해서 여기(壬)다가 **빨간 표시로 위험한 감정** 이렇게 해놨습니다.

壬水가 있으면 마음이 가난해 집니다, 추울 때. 그래서 그 가난을 벗어나려고 무리를 할 수 있다. 戊土가 있으면 자제 하는데 그러는 겁니다. 그래서 戊土가 있으면 쫌상, 戊土가 없으면 대범 그럽니다. 대범은 망해여. 이럴 우려가 사주에 있다 이런 뜻입니다.

### 3) 운세
위험한 감정 2018년 戊戌年입니다.

## 4. 용신
甲辰생이니까 용신을 크게 볼 거는 없지만 그래도 봐야 하는데, 甲木이 있습니다.

### 1) 癸甲
癸甲이 辰중에 癸甲으로 있죠? 없는 거 아닙니다. 있는 겁니다. 여기에 壬甲도 있고, 癸甲은 있습니다. 똑똑한 사람이에요.

### 2) 己癸
그리고 己癸가 있어야죠? 이거는 없습니다.

### 3) 辛癸
辛癸를 해야 되죠? 이거는 없습니다.

### 4) 甲丙

甲丙은 있죠? 이거는 있습니다. 자기 업무능력은 있죠. 그렇지만 업무능력을 막 키운 적은 없죠? 키운 적은 없습니다. 이게 뭐가 되냐면 **업무능력 개발은 되어 있다**는 뜻이잖아요. 이거는 뭐가 개발된 거여? **자기능력 활용은 된다**는 뜻입니다. 그렇지만 2)와 3)이 없으니까 업그레이드 현상은 좀 별로 없다 이렇게 생각해 주시면 됩니다.

## ** 창광의 사주통변 **

일간의 능력은 얼마나 뛰어나냐면 모두 있으니까 100점입니다. 그리고 업무 능력은 30점 밖에 안 돼. 이거는 직무 능력은 뛰어나죠? 직무 능력은 괜찮습니다. 劫傷도 되어 있고 그러잖아요. 그렇지만은 이건, 정도여, 이도여? 이도입니다. 그래서 절반이하로 딱 줄입니다. 절반 이하로 딱 줄여서 100의 1/4정도니까 이거 밖에 안 됩니다. 다 있다니까 정도인줄 알고. 원래는 뭐 있어야 되여? 殺印 되어 있어야지 이건 정도가 아니잖아. 이도니까 절반 이하로 줄이는 겁니다.

이 복은 많아, 안 많아? 많죠. 복이 이렇게 많죠. 너무 많으면 돼, 안 돼? 많아서 좋습니다. 좀 좋게 해 줘야지 너무 나쁘게 하면 안 되잖아. 약간 마름모꼴이죠? 마름모꼴입니다.

그러면 직무 능력은 25%니까 신분이 크지 않죠? **신분이 크지 않습니다.** 그리고 업무능력은 어때여? 여기 활용능력이 있고, 개발 능력이 있죠. **업무능력은 그래서 양호한 편에 들어간다** 생각 하시면 됩니다. 일은 할 수 있다는 뜻이죠. 그렇지만 높은 점수는 주지 않죠. 이게 뭐냐면 이거는 대인관계는 어때여? 높죠. **양호하다** 이러한 뜻입니다. 그렇지만 위험한 신호가 항상 있죠? **망신당할 우려가 항상 있다**는 걸 알아야 됩니다.

사람을 활용할 능력이 대단합니다. 팔품에서. 그리고 이 속에가 다시 또 삼합 되어 있죠. 방합도 되어 있죠. 그러니 적절히 대인관계를 잘 활용하는 사람입니다. 그래서 편차가 엄청 심할 수 있습니다, 이렇게. 편차가 심할 수 있다는 거여. 일간의 의지력은? 일간의 의지력 강하지? 제일 강합니다. **유지력이 무척 강하다** 이렇게 되어 있습니다. 이게 그 내용입니다. 질문!

### 질문
지금 포천에서 요양병원을 크게 하고 있는데 팔아야 될 까? 아니면 안 팔고 서울에다 하나 더 해야 되나? 법이 많이 바뀌고 규제도 많이 생겨서 파는 게 맞는 건지, 하나만 잘하는 게 맞는 건지...

### 답변
나도 몰러. 답변은 아까 얘기한 걸로 해 주셔야 돼. 이 사주는 정도로 걸어 간 게 아니라 이도로 걸어간 거죠? 그러니 명예를 높이는 게 아니라 돈 벌러 갔다. 겁상 했다. 개발과 추진의 귀함이 있다. 참, 개발하고 추진력은 좋습니다. 아주 월등하게 뛰어나다고 봐야 되겠죠. 근왕하니까 획기적이고, 개인적으로 또 점수가 높죠? 대인 관계력, 직무능력 괜찮습니다. 그렇지만 저 직무능력은 정도가 아니니까 25%로 다운을 탁 시켜 버리는 거예요.

### 2020년 운세
그러면 2020년이 뭐 하는 운세죠? 지금 당장 2020년이 내일 모레 오는데? 새로운 개발과 새로운 추진을 해서 새롭게 무엇인가를 설립해야 되죠. 그 얘기 가서 해주면 된다고.

그리고 생재니까 새로운 영역을 만들어내야 되죠. 2018, 19년에는 새로운 영역을 확장해 만들어 내고, 2020년은 다시 재 설립을 하라 이런 뜻입니다. 과거정리 하셔야죠.

**질문**
과거 정리가 잘 될까요? 워낙 커서 안 팔릴까 봐...
**답변**
그럼요. 과거 정리가 잘 됩니다.
**질문**
이분은 의사인데 직무나 업무능력이 저래서 개발만 하시고...
**답변**
아니, 영업능력이 뛰어나죠.
**질문**
의료 행위를 안 하셔서...
**답변**
영업능력이 뛰어나고 직무능력은 양호한 편인데, 업무능력이 개발이 돼 있죠. 그런데 더 이상 자기 투자를 안 해여. 용신에서 2번하고, 3번이 없잖아. 전문성 투자를 안 하고, 여기 보면 4번만 있죠? 업무 능력이 개발만 되고, 그걸 가지고 경영만 하잖아. 그리고 **자기 능력은 더 이상 개발하지 않는다**는 뜻입니다.

평가를 해 봐봐. 가운데다 점을 찍어서 평가를 해 봐여.
제일 발달 된 게 뭐여? 개인 의지죠. 개인 의지고 나머지는 골고루 되어있는데, **개인 의지가 제일 발달**되어 있습니다. 가장 명심하고 주의 할 거는 뭐죠? 자기가 가난하다는 생각에 너무 지나치게 몰빵을 하는 거 조심해라. 자기가 가난한 마음이 생겨여. 壬水가 있으면 가난해여. 조심해라 이런 뜻입니다. 괜찮습니다.

이도가 되면
이런 거 보걸랑 저처럼 이렇게 25% 주지 말고 50% 줘야 돼. 원래는 이도가 아니면 100%정도 주죠? 이도니까 딱 줄여 버린 거여. 왜? 공적인 임무가 아니라서. 사적인 임무로 갔으면 최고잖아. 이 사람이 상관격이었으면 이거죠? 그냥 상관격이었으면 100이지. 이게 그게 아니라 월겁이라는 양인이잖아요. 양인이 이게 뭐야. 그러니 **직무적 자존심이나 지위적 자존심이 좀 없으신 분에 들어간다**는 뜻입니다.

그리고 복이 이렇게 많아서 어떻게 하겠다는 거여? 하여간 복이 최고점입니다. 그러니 이 사람은 말하자면 이런 현상이죠. 복이 최고점이고, 개인이 최고점이죠. **복하고 개인성향으로 하지 사회 공헌도가 없다** 이거죠. 사회공헌도가 부족하다 이런 뜻으로 설명합니다.

질문
양인격이 이렇게 하시는 거에 대해서...
답변
손님은 왕이야. 손님한테 잘하고 있습니다.
질문
戊土가 없는데 戊土가 왔잖아요. 이렇게 새로운 영역 확장해서 만들어 낼 수 있어요?
답변

그렇지요. 자기가 가난하단 마음으로.
**질문**
요양병원을 하시니까. 양인격이잖아요. 이도를 하셨지만 재물에 대한 욕심 때문에 경영을 하지만 사회적 공헌을 할 수 있는 뭔가를 병원 안에서 할 수 않겠어요?
**답변**
안 됩니다.
**질문**
돈에 대한 욕심이 굉장히 많으신 분 같아요.
**답변**
여하튼간 우리끼리 판단 할 수 없으니까 우리가 이 도표만 보고 복이 많으시고 개인적 성향이 강하고 사회 공헌도가 자기 재능 개발이 좀 부족하시다 이런 뜻입니다.

### 희신을 지닌 비율

그래도 용신의 희신 하나면 인구의 몇 %에 있다고 했죠? 하나당? 20%가 안 돼요. 열 명의 한 명 정도라고 했잖아, 1)번. 저거 10명 갖다 놔 봐여, 겨우 한 명 나올 정도니까. 쉽지가 않아여. 20% 조금 넘을까, 말까. 이 정도 되는데 없어요. 시골 가면 갈수록 이게 많아요.

그런데 시골 가면 뭐가 없어여? 이 4)번이 또 없어요, 참. 돌아가시겠어요. 농사짓는 기술은 무지하게 좋은데, 그거 줘서 뭐하는지 모르겠어여. 영업 능력이 없는 거예요. 그러니까 4)번이 시골은 없어여. 1)번은 다 있어요.

도시에 오면 이거(희신)는 별로 없는데 이거(확장성)는 다닥다닥

붙어 있어여. 그러니 전부 다 가격은 애들이 다 가지고 있고, 그거 가지고 애들이 영업하러 다니는 거예요, 일하러 다니지. 시골 가면 이거 다 있어여. 업무능력 다 있는데 뭐만 없어? 그거해서 그냥 먹는 거예요. 이게 없어요, 4)번이.

**질문**
조후에서 금생수가 안 되었는데 저걸 천복, 인복으로 볼 수 있나요? 금생수 된 상태에서 조후를 보잖아요...

**답변**
그럼. 그러면 최고지. 조후 이거 점수 많이 못 줘. 금생수가 안 되어서. 100점 줄 만 하잖아, 다 있으니까. 그런데 최고가 못 돼.

**질문**
그 역할을 잘 못하는 거죠?

**답변**
하긴 하는데 춥지도 않는데 추운 거잖아요. 그러니 저 丙火의 조후가 대체적으로 자기 개발형은 아니지 않느냐 이런 뜻이지. 크게 역할을 못합니다.

**질문**
오히려 害 되게 역할 하는 건 없어요?

**답변**
없어요.

**질문**
열심히 살아요. 굉장히 열심히 살아요...

**답변**

열심히 살지. 일간 좀 쳐다 봐 봐. 참 열심히 하죠. 복도 있고 사람들이 나쁘게 평가를 안 하잖아요, 복이 있으니까. 최고죠.

**질문**
용신에서 2), 3) 없이 4)가 있으니 대인관계 활용형인가 봐요?

**답변**
그치.

좀 아까 2번째 임상한 거 이런 형이잖아요. 첫 번째 임상한 거는 약간 축소형이었잖아요. 다각도로 능력이 없잖아요. 이거 아주 괜찮습니다. 나쁘지 않습니다. 다 각도로 전부 다 축소 됐잖아. 이렇게 밀려 났잖아. 괜찮습니다. 나쁘지 않습니다. 치우친 게 아니잖아요. 이리 봐도, 저리 봐도 능력이 없는데 괜찮잖아. 그런데 얘는 이쪽으로 찌그러졌잖아. 어떻게 생겼나 구도를 한 번 생각 해 봐야 되어. 사주 더 줘 봐여. 이번엔 어떻게 생겼나 보게.

---

사주 예시 4)

| 時 | 日 | 地 | 天 | |
|---|---|---|---|---|
| 癸 | 壬 | 壬 | 丙 | 坤 |
| 卯 | 辰 | 辰 | 寅 | 4 |

1. 격국 : 수목상관격

격이 乙木이여? 수목상관격. 수목상관격이 되고 상관패인은 안 됐죠? 상관패인 안 되지.

1) 패인 : 자격 조건

상관격은 패인이 되어야지 자격조건을 갖추는 거예요. 패인은 안 됩니다.

2) 화상관생재

그 다음은 뭐로 봐야 되져? 상관생재는 되나여? 상관생재는 안 되니까 나이 먹어서 바꾸어야 되는 化상관생재는 되죠? 정재로 되지 않고 편재로 되죠. 화상관생재는 됩니다. 화상관생재라고 해서 정재로 안 되고 편재로 됐다는 얘기에요. **나중에 진로가 바뀐다** 이런 뜻입니다. 재성이나 관성이 바뀌면 진로가 바뀐다고 하면 되여. 진로수정이 필요하다 이런 뜻입니다. 진로수정을 꼭 해오도록 해야 된다 이런 뜻이에요.

3) 세운

올해 운세는 뭐에 들어가 있죠? 2018, 2019년은 수목상관. 즉, 겁상이 뭐 하는 거예요? **견관을 해야 된다**는 뜻입니다. 상관견관해야 되잖아, 올해가. 원래가 겁상 했었잖아요. 혁신을 이루고자 했잖아요. "내가 이대로는 살 수 없다. 다시 개혁을 이뤄가지고 더 멋있는 나를 만들어야 된다." 이런 거 있어, 없어? 지금 막 용기를 내고 있는 거 같아 보이지 않아? "내가 지금 50이 되기 전에, 내가 지금 40이 되기 전에 혁신을 이루어야 된다. 내가 뭐 공부를 더 해야 된다. 내가 이대로 말 수는 없다." 이런 거 있잖아요. 이러한 혁신을 이루기 위해서 견관, **현재를 박차고 다시 새출발하다** 이런 운세입니다. 점수는 얼마나 줄까? 직무능력을? 안 줄 모양이네.

### 2. 일간

격이 상관격이니까 일간이 인왕 해야 되죠. 그리고 나서 뭐 해야 되여? 무근해야 되죠. 상관격이니까 무근해야 되죠? 그런데 이 사람은 하라는 印은 안 하고, 하지 말라는 근왕은 했죠? 하라는 인왕 안 하고, 하지 말라는 근왕은 했잖아. 그러니까 이 사주는 뭐가 빵점이여? **사회적 처세 빵점**입니다.

### 3. 용신

용신 한 번 봅시다. 용신이 乙木이죠? 乙木입니다.

#### 1) 乙丙

乙丙해야 되죠? 그러면 자기개발이 가능한 실력자입니다. 이 사람은 변호사 시험도 합격 할 수 있어, 이제. 자기개발이 가능하잖아. 큰 실력자입니다. 그런데 일간 때문에 문제여. "나 싫어." 그러면 끝나잖아. 얘가 인제 문제를 일으키는 겁니다. 이렇게 물주면 '독 탔나?' 설쳐 보고 안 먹을 수 있다고, 의심이 많아서 문제입니다.

2) 丙戊

또 丙戊해야 되죠? 적합성 아주 좋습니다.

3) 癸乙

癸乙해야 되죠? 가치 상승. 자기 능력을 가치 상승하는데 아주 좋죠.

4) 丙戊庚

丙戊庚해야 되죠? 활용성은 제로에 가깝습니다. 그러면 이 사람은 도시에 살아야 돼, 지방으로 가야 돼? 지방으로 낙향해야 됩니다. 활용성은 도회지 가서 하는거여. 지방으로 낙향하면 됩니다. 그래서 "너는 경기도로 가라." 이런 뜻입니다. 사대문밖으로. 요즘은 사대문 밖으로라는 말 안하지? 경기도로 가라 이렇게 말하는 거여. 됐습니다, 이제. 그러니까 이거는 거의 75점 수준이져? 수준이 높습니다. 실력 아주 좋습니다.

4. 팔품

팔품을 좀 봅시다. 춘분이 지났죠? 날씨가 충분히 덥죠. 목생화가 잘 되고 덥습니다. 그러면 뭐가 있어야 돼? 금생수가 돼야 되죠.

1) 壬水

날씨가 충분히 더우니까 壬水가 있어야 되죠? 壬水가 있죠. 시원한 게 있잖아요. 그리고 또 戊土가 있어야 되죠? 없죠. 壬水 하나 있죠. 유리한 환경을 만났다.

### 2) 庚金
庚金이 있어야 되죠? 없습니다. 그리고 申金도 없습니다. 그러니 壬水 하나 있습니다.

### 3) 방합
방합으로 되어 있죠? 방합으로 되어있으니까 환경은 잘 만났다 이렇게 말합니다. 사주에 壬水, 丙火가 있는데 戊土가 없죠? 감정 컨트롤 위험합니다. 감정 컨트롤 위험하죠? 壬水 "나 가난해." 丙火 "나 성공하고 싶어." 컨트롤이 돼, 안 돼? 무리할 수 있다. 높은 산을 쳐다보는 감정 컨트롤은 위험합니다.

### 천간에 壬水, 丙火가 있으면
항상 천간에 壬水, 丙火들이 있으면 戊土로 컨트롤 하라고 했죠? 그렇지 않으면 감정 컨트롤이 안 되는 겁니다. 이거를 조심해야 된다는 뜻입니다. 복도 여기 하나 있잖아요. 그러니까 50%정도는 줘야 되니까 이 정도 쯤에 복을 주면 됩니다.

### ** 창광의 사주 통변 **
여러분들은 격을 결정 못하네. 직무능력이 어때?
심리적 작용에 대한 팔품이라는 게 있잖아요. 조후용신에는 어떻게 됐어여? 유리한 환경이 있으나 감정 컨트롤 문제가 지적 된다는 뜻입니다.

직무 능력은 자격 조건을 갖추지 못했죠? 열심히 일해서 자기 진로는 개척해, 안 해? 진로는 양호하게 개척하죠. 그러니 이 직무 능력도 이 정도 쯤은 줘야 되지 않느냐. 이렇게 생겼네요.

이 사주는 그러니까 형태가 계급형, 심리형, 자기 주장형은 안 되는 거죠? 업무 능력으로만 되어 있죠. 그래서 전문가형으로만 되어 있습니다. 얘 질문이 뭐여?

**질문**
약사 근무하고 있는데 개업 하고 싶은 거와 임신하고 싶은 거예요.

**답변**
임신하는 거는 약국하면 지가 알아서 해야 될 거 같은데. 왜 우리한테 물어 봐, 그런 거 지들이 전공 같은데. 답변 해 줘 봐. 형태를 이렇게 봐 봐여. 전문가형이기만 하지 개인 주장이 좀 부족하구여. 그리고 저거는 좀 안정적이지만 부족하죠? 그러니까 어디 가서 계급으로 직무 담당하는 건 좋지는 못하다 그런 뜻입니다.

**올해 운세**
올해 운세는? 겁상의 상관견관. 드디어 이도를 할 때가 됐다. 그런 뜻이에요. 그러면 답변 해 봐봐. 뭐라고 말 할 거여? 물어 봤잖아, 개업해도 되냐구? "응. 할 때가 됐어." 이렇게 말하면 되잖아. "응, 할 때가 됐어." 이럽니다.

이런 식으로 앞으로 방패 그려 가지고 하니까 이런 형은 어떻게 된 거 같아? 거북선형은? 저거 용신만 높죠? 전문가형. 그런데 직책도 없고. 일간은 개인적으로 전략, 전술을 짤 필요가 없죠. 이게 문제입니다.

### 일간의 처세
**개인 처세는 걱정증이 있다.** 걱정증이 많습니다. "작지 않은 과거를 겪고 오래 남은 미래를 살아야 되는데, 앞날이 불안하여 현재 걱정으로 시간을 낭비하는구나." 근이 무근 되면 걱정증이 많은 겁니다.

그리고 이게 격에 대해서 했잖아요. 격을 유지할 마음이 전혀 없는 거예요. 격, 직무 있죠? 직무, 사회적 계급을 유지할 마음이 하나도 없는 거여. 자기 전문성만 톡 삐져나왔어. 그러니 어디 가서 개업해야 돼? 경기도. 김포, 일산 이런 데 가라고 그래. 또 궁금한 거?

### 질문
겁상을 할 때 근을 가지고 있을 때와 없을 때의 차이점은 뭔가요?
### 답변
근을 가지고 있을 때는 이도 중에 최고죠. 그걸 혁신이라고 말해여. 근을 가지고 있으니까 혁신을 해야죠.
### 질문
근을 가지고 있다고 볼 수 있습니까?
### 답변
이거? 근 있죠. 辰에. 체야 체, 진이면. 걱정 하지마. 그런데 신자진이 안 되어 있잖아.

**질문**

체를 끝까지 지속력 있게 갈 수 있는 실력은…

**답변**

用에 근했으니까 실력으로만, 패기와 용기가 아닌 실력으로만. 근 없어. 또?

**질문**

이런 사람 개업하면 잘 유지하나요?

**답변**

잘 살아. 하여간 주변머리 없으면 다 잘 살아.

**질문**

혼자 안하고 팀으로 한다고 보면 안 되어?

**답변**

그렇게 안 되지. 걱정 하지 마, 잘 해. 임신하려면 어떻게 하라고 했지? 토극수 목극토 하라고 했잖아. 그러면 가서 5월에 임신한다고 하면 되잖아. 5월에, 이달에 임신한다고 그래. 그러면 임신할거여. 그런데 살뺐나?

**질문**

뚱뚱한데요.

**답변**

그러면 됐어. 넉넉하다고 해야 돼. 살 빼면 임신 못 해. 이렇게 사람이 물이 넉넉히 고인듯하게 생겨야 돼. 그래야지 임신 잘 해.

**질문**

그런데 어떤 사람은 뚱뚱해야 되고, 어떤 사람은 살이 없어야 되고. 그건 뭐로 봐요?

제8강 173

**답변**

그런 게 있지. 만약에 戌이 왔다. 살쪄야 돼? 그렇지, 살이 찌면 좀 곤란하지. 辰이 왔다 그러면 뭐가 좀 풍부해야 될 거 같아 보이지 않아? 그게 정상이라구. 그래야지 정상이여. 다리도 좀 짧아야 되고, 아직은. 辰이니까 다리가 짧아야지. 그런 것들이에요. 잘 할 수 있어.

---

## 8강 2교시 방패 임상

사주 예시 5)

| 時 | 日 | 地 | 天 | |
|---|---|---|---|---|
| 壬 | 乙 | 乙 | 戊 | 乾 |
| 午 | 卯 | 丑 | 戌 | 1 |

### 1. 격국 : 정재격

정재격

#### 1) 상관생재

정재격은 상관생재 해야 되져? 말하자면은 **영역을 보존하기 위해서 상관생재**를 해야 됩니다.

## 2) 재생관

그리고 나서 재생관을 해야 되져? 기득권을 확보해야 된다는 뜻이에요.

**상관생재는 실력 행사 한다. 재생관은 기득권을 확보 한다.** 이렇게 생각해 주시면 됩니다.

## 3) 재극인

상관생재를 했으면 재극인을 해 줘야 되져? 상관생재 했으면 실력 행사 했다고 하고, 재극인 했으면 안전 자산권을 확보했다고 하져? 그렇잖아요. 그러면 실력 행사에 따른 풍요가 오져. 이렇게 되면 안전 자산권을 확보했으면 상관생재를 다시 하잖아요. 그러면 **풍요가 온다**는 뜻입니다. 이 사주는 상관생재하고 그 다음에 재극인도 하져. 풍요가 온다 생각하시면 됩니다.

## 4) 쟁재

그러면 재생관을 해야 되는데 관이 없져? 관이 없으면 즉시, 이 사주는 쟁재를 한다고 했져. **쟁재를 하면 경영권이 없습니다.** 경영권 없음 그럽니다. 경영권이 없다는 나쁜 말 아닙니다. 비겁은 있는데 내가 마크를 안 했으니까 내가 경영자가 아니니까 경영자가 다음에 있져? 그러면 경영권이 없습니다. 쟁재 했으니까 **재생관이 안 되었으니 경영권 없음** 그러고, **쟁재를 했으면 보좌해야 된다** 이런 뜻입니다. 내가 보좌를 해야 된다 이런 의미를 갖는 것을 말합니다.

## 5) 운세

올해 운세는? 어떻게든 찾아야 됩니다. 올해 운세는 재극인이여, 쟁재여? 상관생재해서 재극인 하는 운세여? 재생관 안 된 상태에서 재가 들어와서 쟁져여? 이거냐, 이거냐 에요. 둘 다 하면 안 되여? 둘 다 해도 상관없잖아요. 경영권 상실에 의한 낙향 이렇게 말해도 되잖아. 풍요를 해야 되니까 재테크 그리고 노후대책 이렇게 말해도 되는 거 아니여? 58년생이 노후 대책할 나이가 됐나? 그런 나이는 안 된 거 아니야? 한 70이나 되야 되는 거 아니야?

올해는 쟁재입니다. 재생관이 안 된 쟁재 그려져. 그래서 낙향 이런 식으로 설명을 합니다. 격국으로 볼 때 올해 운세는 **쟁재라는 누락의 운세**라고 하져, 2019년이. 2019년 누락 운세입니다.


2. 용신 : 癸水령

용신을 봅시다. 용신이 癸水가 용신이져. 癸水령이다. 癸水가 당령이란 뜻입니다.


1) 癸甲

축은 癸水가 당령이니까. 그러면 사주가 癸甲 해야 돼져? 癸甲을 합니다. 뛰어난 자기 업무 실력이 있는 거 아니져?


2) 己癸

그리고 나서 2번 己癸해야져? 자기를 개발하는데 환경 적합성이 없져? 자기 적합성이 없습니다.

### 3) 辛癸
그 다음에 辛癸해야 되져? 말하자면 깊이 있는 전문성이 없져.

### 4) 甲丙
그리고 나서 4번 甲丙 해야 됩니다. 甲丙 해야 되니까 활용성도 전혀 없져.

이 네 개가 싸그리 없으면 이건 분명히 문제가 있습니다. 이렇게 네 개가 싸그리 없으면 태과불급의 문제가 걸렸구나 생각을 하셔야 됩니다. 태과불급의 문제가 걸렸나, 안 걸렸나 얼른 생각해야 됩니다. 그러면 태과불급의 문제가 걸렸나 봐야 돼져?

### 자축월령 癸水의 태과불급
그러면 자축월령 癸水의 태과불급은 1번 토다를 찾는 겁니다. 2번 수다를 얼른 찾아 봐야 됩니다. 수다목부했는지 찾아 봐야 되어. 3번 목다를 얼른 찾아 봐야 됩니다. 혹시, 목다해서 목다수축을 했는지 찾아봐야 됩니다. 얼른 찾아보세요.

### 1) 토다 : 戊土
그랬더니 토다하져? 戊土.

유용지신이 뭡니까? 庚金으로 토목공사를 할 것인지, 그렇지 않으면 甲木으로 건축업을 할 것인지를 찾아야 됩니다. 찾아봐야 됩니다. 庚金도 없고, 甲木도 없고 문제없어요. 찾아보니까 없져. 그 다음에 수다를 하는 지 찾아 봐야 됩니다. 토목공사나, 건축업을 한다 안 한다가 아닙니다. 안 한다고 되어 있죠. 그러면 끝났습니다.

2) 수다 : 壬 + 戊 = 乙

그 다음에 수다를 찾아봐야 됩니다. 그래서 壬水가 있나, 없나 봐야 되여. 壬水가 있잖아여. 수다목부할 수 있져? 어떻게 해야 되여? 戊土로 걸러야 되져. 乙木을 보호해야 되져. "아, 그러면 컨설팅, 에이전시는 참 괜찮겠구나." 이렇게 생각하시면 됩니다. 乙木을 살리지. 수다목부하잖아요. 저거 얼음 녹으면 콸콸콸 쏟아지지 않을까? 컨설팅 에이전시라고 합니다.

용신에서 문제가 있는 겁니다. 여기서 끝나면 안 되고, 용신 찾다 안 되면 밑에 태과불급에서 유용지신 찾는 법 있져? 유용지신이 戊土입니다.

**올해의 운세**

그러면 용신으로 볼 때 올해 운세가 뭐져? 유용지신이 왔잖아요. 戊己土. 신규 사업을 시작하는 운세입니다. 이제 신규 사업을 시작할 때, 먼저 뭐를 해야 되냐면 질병을 고쳐야 됩니다. 아픈 데를 고쳐야 된다구. 어디 몸이 아파야 된다구. 안 아프면 큰 일 납니다. 이게 용신으로 보는 겁니다.

또 의문점? 의문점을 찾아 주세요. 이럴 얘기할 때 힘들져. 이게 하나도 없으면 문제를 찾아내는 겁니다. 그래서 유용지신이에요. 유용지신을 찾는 거는 왜 찾냐면 선천적으로 타고 난 게 없으면 후천적으로 배워서 살아야 돼져? 후천적으로 배워서 얼른 살아야 됩니다. 질문이 뭐여?

상담사 1

경제사범으로 들어갔는데, 해외로 나갔다 들어오는 바람에 죄를 더 받아서 형을 더 많이 받았대요. 괘씸죄에 걸려서 형을 더 받았는데, 언제쯤이나... 올해 몸이 아픈 거예요?

창광

영창 갔으면 됐어. 이제 안 아파요.

상담사 2

직업은 뭐였어요?

상담사 1

원래 연구했던 사람인데 사업을 했어요.

창광

아니, 돈 띠어 먹었어여.

상담사 1

그냥 바로 정면 돌파를 했어야 하는데 해외로 튀어서 형을 많이 받았어요.

창광

그러면, 됐어요. 일단 어디 아프고 수술하는 거 보다 나으니까. 어떤 게 나은 가 모르겠다.

상담사 1

금방 나올 수 있는 상황은 아닌데, 월요일날 가족 면회를 오라고 그러는데 이 사람 식구들이 뭔 얘기를 하나...

창광

잘 살구 있다고 걱정 말라고 얘기 해 주라고 하지.

상담사 1

제 8강 179

거기 가면 아프지 않을 걸로 봐도 되어?

창광

안 아파요. 올해 운세는 쟁재, 사회적인 것은 쟁재입니다. 누락 되었다 이런 뜻이여. 누락 됐다고 영창 갈 줄은 몰랐네요.

상담사 1

워낙 실력 있는 사람이라 거기 들어가도 뭐 해 준다고 사람들이 찾아가요. 올해는 아무것도 안 된다는 거죠? 누락되었으니깐...

창광

아니여. 용신으로는 신규 사업을 하면 된다. 그런데 환경적으로 누락 되었으니까, 격으로 봐야 되잖아여. 실력만 있어서 신규 다른 거 연구하고 개발하는 건 좋은데, 사회적으로는 통하지 않는다는 의미에요. 또 의문점?

** 창광의 사주 통변 **

앞으로 여러분들 겨울생이 壬水가 己土를 넘을 때 어디 입원만 한다고 생각하지 말고, 어디 '영창도 가는구나' 생각 해 줘야 되여. 겨울생이 지금 己土를 넘잖아요. 나는 그냥 무조건 레파토리로 "지나간 시절은 망했습니다. 새로 살아야 됩니다. 이동을 하셔야 됩니다." 이런 거만 했잖아요.

레파토리 일번이 있잖아. **회계 구조 조정, 지나간 거 망했습니다. 인원 구조조정, 몸 고치세요.** 이렇게 했는데, "영창 가세요."는 안 해 봐가지고 좀 미안스럽네. 뭐 큰 일 없으니까 아니져.

이거는 유용지신이라는 게 있잖아여. 아무 것도 없잖아요. 능력이. 유용지신이라고 해서 에이전시, 컨설팅을 한 거예요.

질문

이 사람 엄청 똑똑한데 아무 전문성 없는 걸로 나올 까요?

답변

엄청 안 똑똑하니까요. 그걸 가지고 뭐 했어여? 그걸 가지고 어떻게 했냐고?

질문

들어갔으니까...

답변

학교 공부를 했다 어떻게 했다가 중요한 게 아니라, 활용성 없으면 없는 거예요. 능력이 없어요.

질문

이 사람은 언제 운이 괜찮아요. 나올 운이 있어야 희망을 가질 텐데...

답변

2022년.

질문

우리들이 해자축월생인데 아무 일도 없고, 천간에 戊土가 두 사람 다 없고 壬寅년까지...

답변

이미자씨는 가서 사무실 차렸으니까 됐고. 애들이 애 낳을 때 됐나?

질문

장가도 안 갔는데요...

답변

그러면 소용 없져. 이럴 때 丙火가 있으면 자식들 낳고 그러져. 결혼하고 자식들 낳고.

질문
壬寅년에요?

답변
아니여, 戊戌, 己亥년에.

질문
戊戌 己亥는 亥子丑월령에 戊土, 己土가 있으면 괜찮은데, 이거 지나고 壬寅년까지 戊土가 없고...

답변
올해가 끝이에요, 亥子丑월령은. 戊子년부터 己亥년까지 끝이에요. 이제 亥子丑월령 얘기 안 해요. 10년 간 우려먹었는데요, 내가. 戊子년부터. 무자년 봄추, 봉화에 시작을 해서 여지껏 10년을 우려먹었는데, 10년이 뭐여? 올해까지 12년을 우려먹은 거지. 이제 끝났습니다. 겨울생이 절취부심하는 12년의 세월이 끝났져. 자기 고향에 왔잖아요. 亥子丑에. 또 의문점 없어?

이런 사주 만나기 귀해요. 정재격이면 상관생재 해야 되잖아. 그런데 상관생재를 한다고 돼 있지는 않져? 그런데 인성은 있으니, 재극인은 해야 되잖아. 지적 재산권, 안전 재산권을 추구하져? 그렇죠. 상관 가지고 해야 되는데, 식신 가지고 하져? **지적 재산권, 안전 재산권을 갖춘 사람이다** 이런 뜻입니다.

그런데 이게 구신이라고 해서 이걸 지키지 못하져? 지위를. 그러니 쟁재 당하는 겁니다. 육신도 정재격에 상관생재, 재생관이 똑바로 되어 있지 않습니다.

**질문**
2022년이 壬寅년인데 재극인해서 괜찮아지나요?
**답변**
뭐가 괜찮아진다는 거지?
**질문**
희망이 있다고 해서...
**답변**
저 희망이 있다고 얘기 안 했어여. 언제나 나오냐 물어 보길래.

격도 하나도 상생식이 이루어지지 않고, 용신도 전부 다 상생이 하나도 없는 거 있죠. 아주 참 희한한 사주 하나 만났다 생각하세요. 또 사주 불러 보세요.

---

### 사주 예시 6)

| 時 | 日 | 地 | 天 | |
|---|---|---|---|---|
| 庚 | 庚 | 乙 | 庚 | 乾 |
| 辰 | 子 | 酉 | 子 | |

1. 격국 : 양인격

이건 이름이 양인격 그럽니다.

0) 비향 : 市

양인격이 비향이라고 하져. 비향했다는 뜻입니다. 양인격이 비향하니까 시장에 가야 되져? 사적 기관에 간다, 사 기관에 간다 이렇게 생각하시면 돼. 양인격이 비향했다. 인성이 막으면 어떻게 하라고 했져? 서생 한다는 뜻입니다. **양인격이 비향하니 시에 머문다**고 생각해 주시면 됩니다.

1) 비식 : 실력 행사

그리고 나서 비식해야 되져? 그래야지만이 실력이 있는 겁니다. 시장에 개입할 실력이 있는 겁니다. 그런데 없습니다.

2) 식신생재 : 돈 벌다

식신생재를 해야 되져? 양인격이니까. 그래서 식신생재를 해야지만이 돈을 많이 법니다. 그래서 실력 행사를 하다(비식), 생재 돈 벌다(식신생재) 이렇게 나타나는 것이라고 생각하시면 됩니다.

1) 비식 → 비상(뽀얀 안개)

그러면 비식하라고 분명해 했져? 그랬더니 뭐라고 말해요? 비상하져. 그러니까 뽀얀 안개처럼 되어 있져. 좀 변했져? 비상합니다.

2) 식신생재 → 상관생재 (유사성)

그리고 나서 어떻게 하는 거여? 식신생재를 하라고 했더니 식신생재를 해여, 상관생재를 해? 상관생재를 하져. 또 똑같이 말합니다. 상관생재. 똑같은 걸 했더니 유사성인 걸 하네요. 이런 뜻입니다.

## ** 창광의 사주 통변 **

설명 해 봐 봐여. 양인격이 비향했으면 이도가 되었는데, 그러면 비식으로 식신생재를 해야 되는데 비식이 아니라 비상이다. 그러면 이게 조금 문제가 있져? 진실이여, 허야? 진실적이지 않져. 꼭 안개처럼 생겼져. 그러니 뭐가 문제가 있다 이 말이여. 이 말은 사실이 아니라 사기이니 허구지 않느냐?

### 비식

비식이라는 게 진실성이 있어야 되잖아요. 근데 **비상이잖아요**. **진실성이 있는데, 거짓이 들어가 있지 않느냐** 이런 뜻입니다. 여기다가니 뭐라고 쓸까? 뽀얀 안개라고 쓸까, 거짓이라고 쓸까? 하여간 거시기 하네. 하는 짓이...

### 생재

생재, 돈을 벌었어요. 돈을 벌었는데, 원래는 식신생재로 벌었어야 하는데 상관생재로 벌었져? 이거는 쪼금 "**수상한 차액이네.**" 이럴 수 있다는 뜻입니다. 차라리 이렇게 하느니 다시 돌아가야 됩니다.

### 무살의 세상

차라리 이런 식으로 사느냐 다시 돌아가야 되죠? 뭘로? 돌아가야 되잖아요. 관살로 돌아가야 되잖아요. 무관이라고 하져, 이것더러. 무살의 세상으로 다시 돌아가야 된다는 뜻입니다. 원래 살 하니까 뭐 했어? 나라를 위해서 일 해야 되져? 다시 돌아가야 됩니다. 나라를 위하러 가야 되어. 얘는 왜 물어 보는 거여?

**질문**
2016년 丙申년에 행방이 묘연 해져서 가족들이 찾고 있는데...
**답변**
재가 낸 문제 아니야? 하여간 좋은 데로 간 거 같아요. 무살의 세상으로, 살 없는 세상으로 간 거 같아요. 살이 없잖아요.
**질문**
저 세상 아니에요?
**답변**
뭐, 그렇죠. 살이 없잖아요. 살이.

**양인격이 비향하니 사설기관으로 간다. 시장 개입을 한다**는 뜻이에요. 비식으로 실력 행사를 하는데, 비상으로 하니까 거시기한 방법으로 시장에 개입한 겁니다. 불합리한 방법이라고 하져. 경화씨는 입을 빼금 거리며 "사기 아니야?" 이렇게. 이런 뜻이 담겨져 있져.

근데 그게 통했져, 상관생재로. 그래서 수상한 차액을 남긴 거 같습니다. 그래서 2015년에 차액을 남겼겠져? 재성이니까. **상관격이 잘못하면 정인운에 와서 조사 한다고 했져. 양인격이 잘못하면 편관운에 조사를 당합니다.** 丙申년 조사 받던 중에 힘겨우셨나 봅니다. 그래도 양인격이잖아요. 그래서 행방이 묘연해졌습니다. 차를 강가에 대 놓고 사라졌어요. 아직 3년 동안 못 찾았어. 모르져, 죽었는지, 살았는지. 그냥 나온 말인데, 무살의 세상. 살, 아무 살성 없는 세상, 아무 근심 걱정 없는 세상으로 가야 되는 거 아니냐? 근데, 출국 내용이 없습니다.

**질문**
도용해서 갈 수 있어요?
**답변**
얼마든지 가요. 500만원이면 다 해 줘요. 문제가 하나도 없어.
**질문**
양인, 건록격이 천간에 비견이나 겁재 투간 해서 정확하게 비식이나 겁상이 안 된 사주가 관운에 문제를 발생하나요?
**답변**
관운. 상관격은 정인운. 그런 거져. 문제가 발생하지. 그러니 조사를 당한다 생각하면 돼. 근데, 하나만 해 먹으면 되잖아. 비견이면 그냥 상관 하나만 해 먹고, 편재로 돌아서면 되잖아. 왜 상관도 하고 정재도 했냐구? 둘을 다 해먹었잖아. 하나만 해 먹으면 되는데, 상관 하나만 했어도 해 먹은 거잖아. 봐 줄 수 있잖아. 식신하고 정재 하나씩만 하면 돼. 근데 이거는 완전히 두 개가 다 틀려 버렸잖아. 상관 정재 해 버렸잖아. 식신, 정재 해야 되는데. 이렇게 두 개씩 해 먹으면 안 돼지. 어떻게 보면 전공이고, 상습처럼 보이지 않아여? 뉴스에서들 많이 봤을 건데.

**질문**
두 개를 다 할 수 있는 환경을 만난 거 아닌 가요?

**답변**

만났져. 통한 거져.

**질문**

그게 연속성으로 가능한거죠?

**답변**

근데, 그것은 식신생재 해야 되는 거잖아요. 상관생재이니까 약간 문제가 있는 수상한 행동들이져. 안개구름처럼 해 먹는 거예요. 심란한 사주야.

**질문**

이 사람 혼자만 해 먹었나여? 여러 팀이 해 먹었나요?

**답변**

지금도 살고 있는 분도 있고, 출감한 분도 있고. 그거 불어서 용서 받은 분도 있고. 그거 불은 사람이 있어, 이때 사건을. 개가 己未생인가 그렇져. 그리고 또, 몇 백 억 씩은 챙겼지.

**질문**

그 중에 이 사람만 행방불명 됐나요? 이 사람만 집중 조사 받았나 봐여?

**답변**

집중적으로 조사 받은 사람 많은데. 격이 높으면 좀 이렇게 문제가 있어. 격이 높으면 못 견뎌. 자존심에 상처를 받기 때문에. 이럴 때는 근약 한 게 최고야. 달달달 떨잖아, 이게 최고야. 딸딸이 팔자가 최고라고. 불면 돼. 그리고 나서 쪽 팔리더라도 챙겨서 가면 되는 거지.

이번에 Y그룹에서 투자를 받았어. 회사가 상장 되고 그러면서 거기서 대박이 날 거야, 어디서 오더도 들어오고. 한 2조 오더가 들어온다는 걸로 알고 있다고. 가서 들어 가 봐바, 지금 주가 올라가지. 투자하라구, 해 빨리. 주식이 막 올라가져? 그럼, 그 주가를 올리기 전에 300억을 미리 넣은 거여, 그 사람이. 그 주식을 올려서 땡기는 거여. 막 올라가져? 순식간에 올라갑니다. 그래서 300억이 몇 천 되져? 쓱 빼는 겁니다, 올라간 다음에.

그리고 나서 한 천억씩 나눠 갖는 겁니다. 300억 투자한 사람한테 따블을 줘야 되거든여. 그러면 900 주면 됩니다. 항상 300억 주면 따블을 주게 돼 있어, 관례상. 그러면 900을 주면 돼. 그 사람은 900억을 받았져.

근데, 그 사람은 줘 줬다 그러면 딱 끝납니다. 알았다 그러면, 어디다 썼는지 알았다 그러면 가는 거고. 그러면서 가 가지고 말레이시아 가서 휴가 즐기면 되고, 일 년에 10억 써도 괜찮져? 10억 써도 괜찮습니다. 그런데 워낙 잘 쓰니까 한 20억 쓰고 살면 됩니다. 그리고 3~4년 있다 와서 또 한 건 하면 돼져.

그런데 우리나라가 참 좋아졌습니다. 그런 걸 잡아냅니다, 이제. 2015년 후반기부터. 그래 가지고 얘들이 한 팀이 걸려 버렸져. 한 팀이 걸렸습니다. 소문은 들어 봤져? 그런데 그런 것들을 다시 돌이킬 수는 없잖아요. 방법이 없습니다.

여러분들은 똑똑한 머리가지고 공무원 하실래여? 삼성전자 가서 눈치 보고 사실래여? 공부 하실래여? 소원이 빠이로트여? 그럼, 배 운전 하실래여? 갑판 가서 앉아 계시져, 문제가 없습니다. 그러니 얘들은 천억이니, 칠 백억이니 뭐 맨날 통장에 들어 있으니 이런 것들이져. 야, 백억만 되면, 백억 정도만 있으면 살지 뭐. 이거는 얘들 장

난이에요. 백억 가지고는 살 수 없단 얘기져. 자살할 정도로 가난하
니까. 가난이 어떻게 말 할 수 없으니까.

**질문**
그 많은 걸 해 먹고, 얼마나 많은 사람들이 죽은 거예요?
**답변**
그 놈의 백억, 이백억 때문에 죽을 지경이져, 살 수가 없는 겁니다.

이백억이 있다고 치자, 그러면 집이 50억은 되야 되져. 그리고 페
라리 두 대는 있어야 되져. 사업채는 이 백억이면 백억 짜리 사업채
는 굴려야 되져? 백억 사업채 굴리려면 최소 육 백억이 들어가잖아
요. 그럼, 이 백억 부자는 채무가 대체적으로 사백에서 육백이 있습
니다. 하루에 무너집니다.

만약, 십억에서 십오억이 있다 그러면 아침에 출근 해야져? 그래
도 토요일날은 놀러는 가져. 집은 한 2,3억짜리 있으면 되져. 가만히
오르면 집값이 자기 현금보다 더 많아 질 수 있잖아요. 이렇게 사는
겁니다. 많이도 없으면 가난에 찌들일 일이 없습니다. 토요일날 놀러
가니까. 포니도 있고, 좀 여유 있으면 땅에서 걸어가는 차는 아무거
나 타도 되잖아요.

그럼, 페라린 가 그건 없어도 되잖아요. 그건 패 죽일 놈이 타는 거
여. 개는 또 시끄럽기도 해여. 무서워서 다리를 못 건너와, 우리 집
올 때도. 옆에 긁히면 수 백 만원이니까, 저기다 받혀 놓고 걸어 와.
그래서 부자는 다 걸어 와. 가난한 사람은 문 앞까지 싹 들어와. 그래
서 내가 그러져, 우리 집 오려면 부자는 걸어오는 데라고. 무섭잖아,

다리 건너기. 좁아가지고.

---

사주 불러 봐. 사주!

사주 예시 7)

| 時 | 日 | 地 | 天 |
|---|---|---|---|
| 癸 | 辛 | 壬 | 辛 |
| 巳 | 未 | 辰 | 未 |

坤

**창광**
대운수?
**상담사**
대운수는 모르고, 辰월 마지막 끝자락에 낳았대요.
**창광**
진월 마지막 끝자락에 낳다는 뜻이죠.

일단은 이 사주는 정인격입니다.


1. 용신 : 乙木
이 사주는 乙木이 령이져? 여자 신미생이니까 이걸로 봅시다. 乙

木 령이니까,

### 1) 乙丙

1번 乙丙을 했져? 암장에서 했져? 암장에서 했으니까 실무형 자기개발을 하는 겁니다. 그런데 이제 문제가 발생했습니다. 이런 것들은 꼭 봐야 됩니다.

### 희신의 기신이 천간에 있으면

천간에서 壬水 기신이 가로 막겨? 이건 가로 막는다고 하는 겁니다. 丙火의 기신이잖아요. 丙火의 희신에 대한 기신이져? 희신을 가로 막는데 천간에 저렇게 투간 되어 있잖아요. 사중 丙火도 투간 되어 있으면 뭐라고 안 하는데, 이렇게 투간 되어 있으면 희신의 기신이 천간에 크게 자리 잡고 앉아 있으면 실무형 자기 개발을 열심히 하라고 자꾸 속삭여? "놀아라, 놀아라" 이렇게 속삭인다고 했어? 그래서 여가산업 한다고 했져? "놀아라, 놀아라" 한다고 했져. 안에서 놀으라 그래, 밖에서 놀으라 그래? 壬水니까, "나갔다 와라, 나갔다 와라." 속삭인다. 그래서 귀신의 속삭임으로 노는 겁니다. 좋은 말로 놀라고 했어, 여가라고 했어? 여가를 즐기시면 됩니다. 참으로 좋습니다 하는 겁니다.

### 2) 戊丙

2번이면 癸乙해야 되겠져? 계을 하는 겁니다. 이렇게 하면 안 된다고 했잖아. 잘 좀 혀.

戊丙해야져? 丙戊해야 되잖아요. 아주 戊土가 丙火, 戊土가 전부 암장에 있져? 이거는 없는 거라고 판단해야 되는 겁니다. 암장에 있잖아요. 없는 거라고 판단해야 됩니다.

### 화치승룡

이건 없는 거라고 판단해야 되는 이유가 뭐냐면 화치승룡이라고 해서 '수다하니까 丙火가 기색이 없습니다.' 이런 뜻이져. 丙戊해야 되는데 이게 +습기가 빛을 가렸어, 안 가렸어? 과포화상태에 습기가 많은 거 보이져? 습기가 많습니다.

그래서 습기가 빛을 가린 것을 '**습기가 음습하게 했다**' 이런 뜻입니다. 토가 음습이라고. 빛을 먹었져? 지금 태과불급을 같이 하는 중인 거 보이시져? 빛을 먹어 버려서 안 됩니다. 그래서 환경 적합성은 불만성으로 바꿔었습니다. **자기 환경 불만적 성향으로 바꿔어 나갔습니다.** "나는 환경에 불만이 많다." 이런 성향으로 바꾸어 나갔습니다.

### 3) 癸乙

癸乙을 해야 되겠져? 癸乙을 하는데 癸乙이 있져? 자기 전문성을 만들려고 노력을 많이 하져. 그런데 庚金이라는 것이 없음으로 습기가 되어 버렸져? 그래서 음습 되었다고 했져. 丙戊 되었으니까 원래는 농습 되었다고 하고, 癸乙은 음습 되었다고 하는 거예요. 목일 때는 음습, 토일 때는 농습 되었다고 해서 환경 불만 성향 이렇게 되고. 음습 되었으니까, 뭘로 자기 능력을 전문성을 만들어여? 양지형이여, 음지형이여? 음지형으로 만든다 이러한 뜻입니다. 음지성향 이럽니다. 그렇다고 음지성향이니까, 그래도 이 사람은 丙火가 도드라지게 발생하지 않았음으로 뭐가 안 되냐면 화류가 있는 건 아닙니다.

### 화류
만약에 음습하고 丙火가 천간에 있고 庚金이 있으면 나에게 화류가 있으니, 나에게 끼가 있는 거잖아요.

이건 음지성향이니까 마음이 약간 우울하다 이런 거 있잖아요. 침체 되어 있다 이런 성향입니다. 그러니까 **환경 불만 성향과 침체 성향을 같이 가지고 있다**는 뜻입니다.

### 4) 丙戌庚
丙戌庚 해야 돼져? 庚金은 어디 갔어? 이거는 없습니다. 그래서 활동성은 없습니다. 이건 아예 없네요, 활동성이. 이건 왜 이렇게 생겼어, 사주가? 연장으로 이렇게 엉망인 사주를 대?

업무 능력은 개발을 할 수 없는 문제가 여러 개 있져? 활용성이 있나, 없나에 대한 의심이 있습니다. '**이거 하면 잘 될려나?**' 하는 의심이 있습니다. 그래서 뭐가 성사가 좀 불투명하지 않느냐 이런 뜻입니다.

## 2. 격국 : 정인격
격을 봅시다. 자기 능력 개발을 안 하면 사회생활이나 잘 하게. 자기 업무 능력 개발 안 하면 격으로 사회생활만 잘 하면 되져? 아무런 능력 없으면 농협에 취직해서 조합장님이 시키는 대로만 하면 되잖

아. 내 능력 없으면 어때? 얼마나 좋아. 잘 봐야 되겠습니다. 격이 뭐여? 정인격입니다.

### 1) 관인

정인격은 1번이 관인해야 되겠져? 관인하는 겁니다. 그러면 정관이 가서 관인하는 겁니다. 준비를 철저히 하고, 자기도 열심히 하고, 직장 생활을 열심히 한다 이렇게 해서 **관인이 자기 준비를 하고 조직생활을 충실히 한다**는 뜻이져? 정인으로 준비하고, 준비해서 조직생활 충실하다 이런 식으로 관인하면 됩니다. 관을 만났져? 그리고 일간의 근도 없으니까 조직 생활을 열심히 한다 이런 식으로 되어 있습니다.

그런데 아까도 여기(용신) 설명을 들었져? 丙戊 그러잖아요. 농습하잖아요. 본능적으로 저거를 유용성 있게 봐 주지 못하겠습니다. 그래서 **'조직생활 충성을 하는데, 그걸 믿을 수는 없지 않느냐?'** 이런 뜻입니다.

특히 상관이 투간이 되어 있고, 비견이 또 투간이 되어 있고, 방합도 관살이 왕한 편에 들어가니까. 하여간 **조직생활 충성심이 있다**고 생각해 주시면 됩니다. 언젠간 잘 하겠져? 이런 뜻입니다. 그래서 천간에 드러나지 않았으니 알바의 정도로 파악을 해 주셔야 됩니다. 아르바이트의 정도로 파악을 해 주셔야 된다는 뜻입니다.

### 2) 인겁

그러면 정인격이니까 인겁을 해야 되겠져? 인겁을 해서 개인적 능력을 만들어서 프리랜서로 등극해야 되져? 그런데 이거는 없습니다.

이거는 '개인 실력을 만들어서 프리랜서가 되다.' 이런 뜻이 인겁인데, 겁이 보이지 않고 비견이 보이져? 설기가 되는 편에 들어가니까 이거는 별로 크게 역할을 못합니다.

3) 상관패인

관인을 했으면 상관패인을 해야 되잖아여. 상관패인 해야 되니까, 관인 했으니까 제하는데 상관을 제하는 걸 상관패인이라고 하거든여. 그러면 '컨설팅, 교화 등의 자격증을 따서 알바를 면하기를 권장한다.' 이런 뜻입니다. 이게 권장입니다.

마침, 戊己土가 들어 왔져? 컨설팅이 필요한 그리고 사람들을 교화, 설득하는데 필요한, 말하자면 교화라는 건 상담 얘기 하는 거져? 이런 거에 필요한. 그런데 토극수라 부동산 중개사가 좋네. 이런 자격증을 따기를 권장을 해야지 알바를 면할 거 아닌 가 생각을 합니다. 질문이 뭐야, 얘는?

질문
부동산 자격증 따서 직업을 하라고 했는데, 의문점을 품고 아직...
답변
의문점을 품는 거는 정신 감정을 해 봤을 때, 자기의 적당함이 좀 힘겨워서 그런 거지.
질문
상담 요청을 했는데, 어떤 말도 받아들이질 못 하더라구요. 다 불신하고, 자신감도 없고...
답변

그냥 자신감이 없다고 봐야지. 하여간 사주가 辰月에 음습이져? 이런 식이고.

음간이니까 또 일간 봐야지. 일간을 봐야 됩니다. 이렇게 령 보고 그랬으면 음간은 일간을 꼭 확인을 해 보셔야 되여. 그러면 격의 정도가 약간 협소하져? 용신의 정도는 많이 협소하져? 격의 정도나 용신의 정도가 요정도 급이라고 봐야 됩니다. 일간을 한 번 봅시다.

### 3. 일간 : 辛金
그러면 辛金 일간을 보는데

#### 1) 근 : 유동성
먼저 근이 있나 확인해야 되져? 근이 있으면 주체력이 있고, 근이 없으면 유동성이 있다고 했져? 이건 근이 없으니까 자기 믿음성이라는 게 없져. 직업 유동성이 이래야 되나, 저래야 되나 이런 것들이 있는 거 같습니다.

#### 2) 壬水
壬水가 있나 봐야 되겠죠? 직업능력은 있져? 이렇게 해야 되나 저렇게 해야 되나 직업 능력은 참 문제입니다.

#### 3) 亥
그런데 문제가 하나 또 뭐 있냐면 亥가 없져? **생존력이 없다**는 겁니다. 그러니 대화할 때 유동성이 있으니까 자기 믿음 부족에 의해서 똑같은 말을 자꾸 되묻고 할 거예요. 그런 것들은 생각을 해 주시고, 그리고 생존력에서 문제가 생겼으니까 "내가 이렇게 하면 먹고 살 수 있나? 내가 이렇게 하면 돈을 벌 수 있나? 내가 이렇게 하면 망하는 거 아닌가?" 이런 거 있잖아요. 이런 거에 대한 두 가지가 체크가 됩니다.

### 2019년 운세

그러면 여기서 2019년 점괘가 나왔습니다. 2019년 점괘가 뭐 만났어? 해 만났져. 그러면 이럴 때 "너는 먹고 살 수 있는 거다. 니가 먹고 살기 위해서 도전하는 거다."라고 설명을 해 줘야 되는 거 아니야? "壬水 니 능력을 근사하게 만드는 게 아니라, 亥水 니가 먹고 살려니까 뭔가 직업 도전을 해 주시기 바란다." 이런 뜻입니다. 그래서 일간의 능력은 그래도 세 개 중에 하나는 있잖아요. 아예 없는 건 아니져. 그러니까 이건 조금 이렇게 줍시다.

### 4, 팔품

그러면 다시 조후를 봅시다. 조후를 보면 이 사주는 辰월에 낳잖아요. 辰월에 낳는데, 습하져? 과습합니다. 춥져? 乙木이 얼어 죽잖아요. 금생수, 금생수, 금생수 乙木이 얼어 죽는 거 아니여? 乙木이 살 길이 없습니다. 그러니까 뭐가 필요해여? 丙火가 필요합니다. 이때에는 조후용신이라고 해서 춥다, 덥다 이런 거 말하는 게 아니라, 乙木이라는 걸 보호하기 위해서 丙火가 필요하다 이러한 뜻입니다. 丙

火가 유용지신이 **된다** 이러한 뜻입니다. 이게 유용지신입니다. 丙火가 유용지신이에요.

### 춘절의 한랭 사주

그래서 이거는 여러분들이 춘절의 한랭 사주, 조금 인제 공부한 내용하고는 틀리게 보셔야 되져? 춘절인데 자꾸 춥다 이거져. 춘절에 한랭 사주. 丙火가 뜨거운데도 丙火가 필요한 사람이란 뜻입니다. 그러니 丙火 조후용신이 좀 부족합니다. 그래서 복도 조금은 부족하신 분에 들어간다. 그래서 사주 괜찮네. 좁지만 크게 치우치지 않았져? 한쪽으로 치우치지 않았잖아요. **직무 능력 없다. 업무 능력도 없다. 개인 능력도 없다. 복도 별로 안 타고 났다.** 이만하면 됐지. 한쪽으로 막 큰 게 문제지. 문제가 없습니다. 잘 살 겁니다. 이 애기가 잘 살고 있는 거 같애, 가만히 보면은. 그런 뜻입니다. 하나 더 볼까요?

---

이렇게 만들어 놓고 보는 거예요. 사주 불러 보세요.

### 사주 예시 8)

| 時 | 日 | 地 | 天 | |
|---|---|---|---|---|
| 己 | 丙 | 戊 | 辛 | 乾 |
| 亥 | 午 | 戌 | 卯 | 戊 |

## 1. 격국 : 식신격

이 사주는 주왕이, 그러니까 土란 뜻이져. 주왕이 辛金령에, 주왕이 토에 태어 낳고 신금이 령에 태어난 거져. 그리고 또 삼합을 이루고 태어 낳단 얘기져. 그런데 戊土가 용사했단 얘기져? 이 사주는 삼합을 이루고 화토식신격, 식신격 그럽니다.

타고날 때, 근본을 다 갖추고 타고 낳습니다. 문란만 안 하면 됩니다. 일간이 합되면 문란하다고 했져?

### 1) 신왕식신

식신격에 1번 비식하라고 하고, 근식하라고 하고 그랬져? 이거를 신왕식신 그러져? '**신왕식신 했다.**' 그럽니다. 지가 잘 할 수 있단 얘기져? 그러니까 **기초 실력을 가지고 있다**는 뜻입니다.

### 2) 化 식신생재

그 다음에 신왕식신이니까 재성을 만나야 되겠져? 재성을 만나서 식신생재를 해야 되겠져. 식신생재를 하는데, 식신생재 안 하고 식신이 가서 정재를 만나져? 식신생재 중에 편재 만나지 않고 정재 만났습니다 하는 걸 표시 하라고 해서 이렇게 하라고 했져? **化 식신생재 하고 있다** 이런 뜻입니다. 나중에 자기 능력을 발휘해서 가는데 진로가 좀 바뀐다 이런 뜻입니다. 그러니까 **영역 확장을 통한 자기 점유율을 높여 갈 수 있다**는 뜻이져? 괜찮습니다. 이 정도면 충분합니다.

### 2018, 2019년

그래서 2018, 19년 이렇게 얘기해야져? 그러면 식신생재져. 격이

가서 구신을 만나서 생재하잖아요. 앞으로 그러니까 2019, 2020년 된 사람은 식신생재 하는 거 아니여? 그러면 **새로운 영역을 발견하다** 이런 뜻이져. 2019년 운세입니다. 격은 이렇습니다. 이게 사회생활을 하는 것이져? 점수는 매우 높다고 평가해야 되겠져? 그렇다고 기신이 있어서 재극인하고 이렇게까지는 높게 평가를 못하잖아요. 극단적으로 좋게 해 줄 수는 없습니다. 이것도 너무 많이 준 거 같애, 이 새끼. 나하고 동갑이여. 너무 많이 주면 안 돼.

### 2. 용신 : 辛金

그 다음에는 이 사람의 용신을 봐야 되겠져? 용신은 辛金이 령이다 그랬져. 辛金이 령입니다.

#### 1) 辛壬 : 생존형 자기 개발

辛金이 령이면 1번 辛壬 해야 되져? 辛壬은 잘 되져? 암장으로 잘 되잖아요. 그러면 뭐하냐면 생존형 자기 개발, 생존형 업무개발이 있져? **생존형 업무 개발**이라고 합니다. 그러면 생존형 업무 개발이 아닌 거 있냐고 물어보면 할 말은 없져. 생존형 업무 개발은 상극을 안 당한다는 것만 아시면 돼. 아까 천간에 있는 건, 뜻 세우기 업무개발이 있었지? 그러면 상극을 당한단 말이야.

#### 2) 戊壬 : 현실 적합성 및 환경 변화

그러면 그 다음에 戊壬을 해야 되겠져? 이 인간 수상한 인간이네. 얘 이것도 괜히 또 있는 거야. 그러니 현실적합성이 있져? 현실 적합성 및 환경 변화 적응력 이렇게도 해야 됩니다. 현실 적합성 및 환경 변화 적응력이 있다는 뜻이여, 戊壬이 됐으니까.

### 3) 丁辛 : 꾸준한 자기 개발 투자

또 찾아봅시다. 丁辛도 있져? 이건 또 삼합 된 걸로 있져? 그럼, 이건 또 얘기가 틀려집니다. 지속적, 꾸준한 자기 개발 투자를 하져? 그러니까 자기 가치를 계속 개량하는 사람이다는 뜻입니다.

### 4) 壬甲

그 다음에 壬甲을 봐야 됩니다. 혼자 먹고 떨어지는 겁니다. 나중에 그걸 가지고 후대에 물려주질 않는다는 뜻이에요. 혼자 먹고 떨어지는 겁니다. 그런데 아예 없다고 할 수가 없져? 삼합이 돼 버렸잖아요. 이게 아예 없는 건 아닙니다. 그러니까 꾸준히 발전형으로 있는 겁니다. 네 개가 다 있습니다. 이 인간은 여기 있는 겁니다. 이게 뭐라고 했어여? 전문성이라고 했져. 능력이라고 하는 게 있습니다. 이렇게 능력이 좋으면 사회성은 떨어집니다. 그래서 이거 더 줄여야 됩니다. 사회성이 자꾸 떨어지게 돼 있습니다. 이 능력이 좋으면 사회성은 떨어지고, 사회성이 점점점 올라가잖아요? 그러면 **능력이 부족하게 된다**는 뜻입니다.

## 3. 일간 : 丙火

그러면 일간은 어떤 가 이렇게 봐야 됩니다. 丙火 일간이 격이 식신격인데 근왕 하냐? 이거에요. 근왕하져. 근왕하니까 자기에 충실하져? 비왕은 안 하져. 사회 공헌력은 좀 떨어지잖아요. 그래도 이것도 50점은 줘야 됩니다. 일간의 충실도도 줘야 되져? 그러면 이런 식으로 이렇게 나오는 겁니다. 그러면 이 사주는 사회성과 능력성이 우수한 인물이져?

복은 좀 있나 봐야 됩니다. 이 인간은 戌亥子丑寅에 태어났다 이거에요. 이때 태어나면 춥다고 여기라고 했져?

1) ① 丙火 : 유리한 환경
② 戊土 : 자기 능력

그러면 1번 丙火는 있는가, 유리한 환경을 만나는 가? 2번 戊土로 자기 능력은 있는 가? 이게 유리한 환경은 만나는 가? 이건 뭐여? 戊土라는 건 자기 능력 만나는 가? 이게 천복이 있어버렸습니다. 이 인간 몹쓸 인간입니다.

2) ① 甲木 : 인복
② 寅 : 인복

다시 甲木이 있어서 인도자는 만나는가? 寅이 있어서 쌀가마 들고 오는 사람 만나는가? 봤더니 없습니다. 그러니 자수성가형 사주입니다. 자수성가해야 되져? 그래서 이 복도 그래도 괜찮습니다. 이렇게 생겼습니다.

어느 쪽으로 더 많이 가 있어? 이쪽으로 많이 가 있져? 이쪽으로 늘어나고 ,이쪽은 안 늘어 났잖아여? 이런 성향을 가지고 있는 겁니다. 그래서 이렇게 나뉘어졌다고 봐야 됩니다. 이쪽으로 돼 있져? 이런 뜻으로 설명을 합니다. 사주는 뭐 아주 엉망이네요. 이렇게 살면 안 됩니다. 질문이 뭐여?

**질문**
건강 문제, 건강은 어떤가?
**답변**
직업이 뭐여?
**질문**
사업 하죠....
**창광**
지금도?
**질문**
거의 자기 동생한테 맡겨 놓고, 좀 여유롭게 노는 편이에요.
**답변**
하여간 능력성, 사회성 매우 좋습니다. 그런데 능력성이 더 좋으면 사회성이 줄어드는 거예요. 그래서 저 능력성이 높아지면 재복이 있다고 하고, 육신으로 사회성이 높아지면 뭐가 있다고 하면 돼? 부귀빈천 중에 귀하다고 하고 그럽니다. 이게 양쪽으로 나눠지면 됩니다. 괜찮은 사주입니다. 저렇게 생긴 사주들은 항상 잘 살아요. 의문점?
**질문**
저런 때 삼합으로 된 임갑으로 후대에 물려주는 건 어떤 거예요?
**답변**
없어요, 이 사주는.
**질문**

삼합으로 된 거는 안 봐요?
**답변**
아예 능력을 물려 준 다는 거지. 전통이나 이런 게 아니라 능력. 그게 이해가 가야 되는데. 재주는 물려준다는 거지.
**질문**
사업체는 누군가 자식이 물려받겠네요?
**답변**
그렇지. 말하자면 유산적이다 그러면 방합적이고, 유업적이다라고 해야 돼지.

저 사주보면 좀 희한하져. 조금 산다는 놈들은 전부 다 대각선이 참 좋잖아요. 성질 나쁜 놈들은 전부 다 일간으로 가 있고. 좀 괜찮져. 좀 산다는 놈은 다 그래. 격국으로 보나, 용신으로 보나, 팽창선을 쭉 가지고 있어여.

방패 그려 가면서 자꾸 연습해야 되는데 이게 장난하는 거 같기도 하고 그렇잖아. 네 가지 귀퉁이로 저쪽에 좌측 끄트머리를 팔품 그려져. 조후용신 보고, 그리고 이쪽 끄트머리 일간 보고, 그래 가지고 네 가지로 자꾸 그려 가면서. 여지껏 하던 거를 오늘은 방패를 그려 가면서 설명을 해 보는 거예요.

이건 내가 방패 도사 가르치다 만들어 낸 방법이에요, 2년 전에. 계룡산에서 마스터 클래스 하면서 이런 식으로 판단을 해서 그 사람의 검사를 해 봐라. 사장들이 왔을 때, 직원들 태도 검사를 하는 게 있잖아. 일간으로 보고, 직무 적합도 할 때는 격으로 보고, 업무 능력

볼 때는 용신으로 보고, 감정 컨트롤 못 하는 사람들 있잖아, 가끔 가다. 그런 거 할 때는 팔품으로 봐라 이렇게 해 가지고 네 가지 방향으로 보는 겁니다. 그런 것들을 생각하고 봐야 되여. 전체를 이렇게 그려 놓고 보는 거져.

태도는 어때요? 매우 좋은 건 아니져? 태도가 매우 좋은 사람은 아니다고 생각하시면 됩니다. 그리고 저쪽으로 감정 컨트롤 능력도 그다지 좋은 건 아닙니다.

자수성가 한 사람이거든여. 자수성가형이잖아요. 보니까 천복만 타고 났지, 인복은 안 타고 났잖아. 그러기 때문에 **깐깐한 스타일**이란 뜻입니다. 그런 것들도 생각을 해 주셔야져. 그래서 성격 볼 때, 천복이 이렇게 되어 있습니다.

그래서 똑똑하긴 한데, 이게 천복을 타고나면 똑똑합니다. 근데 수명이 짧습니다. 인복은 수명이 길어요. 잘 먹었잖아, 근심 걱정 없이. 천복은 머리를 굴리란 뜻이잖아. 천복은 능력으로 오고, 인복은 수명으로 옵니다. 둘 중에 다 왔으면 좋겠져? 가능성이 별로 없습니다. 그거 늘어났다간 큰 일 나잖아요. 이런 다이아몬드 형은 괜찮져.

### 성품과 자기 처세가 늘어나면

근데 이런 다이아몬드형 말고 반대 다이아몬드형 있져? 저쪽에 늘어난 거 있잖아요. 말하자면 성품하고 자기 처세가 늘어났잖아요. 그건 **내 주장은 강하게 나타나면 사회적 역할은 안 하겠다**는 뜻이잖아요. 이런 여자 만나면 힘듭니다. 남편이나 부인이나. 그런데 여러분들 사주보면 대다수가 그렇습니다. 진짜에요, 따져보면.

이렇게 생각을 해야 돼. 이렇게 그림을 그려 놓고 점찍어 가면서 해야 돼. 이걸 왜 생각했냐면 다들 이렇게 하더라구, 다른 학문들도. 나도 그렇게 생각을 하고 있었는데, 어느 날 갑자기 꼬마 아가씨 둘이 오잖아요. 초등생이. 근데, 그래프 가르쳐 주다가 "어씨, 이거 뭐야? 내가 한 번 해 볼까?" 한 겁니다.

처음에는 그래프를 그렸지. 일자 그래프 있져? 막대그래프. 이거 막대그래프 그리면, 막대그래프 네 개를 세워 놓잖아. 그리고 나서 여기가 격이고, 이게 용신이잖아요. 여기가 팔품이잖아, 여기가 일간 그러잖아요. 일간 성품이 이만큼, 팔품 성품이 이만큼이잖아요. 격 성품이 이만큼, 용신 성품이 이만큼 그러잖아. 이렇게 처음에 했었지, 민채 가르치면서. 머릿속에 탁 스치더라구. 이렇게 한 번 해 볼까 하다가 남들 다 이렇게 하더라구. 그래서 이걸 꺼내서 얘길 했더니 동현이가 한다는 소리가 "어라, 이거 괜찮네." 그러면서 프로그램 개발을 하기 시작 한 겁니다. 이게 프로그램 개발이 돼 있져. 지금 현재. 탁 누르면 이게 탁탁탁 나오는데 저보다는 안 똑똑한 거 같애, 걔 프로그램이. 개발이 되어 있져. 컴퓨터 개발을 해서 5월에 출시가 되면 사주 넣으면 톡톡톡 튀어 나오고, 용신은 뭐가 나옵니다. 이런 식으로 해도 됩니다.

그러면 팔품, 격, 일간, 용신 그러잖아. **팔품은 심리, 격은 사회성** 보는 거고, **일간은 처세** 보는 거라고 했잖아여, 태도라고 생각하는 게 더 낫습니다. **용신은 업무 능력** 이렇게 보는 겁니다.
이 사주는 업무능력이 더 뛰어나져? 그러니 개인적 능력이 더 좋다는 뜻입니다. 사회적인 건 별것도 아니에요. 그런데 용신은 너무 높은데, 격은 너무 낮은 사람도 있져? 그러면 능력은 좋은데, 사회적인 역량이 없기 때문에 시다발이입니다. 능력만 좋으면 뭐 해. 사회적 역량이 없잖아요. 그럼, 사장은 못합니다, 또. 이게 골고루 봐야 되고.

팔품이 너무 바닥을 쳐 버리면 감정이 아주 이지러져가지고 또 곤란합니다. 계속 연습하면 나오겠지, 뭐. 그래서 이런 방법으로 해도 되고, 이런 방법으로 해도 되고 그럽니다. 이게 능력이라고 하고 이게 사회라고 했잖아요. 이게 용신이란 뜻입니다. 여기는 일간이고, 여기는 심리라는 팔품이고. 용신 이렇게 생각하시면 됩니다.

어떤 방식으로 공부를 하시는 게 더 아는 거 같애? 애들 장난 하는 거 같기도 해여. 연세가 드셨다는 뜻입니다. 우리가 본 것들이잖아요. 이건 안 봤잖아요. 애들한테 이거 갖다 대니까 "아휴, 그거 답답하게 하네. 이걸 가지고 늘렸다 줄였다 하면 되는데. 이렇게 한 눈에 보는 건데." 이건 한눈에 다 보잖아요. 이건 봤고, 이건 안 봤으니까 그러니까 이게 더 나아 보이는 거져.   이런 것들이 있는데, 이거 말고도 소해 해 줄 것이 좀 많습니다. 이거 하면서 발견한 건데, 육신으로. 식신 상관 이거 소개를 해서 정방으로 이렇게 연결하고 이렇게 연결하면 '어디로 사회성이 있는가?' 이런 거 있잖아요. 동그라미 쳐 놓고, 저 같은 경우를 설명하면 辛金 그러잖아요. 그리고 여기에 壬水 그러잖아요. 亥라고 그러잖아요. 그러면서 戊土 그런단 말이여. 이렇게 돼 있잖아. 원래는 여기에 있는 丁火 이런 게 있어야 될 거 아니야? 여기에는 乙木 이런 게 있어야 되잖아여. 이게 있어야 되는데, 이게 빈 거예요. 甲木 이게 빈 겁니다. 乙木이 아니라. 그래서 여기로만 돼 있져? 그러니 이런 심상은 어떤 심상인가? 그러니까 **辛金 상품**

성, 壬水 시장성, 戊土 환경성, 甲木 논리성, 乙木 설득성 그러잖아요. 논리성은 없다 이런 식으로 해 가지고 실력을 파악하는 방법도 다 만들어 놨어요. 이미, 이거 하면서, 하루만에. 하루 저녁 만에 이걸 다 만들어 놨져. 그 동안에 고민했던 거라. 저게 다니까 이런 것들도 다 만들어 놨습니다. 컴퓨터에다가. 이런 것들입니다.

말하자면 조기란이거 갖다 분석을 하잖아요. 壬癸, 癸水에 낳잖아요. 여기에 乙木이잖아. 설득력으로 갖져? 원래는 癸甲의 甲木에 가서 연결을 해야 되잖아. 논리는 부족하지만 설득력은 기가 막힌 겁니다. 설득력으로 연결이 되어 있다 이런 뜻이져.

쭉 가서 丙火로 갔져? 丙火로 갔으니까 이제 조직력이라고 하는 거져? 조직력도 좋다. 본인이 조직 짜는 것도 괜찮다는 뜻이에요.

여기 보면 庚金이 있잖아요. 이렇게 연결을 이렇게 하는 겁니다. 다이아몬드가 이런 식으로 구성이 되어 있져. "귀하께서는 심사숙고를 하시면서 그 심사숙고 한 것을 설득력으로 나타나고, 그 설득력을 통해서 조직까지 만들어져 가고 있습니다." 그러면서 庚金까지 있잖아. 庚金도 있고, 辛金도 있어. 그러면 庚金, 경험도 풍부하게 쌓고 계십니다. 그래서 훈련도 받는다는 이런 것들이 이 속에 연결이 되어서 프로그램이 이런 식으로 나타납니다.

이게 여기서 짧고 여기서 길다는 건 하나가 빠졌다는 뜻이거든여? 여기서 반 길잖아, 丁火가 빠졌다는 뜻이고, 여기서 통째로 없어졌잖아. 통째로 없어졌단 얘기는 壬水라는 게 없어졌단 얘기입니다. 壬水가 없다는 걸로 살려야 됩니다. 빈 거를 살려내시는 방법을 김동현이가 나한테 가르쳐 준 거예요. 시장성이 전혀 없는 순수성으로 접근하셔야 됩니다. "내가 막 사업가라 돈 벌자는 마음이 아니라, 당신을 위해서 여기 나왔다."는 마인드로 설명을 하실 겁니다. 진짜 조기란 이 그렇게 설명할 거야. 고객을 돈으로 보지 않는 거 있잖아. 이렇게 생각 할 거라 이런 뜻이여. 이게 바로 이런 걸 살려 내는 겁니다. 없는 거 살려 내는 방법들. 이렇게 설명하는 방법들. 저거 다 갔다 소개해 드릴까여?

 하여간, 안녕히들 가세요.

# 제 9강

9강 1교시 임상

사주 예시 1)

| 時 | 日 | 地 | 天 |   |
|---|---|---|---|---|
| 丁 | 庚 | 辛 | 丙 | 乾 |
| 亥 | 戌 | 卯 | 寅 | 10 |

## 1. 격국 : 정재격
정재격이죠.

### 1) 재생관(구신)
정재격이 갖추어야 될 것은 첫 번째 조건 재생관이에요. 첫 번째 조건 구신. 영역을 보호하는 틀을 만들어야 됩니다. **영역을 보호하는 단체, 조직, 틀을 만들어야 된다**는 뜻입니다. 구신이라고 하죠.

2) 상관생재

조직원들의 먹거리를 벌어 와야 된다. 벌어 와야 되죠? 가만 놔두면 안 되잖아여.

**재생관을 가정이라고 한다면 상관생재는 가정이 있는 사람을 먹여 살리는 생존 활동이라고 말합니다.**

## 2. 일간

그리고 일간은 어떻게 생겨야 되죠?

1) 인왕

인성으로 왕 해야 되죠? 일간은 인성으로 인왕 해야 된다는 뜻입니다. 그래서 일간은 흔히 말하면 정인으로 신왕 해야 되는 거여. **정인으로 신왕**을 하면 무슨 일이 벌어지느냐, 이 말 뜻은 **기품 있는, 책임감 있는, 민생을 살피는 이런 마음을 갖는다**는 뜻입니다. 기품이 있는, 책임감 있는, 특히 민생을 살피는, 사람들 각자의 생활을 살피는 마음 있죠. 이런 마음을 갖는다는 뜻이에요. **어른 된 모습을 보이게 된다**는 뜻입니다.

2) 근왕

하지만 근으로 왕 하면? **근으로 왕 하면 상관견관을 한다**고 해서 틀을 중요시 여기는 것보다 자기주장을 중요시 여기는 거 있죠? 이런 사람이 되죠. 틀이라는 게 뭐여? 재생관 틀이 뭐여? 가정이죠. 그래서 조직의 많은 사람들을 위주로 하지 않고, 자기주장에 치우칠 수 있다는 뜻입니다.

### 3) 비겁으로 왕

비겁으로 왕 하면 어떻게 된 거여? 쟁재를 하죠. 재성을 괴롭히잖아요. 그러면 전체가족을 중심으로 한 경제력 보다는 개인적 성공욕에 사로 잡혀 있다 이렇게 생각 해 주시면 됩니다.

### ** 창광의 사주 통변 **

이 사주는 일간이 뭐로 왕 해여? 근하고 겁재로 왕 하잖아여. 근하고 겁재로 왕 하니까 격국을 중요시 여기는 가족관이나 조직관보다는 정인으로 신왕하지 않고 겁재가 여기 있죠. 겁재로 왕 하잖아여. 근도 여기 있잖아여. **근으로 왕 하면 개인적 성취욕에 사로 잡혀서 이에 도전할 것이다.** 이런 의미가 담겨져 있습니다.

### 2019년 운세

그러면 2019년은 일간이 비겁으로 왕 한 태도를 보이기 시작하니, 2019년이 己亥년이지만 내년부터 庚子, 辛丑年이잖아요. 태도를 보이기 시작하니 "**개인적 선호도에 따라 직장을 선택하시기 바랍니다.**" 이렇게 얘기 하는 겁니다. 개인적 선호도 알지? 자기의 선호도에 따라 선택하시기 바랍니다. 질문이 뭐여?

### 질문

집이 하나 있는데, 불법 건축물이라서 일 년에 내는 세금이 많대요. 그거를 올해 파는 게 좋은 지요? 가지고 있으면 재개발이 될 가능성이 좀 있대요. 그냥 세금내면서 버티는 게 좋은지요?

**답변**

미자씨, 답변해 줘. 상관견관도 되고, 쟁재도 됐는데.

**이미자 상담사**

바꿔야지.

**답변**

뭘 바꿔?

**질문**

팔고 다시 사라고?

**답변**

그러면 계속 법을 어길 수 있는 기회가 없잖아.

**질문**

계속 법을 어겨야 되는 거예요?

**답변**

어길 수 있는 기회가 없잖아.

**이미자 상담사**

개인적으로는 그냥 놔두었으면 좋겠어요.

**답변**

어떻게 하라구?

**이미자 상담사**

세금 내면서...

**답변**

그렇지. 세금 내면서 계속 법을 어겨야지.

**질문**

세금을 많이 내는데, 그게 곧 고양시청이 이쪽으로 옮기는 과정이라서 몇 년 안에 옮긴다는데 된다는 보장이 있는지요?

**답변**

여하튼간 되니까, 계속 법을 어기고 자기의 생존영역을 불법 관리하도록 하셔라. 아주 좋은 사주여. 또 질문이 뭐여?

**질문**

가지고 있는 모든 땅이 불법이에요.

**답변**

땅이 왜 불법이지?

**질문**

원래 창고를 지으면 안 되는 땅인데, 창고도 짓고...

**답변**

괜찮아여, 불법으로 해도. 사주 잘 맞네.

**질문**

사주하고 맞게 하고 있는 거예요?

**답변**

아, 그럼요. 사주 잘 맞죠. 지 맘대로 하라잖아. 재생관을 하지 말고. 어떻게 그럼? **생존영역 관리를 약간 법을 어겨가면서 해라** 이런 뜻이죠. 정재격에.

**질문**

직장을 계속 잘 다니구요?

**답변**

그럼, 그건 계속하고. 또 사주!

사주 예시 2)

| 時 | 日 | 地 | 天 |
|---|---|---|---|
| 戊 | 癸 | 辛 | 丙 |
| 午 | 巳 | 卯 | 午 |

坤 9

### 1. 격국 : 식신격
이 사주는 식신격입니다.

### 1) 상신 : 비견 식신
식신격이 필요한 게 뭐죠? 식신격이 필요한 게 근왕 식신이죠. 또는 비견으로 해야 되고. 사실은 비왕 식신 또는 근왕 이렇게 말해도 됩니다. 똑같이 근왕 또는 비견 식신 이렇게 말해도 되는데 자유롭게 하셔야지. 이런 식으로 하셔도 됩니다. 정식으로 격에 대해 쓸 때는 비견 식신하면 됩니다. 그러니까 상신이 되는 비견 식신을 해야지만 **이 식신으로 개인기를 갖추다** 이렇게 말하는 겁니다.

### 2) 구신 : 식신생재
식신격이니까 구신으로 생재해야 되죠? 식신생재로 **개인 능력을 발휘하여 사회적 점유율을 높여나가다** 이렇게 하면 됩니다.
물론, 식신격인데 이건 정재잖아요. 편재가 아니고 정재잖아여. 化 식신생재임으로, 이 말은 化 식신생재로 **진로를 수정하면 효과가 크다** 그런 뜻이에요. 점유율을 높이려면 어떻게 해야 되여? 진로를 수

정해 가면서 가라 이런 뜻이여.

적성은 식신인데, 진로는 편재가 되어야 되잖아여. 진로를 정재로 수정해 나가다 그런 뜻이여. 그러니까 **자기가 사회적으로 큰 인물이 되려고 하지 말고, 돈을 많이 벌려고 하면 된다**는 얘기잖아. 편재는 큰 인물이 되려고 하잖아여. 정재는 돈을 많이 벌려고 하면 괜찮다는 의미입니다.

## 2. 일간

일간이 갖추어야 될 것이 있죠?

### 1) 근

일간이 갖추어야 될 것이 1번 격에서는 근이죠? 일간의 근이 있어야지만이 지치지 않는 열정과 탈진을 구분하는 겁니다. 근이 없으니까 뭐가 된 거여? 탈진된 겁니다. 지쳤다 이런 뜻입니다. 그러면 식신격 얘기한 게 아무 짝에 소용없는 얘기가 돼 버리는 거예요. 여지껏 얘기 했잖아여. "너 능력 발휘하면 밖에 나가서 돈 많이 벌 수 있어." "나 그렇게 하다 죽으면 어떻게 해? 힘들어." 그러면 할 말이 없잖아. 이런 것들이 문제가 있습니다. 이거는 그러니까 탈진의 우려가 있죠?

### 2) 庚 : 직업 능력

음간인 이상 항상 조심할게 뭐 있어여? 근만 보는 것이 아니라 수명이 오래가나 봐야죠? 체를 유지해야 되잖아여. 그럴려면 庚金으로 봐야 되죠? 그러면 직업능력, 이것이 있을 거 아니에요? 庚金이 없죠. 직업능력이 고강하지 못하다 이러한 뜻입니다.

### 3) 申金 : 생존력

또 뭘 봐야 되요? 생존 능력도 봐야 되죠? 생존력이 강하지 못하단 뜻입니다.

그래서 일간이 근 갖춘 게 없고, 庚金이라는 체를 갖춘 게 없고, 申金 생존 현장을 갖춘 게 없으니 유동적이다. 이런 뜻입니다.

## 3. 팔품

그런데 이런 것들은 대개가 어떤 방식으로 봐야 되느냐면 팔품에서 2019년 운세를 봐야 됩니다. 팔품이 삼합 들어왔죠? 그러면 생존 현장을 만나다.

### 2019년 운세 - 삼합

2019년 택이 卯亥 만났죠? 자기능력을 발휘할 생존환경을 새로운 곳에 가서 만나다 이런 뜻입니다. **자기능력을 발휘해서 생존력을 보탬하기 위한 새로운 현장을 만나다** 이렇게 말하면 됩니다. 택궁이라고 해서 卯에 亥가 들어 왔잖아여. 택궁이라는 건 월지를 말하는 거예요. 새로운 현장을 만나다 뜻이 들어왔습니다.

그리고 뭐도 들어 왔어? 근도 들어 왔죠. **새로운 열정적으로 도전하다** 이러한 뜻입니다. 아주 멋있어, 운이. 질문?

**질문**

이 사람이 시청공무원인데 올해 진급할 수 있나요?

**답변**

2019년 현장이동 그러죠? 현장이동 그럽니다. 亥卯합 됐잖아. 내가 근무하는 근무현장을 이동하다 이런 식으로 되어 있죠. 인제 찾아보세요.

**\*\* 창광의 사주 통변 \*\***

격으로는 올해 운세가 뭐죠? 상신. 2019년 삼합이란 걸 얘기 한 거고, 2019년 운세가 또 상신이죠? 없는 게 들어왔잖아요. 근이 들어왔으니깐 상신이 들어온 거죠. 상신 들어왔으면 뭐라고 말해야죠? 월급 올라간다고 하면 되잖아. 별것도 아니야. 월급 올라간다고 그래. 진급 올라간다 해도 뭐라고 안 할게. 일단 올라가, 내려가? 올라간다고. 상신 월급 올라간다고. 구신운은 항상 전화위복한다. 지위 올라간다고 말하고. 이런 뜻입니다.

답변을 하면 올해 운세가 이 사람이 "진급을 할 수 있냐?"고 물어봤잖아여. 그러면 "진급 합니다." 이렇게 답변을 해야 되지. 그런데 이 사람이 와서 "저 사업할 수 있어여? 물어보면 답변하면 돼, 안돼? 비견도 없고 근도 없는데 사업하면 돼, 안돼? 안되잖아여. 그건 물어보면 답변하면 안 됩니다. 영원히 안 되는거예요, 그런 거는. 답변을 영원히 할 수 없다 생각하시면 됩니다.

**질문**

근도 없고 비견도 없어서 탈진이잖아요. 그런데도 직장 생활하고 가만히 있으면 괜찮아요?

**답변**

그렇죠.

**질문**

아프거나 그러진 않죠?

**답변**

약하죠. 완전히 없는 건 아니고, 수원이 여기 있죠. 수원이 있으니까 괜찮지. 완전히 없는 건 아니죠.

직업능력(庚)이 크게 발달된 건 아니고, 현장에 생존력(申)이 크게 발달된 건 아니고, 열정(근)이 크게 지나친 것도 아니고. 이 세 개가 모두 없습니다. 그럼, 다시 또 찾아보면 庚金 대신 辛金 그러잖아여. 이런 걸 또 다시 찾아보는 겁니다. 그래도 이 사주는 일간에서 3번은 영원히 없죠? 申酉가 없잖아요. 그래서 辛金에 의지하고 있으면 됩니다. 이 인물은 크게 성공할 인물은 아니잖아여. 그냥 안 된다고 그러지 말고 크게 성공할 인물은 아니다. 절대 안되는 게 뭐여? 사업하면 안 된다고. 그리고 절대 또 하면 안되는 게 뭐여? 대장하면 안 된다고. 대장은 못 한다고. 그런 뜻입니다.

**질문**

진급은 되나요?

**답변**

그냥 한다 그래. 근데 당신 손님으로 왔잖아? "아, 그거 진급하기 힘드네. 경쟁력이 없으시네." 이렇게 얘기해. 소임이 바뀐다고 해야지.

**질문**
진급은 안 된다는 거예요?

**답변**
그렇죠. 저희들한테 오면 진급은 안 된다고 하죠. "언제 진급 되냐?"고 물어보잖아. 왜, 인제 물어보냐고, 2015년도에 있었는데. 격운에. 격운에 있는데 일간이 근약하니까 격을 써먹을 수 없잖아. 그러니 맨날 탈진되는 거죠. 꼭 진급해야 되어?

**질문**
이런 사람은 진급하면 오히려 수명이 짧지 않나요?

**답변**
뭔 수명?

**질문**
직업수명이요.

**답변**
시키면 안 되지. 진급하면 안 된다는 말은 없는데..

**질문**
올해 같은 경우는 재조정하는 거 아니에요?

**답변**
亥卯未 삼합이니까 실적을 인정받는 거지. 진급한다는 게 아니라. 그리고 집값 오르고. 가격이 올라가잖아. 집값이 오른다는 뜻이여. 좀 이뻐지고.

**질문**

진급은 안 되는 거예요?

**답변**

안 되는 거여. 미안해여. 올라간다고 그랬는데 돈이 올라간다는 거지, 계급이 올라간다는 것은 아니지 않느냐 이런 뜻이여. 지금 몇 급이여?

**질문**

지금 6급인 거 같은데...

**답변**

제가 어떻게 잘 얘기 해 볼게요.

---

사주 예시 3)

| 時 | 日 | 地 | 天 |
|---|---|---|---|
| 庚 | 辛 | 戊 | 庚 |
| 寅 | 未 | 子 | 戌 |

乾

7, 공무원

1. 격국 : 금수식신격

격은 금수식신격.

1) 비 + 식신 : 상신

비+식신을 하는 것은 상신이죠? 상신이 있어야 된다는 뜻입니다.

이 사주는 비견이 없는 식신임으로 큰 실력은 아니다. **실력이 큰 인물은 아니다. 고위직이 아니다.** 이런 뜻입니다. 비견이 없잖아여. 겁재 잔뜩인데? 누가 겁재 없대? 비견이 없다고 했지. 식신격에 큰 실력이 아니다 그런 뜻이죠. 아까하고 말이 좀 틀려 졌죠.

### 2) 식신생재 : 구신

구신 식신생재 그럽니다. 원래는 편재가 있어야 되죠? 편재가 없잖아요. 구신이 없음으로 큰 공을 세우는 것은 아니다. 큰 공을 세우거나 큰 실력을 가진 것은 아니다 이러한 뜻입니다. 단지, **큰 공을 세우거나 큰 실력을 세우려면 섬으로 가라**. 뉴질랜드 같은 섬으로 가라. 뉴질랜드 대륙 아니야? 하와이, 일본 이런 데로 가라. 일본 애들 들으면 서운하겠네, 섬이라 해서. 섬으로 가라. 이게 격국 보는 겁니다.

### 3) 2019년 운세

2019는 그러잖아여. 직접 봅시다. 2019년은 기신이죠? 2019는 편인이잖아여. 편인이 기신이다 이런 뜻이여. 어디에 기신이여? 격의 기신이죠. 격의 기신이니까 **신분 변화가 일어난다**는 뜻입니다. 그러니까 구신이 있었으면 이때 신분 상승이 일어난다. **구신이 없으니까 신분 변화가 일어난다**고 생각하시면 됩니다.

## 2. 일간 : 辛金

그러면 이러한 열세를 일간이 완벽하게 극복할 수 있는 가를 보는 겁니다. 극복을 해야 될 거 아니여? 일간의 힘이 있어야 될 거 아니여? 그러면 일간은 辛金이잖아여.

### 1) 戌 : 개발

식신격에는 일간이 근이 있어야 되잖아여. 근이 있죠? 戌에 근이 있죠? 근이 있습니다. 이런 겁니다. 그러니 꾸준하게 자기투자, 자기개발을 하죠? **꾸준하게 자기개발을 한다**는 뜻입니다. 그러니까 자기투자, 자개개발을 해서 자기가 크지 않은 임무를 유지하려고 노력을 보이고 있다는 의미가 담겨져 있습니다.

### 2) 庚金

庚金을 가지고 있어서, 흔히 말하는 **등라계갑(藤蘿繫甲)**1) 있잖아여. 등라계갑 아시죠? 그래서 꾸준한 인맥을 잘 쌓고 있다. 인간관계 대박입니다. 인간관계를 잘 쌓고 있죠? **꾸준하게 자기개발을 하고, 꾸준하게 인간관계를 잘 쌓고 있으니 이걸로 커버를 하는 것에 들어간다**는 뜻입니다. 乙木일간이면 甲木이 있으면 대인관계를 잘 쌓잖아여. 이렇듯이 인간관계를 잘 쌓고 있으며 네트워크 활용이 그래도 괜찮아 보이지 않느냐는 뜻입니다. 거기다가 寅중 甲木이 지하에 있죠? 寅중 甲木은 인덕도 들끓고 괜찮습니다. 아주 훌륭해.

### 3) 세운

올해운세가 일간한테는 그다지 큰 운세는 안 왔고, 편인기신이니까 **신분변화가 있을 수 있다**는 뜻입니다. 아름다운 여인이 있으면 만나도 되고 그럽니다. 질문이 뭐여?

> 1) 궁통보감에 의하면 춘절 을목이 갑목을 의지 삼아 크는 것을 의미하고, 추절에 갑목을 보고 자신을 유지하는 것을 말하지만, 통변 해석으로는 을목이 갑목, 신금이 경금을 보는 것을 등라계갑으로 해석 할수 있다. 을목이 갑목으로 대인관계를 쌓고 자신을 만들 듯이, 신금이 경금을 의지하여 자신을 유지하고 대인관계를 해나가는 것을 말한다.

**질문**

2017, 18년에 일본에 대학원 유학 갔다 와서 올해 임시로 도시 주거 개선과에서 일을 하고 있는데 재활과로 가고 싶은데 갈 수 있을까요?

**답변**

가라고 혀.

**질문**

발령이 날 수 있는지…

**답변**

날 수 있어, 가라 그래.

**질문**

그 다음에 구의원 나갈 수 있을까요?

**답변**

가라 그래.

**질문**

인간관계 관리를 잘 해서요?

**답변**

응, 저걸로 하면 되지. 나가라 그래. 유학은 갔다 왔다 이거지?

**질문**

네. 일본으로 갔다 왔다고...

**답변**

그러면 됐고. 난 뉴질랜드 갔다 온 줄 알았어.

**질문**

섬에 갔다 오면 된 거에요?

**답변**

섬으로 가서 공부하고 뭐 하고 대인관계 쌓고. 어차피 얘는 격국으로 성공할게 아니고, 겁재로 나가야 되잖아여. 그래서 파벌을 만들어야 되잖아. 자기만의 파벌을. 그래서 지금 딱 쳐다보니까 식상생재 재생살로 안 살고, 인겁상 이걸로 살려고 노력을 하고 있지. 괜찮아, 하라고 그래.

**질문**

그런데 섬으로는 왜 가는 거예요? 뭘 보고 섬으로 가라고 하는지...

**답변**

쓰세요, 보살님만.

### 자연 존중관 사주

이 사주는 辛金이 子月에 낳고 사령은 壬水이다. 격은 식신격이라 자신의 참모습을 어필해야 되지만, 사령이 壬水임으로 해외 왕래를 통하여 지식을 습득해야만 되는 운명을 맞이하게 될 것이다. 壬水가 사령이잖아. 그런데 격은 식신이잖아.

또한 겁재가 격을 돕지 않고 사령을 도우니, 사회적인 공 보다는 개인적 능력을 향상 시키고자 함으로 **운로에서 체련의 시기를 만나면 자기개발, 자기투자를 권장한다**(2015년 10월부터 2017년 9월까지).

대륙의 땅을 밟지 못하고, 섬사람들 또는 원주민들과 거래를 해야 되는 이유는 위 사주의 자연 존중관에 있다. 이 사람은 자연 존중관이에요. 자연과 더불어서 자연, 자원 이런 거 있잖아. 이런 것과 더불어서 재생 이런 것과 더불어 살죠. 왜냐? 이런 것들은 대개 섬에 남아 있잖아여. 이 사람더러 미국가라고 하면 안 되잖아. 개발이니까 도시계획 이런 게 아니라구. 자연이잖아. 뉴질랜드 가 봐, 자연 그대로 있지? 일본 가봐. 자연 그대로 있지? 자연 그대로 있는 것들은 대개 섬에 있어여. 그래서 섬으로 가라고 한 거에요. 아무것도 아니야. 신기할 거 하나도 없어여.

이 사주는 火로써 파헤쳐지지 않았죠? 천간에 火가 있어서 땅을 파고 쇠를 건들지 않았지. 그대로 **금한수냉**으로 **자연을 보존하고 있는 거 보이죠? 원시상태를 유지하기를 좋아하는 사람이다**는 뜻이여.

**질문**
이 분은 그러시는데, 이 분 자식은 또 안 그래여.
**답변**
하여간 올해 운세는 자식은 나중에 또 보고, 올해 뭐 하라고? 신분 변화. 다른 데로 신청한다며. 계급 변화가 아니여.

### 식신격의 편인

**기신이니까 신분 변화** 이런 뜻이여. 이런 말 할 때는 꼭 현재 상태 배반 이렇게 말해도 되여. 현재 상태를 배반 한다 이렇게 말해도 된다고. 자기가 현재 상태를 떠나야 되잖아여. 식신격에 편인은 배반의 논리가 성립되여. 여기서 저기로, 이 주인을 모시다가 다른 주인을 모신다고 해서 현재 상태의 배반을 한다고 생각 해 주시면 됩니다.

좀 죄송하지만 영원히 성공은 못 합니다. 상신이 없고 구신이 없잖아여. 영원히 성공은 못 해여. 국회의원 나간다고 그러면 얘기가 아닌데, 시의원 나간다며? 구의원이면 얼마든지 할 수 있습니다. 그렇지만 그건 의문입니다. 나갈지, 안 나갈지는.

**질문**
올해 같은 경우 인겁상으로 보는 건가요?
**답변**
아니여, 그러한 기질을 갖추고 있다는 뜻이지.
**질문**
근이 戌중에 근이라서요?
**답변**
아니, 戌중에 근이 아니라 비겁으로 일간이 왕 하지, 근으로 왕 하지 않잖아. 그러니 자기가 겁재를 이길 수 있는 게 아니잖아. 근이 申酉나 있었으면 내가 겁재를 거느리지만, 누구를 따라가는 이등국민 사주에요. 이런 것들을 말하니까, 꼭 구태여 이 사람한테 시의원 나가라, 국회의원 나가라 이렇게 해서 성공할 수 있는 건 아니죠.

그리고 이 사람은 전공이 없어여. 일본유학 가서 뭐 했다며? 그건 이사람 전공이 아니에요.

### 비견과 근이 없는 식신격
식신격이 비견이나 근이 없으면 근본적 전공이 없어여. 전공이 없다고 할까, 전문성이 없다고 할까? 그냥 전문성이 "너는 뭐다."하고 딱 전문성이 있는 건 아니에요.

**인성이나 식상은 전문성**이잖아여. 지도자가 아니잖아여. 그러면 분명히 상신이 있어야 돼. 그래야지 라이센스나 논문을 가지게 되여. 이 사람 논문 안 썼어요, 보고서만 썼지. 식신격이 상신이 저렇게 튼튼하지 않은데 무슨 논문을 쓰며 비견 없으면 논문을 안 쓴거여. 그러니 보고서지 논문이 아니다는 뜻이에요. 그래서 정식으로 이 사람을 전문가로 인정 못 해여. 재관이라는 것은 지도자잖아여. 지도력이 있으면 되지만, **식상하고 인성은 자기 전문성을 갖춰야 되여**. 그래서 상신이 없는데, 전문성이 있다 이렇게 말 못 드려여.

그러니까 여러분들이 배우는 것을 현장으로 직접 연결하면 식신격에 근왕이나 비견의 정도에도 정도의 차이가 있을 거 아니에요. 이걸 세세히 뚫고 들어가 보면 그 단계가 무지하게 많아여. 이게 식신격이 金이 없다는 말 하고 똑같잖아. 辛金이 子월인데, 식신격이 金이 없다고 말하는 것하고 똑같잖아. 나는 金이 없다고 하는 게 아니라 상신이 없다고 한 거예요. 상신과 금생수는 틀린 거여. 금생수는 무지하게 잘 되죠? 그거하고 격하고 무슨 상관있어? 오행하고 상관있지. 자기를 오랫동안 직업을 유지시키고 만들기 위해서 얼마나 몸부림

치고 애 쓰는데. 그렇다고 계급이 높아지거나 그렇다고 똑똑한 건 아니다는 뜻이여. 애 쓴다고 다 잘 되는 게 어디 있어? 그럼 명리학이 이상해지잖아. "애 쓴 사람이 성공합니다." 해야 되잖아? 잘 타고 나야 되지.

---

사주 예시 4)

| 時 | 日 | 地 | 天 |
|---|---|---|---|
| 乙 | 庚 | 己 | 壬 |
| 酉 | 申 | 酉 | 戌 |

乾

### 1. 격국 : 양인격
격은 양인격이죠?

#### 1) 無官殺
양인격이 無官했죠? 無官殺을 했어여. 그러니 자격조건이 불투명하죠? 그래서 '고관에 임명되지 못함' 그럽니다. 고관대작에 임명되지 못한다는 뜻이에요.

#### 2) 比向無
양인격이 뭐 있어여? 비견이 향하지 않았죠? 비견이 향하지 않았습니다. 그러면 '숭덕광업이 안됨' 그럽니다. 덕을 숭상하고 업을 크게 높이는 거 있잖아요. 크게 높여서 기업을 크게 이루는 것은 불가능해졌습니다. 그러니 뭐가 없는 거에요? 상신이 불투명해졌다. 상신이 모호하다 이런 의미를 가지고 있습니다.

### 3) 구신 : 편인
구신이라는 편인이 있잖아요. 이렇게 되면 뭔가 큰 연구를 하고, 개발을 할 수 있잖아요. **연구하고 개발을 통해서 크게 공헌도도 높이고 + 자산력도 가질 수 있는 길이 보인다**는 뜻입니다. 사회적 공헌도도 높일 수 있고, 자산도 크게 만들 수 있지 않느냐 이렇게 보입니다.


## 2. 일간
양인격의 일간 庚金은

### 1) 인왕
인성으로 일간이 왕 해야 됩니다. 이 사주 인성으로 왕 하죠? 그럼으로 처세가 아름답다 그럽니다.

### 2) 근왕
그리고 양인격은 근왕하면 안 됩니다. 근왕하면 큰 일 납니다. 그런데 이 사주는 근왕했죠? 이건 근왕이 아니고 양인격의 표시이고 근왕했죠? 근왕하면 어떻게 되여? 독립하려고 하죠? **독립, 칩거의**

심상을 지닌다는 뜻입니다.

**\*\* 창광의 사주 통변 \*\***

상신은 없고 구신은 있어여. 높지 않은 사람이지만, 직업을 오랫동안 유지해서 공헌도를 많이 높일 수 있는 사람이란 뜻입니다.

구신이 있으니까 직업 유지력은 있죠? 구신이면 직업을 유지하잖아여. 그런데 상신이 없으니까 사업성은 없다고 평가를 해야 되죠? **사업성은 없다 평가해야 되고, 직업 유지력은 크다** 평가를 해야 되는데, 일간이 근왕하니까 사업성이 있어, 없어? 그거는 사업성이 사회적으로 있는 게 아니라 자기 마음속에 있는 거여, 근왕하니까. 이런 뜻입니다. 이런 의미를 가지고 있습니다.

그런데 인성이 있어? 하여간 己土는 별로 있다고 인정 못 해 줘여. 그냥 한 번 해 본 소리여. 그래도 있잖아. 질문이 뭐여, 애는?

질문
결혼 할 수 있나요?
답변
그리고 결혼을 할 수 있냐를 물어보는 것은 이 나이에 결혼을 못해서 물어보는 게 아니라, 결혼 언제 하냐고 물어 보는 거여.
질문
네, 언제 하냐고 물어 봤어요.
답변
대개 언제 하냐고 물어보는데, 결혼 할 수 있냐 그러면 "한다, 못한다."처럼 들리잖아. 그러니 "언제 할 수 있냐?" 이렇게 물어 보는 것은 어떻게 하면 결혼할 수 있냐 물어보는 거예요. 대개 남자들이 어떻게 하면 결혼할 수 있어여? 돈 많이 벌면. 여자가 원하는 게 돈이라며? 아니여? 그리고 또 잘생겨야지.

### 상신으로 보는 결혼운

격으로 부부는 뭘로 본다고 했죠? 상신. **상신이 없으면 여자가 원하는 자격 조건을 갖추지 못한 사람**이야, 내가. 상신이 언제 와? 왔다 그냥 갔잖아.

이 사주는 식상이라는 격기신을 너무 큰 걸 두고, 구신이 기신을 막질 않잖아여. 그러니까 상신운에는 못 가. 현재 결혼관이 없어서 하기도 힘들고, 합이 하나도 없잖아.

**질문**
가능성 있는 건 庚子, 辛丑이 아니라 壬寅, 癸卯에 가능하네요?
**답변**
그렇죠? 그런데 너무 멀으니까 답변하기 힘들고. 또 질문이 뭐여?
**질문**
자기 조그만 오피스텔 같은 게 있는데, 팔리거나 임대가 언제 나가냐고?
**답변**
그런 건 복덕방에 물어봐야 되는데, 왜 우리한테 물어보는지 모르겠어. 이 사주 뭐 궁금한 거 있어여? 이렇게 생긴 사주 만나기 힘들어여. 직업이 뭐여?
**질문**

부동산. 엄마 옆에서 별도로 온전히 자기 것은 아니지만 옆에다 차려 놓고서 해여. 별로 궁금해 하는 것도 없더라구여. 보고는 싶어서 왔는데, 별로 뭐 궁금해 하는 거 같지도 않고, 언제나 결혼 할 수 있냐고, 그것만 묻더라구여.
**답변**
일간이 합 되었다구?
**질문**
을경합 있네요?
**답변**
저건 일간합이에요.

**일간합**
일간합은 질서교란자라고 해서 투 잡 한다고 했어, 안했어? **투 잡 한다고 했지?** 사회적 질서를 문란하는 약간의 간첩 같은 사람들, 이런 거지. 합이 없어서 여성관이 없어여.

이 사람은 평생 구신이 있으니까 직업을 유지는 하는데, 원래 구신이 편인이어야 하는데 정인이잖아. 그러니 뭘 바꾼거여? 적성을 바꾼거죠. **적성이 化 바뀌었다** 자꾸 이런 마인드를 가지세요. 그렇게 생각하시면 됩니다. 그렇지만 **사업성은 없다**고 생각하면 돼. 숭덕광업은 안 된다.

숭덕광업이 뭔 줄 알죠? 덕을 숭상하고 업을 소중히 여기시는 사업을 할 수 없다는 뜻입니다. 원래 **양인격**은 어떻게 살아야 되여? **덕을 높이고, 업도 더 높여야** 되잖아. 그게 양인격의 자세인데, 상신과 구신이 없음으로 완전히 일반사람 돼 버렸습니다.

만약에 일간이 근왕만 안했어도 괜찮은데. 그래서 처세가 참 아름답고 좋은데, 일간이 근왕해서 약간의 소극적이고 칩거적인 모습이 참 문제가 있습니다.

**질문**
저런 사람도 주변 환경이 좋은가요?

**답변**
환경?

**질문**
주변이 완전히 방합으로 돼 있으니까요?

**답변**
방합환경 말하는 거여? "환경이 좋은가요?" 라는 건 말이 안 되고, **내가 활용할 환경**이라는 말을 해야 되지. 좋다, 나쁘다는 건 명리학자 입에 달려서 나오면 안 되여. 내가 활용한다. 그러니 **방합 된 사람은 내가 활용할 환경을 만났다**는 뜻이지. 팔품은 방합 팔품이여.

**질문**
방합이 저렇게 되어있어도, 충이나 삼합이 오면 겸할 수 있나요?

**답변**
얼마든지. 부모를 활용하고, 주변동네를 활용하고, 충분히 활용할 가치를 만났다고 생각하면 돼. 그건 좋죠. 그리고 기운이 섞인 게 없잖아여. 火도 없고, 水도 없고, 木도 없고 그냥 金이잖아. 그러니 이 사람은 순수한 청년이에요. 순수하고 그러죠.

양인격의 자세

그런데 양인격은 그렇게 하면 안 되는 거죠? 그냥 편인격이나 정인격한테 "참으로 순하고 참신해여." 이렇게 말하면 얘기가 되는데, **양인격**이 순수하면 안 되잖아. 말하자면 **지도력** 있고 그래야 되지. 잘 살겠어여.

질문
부모님한테서 독립 할 수는 있죠? 庚子, 辛丑년에.
답변
아니여.
질문
같이 붙어살아야 돼요?
답변
칩거, 방콕. 밖으로 나가지 못하다.
질문
나오고는 싶어하는데...
답변
못나간다. 이런 것들이죠. 사주 하나 또 불러 보세요.

---

사주 예시 5)

1. 팔품

| 時 | 日 | 地 | 天 | |
|---|---|---|---|---|
| 丙 | 庚 | 庚 | 丙 | 乾 |
| 子 | 戌 | 寅 | 辰 | 2 |

### 1) 삼합 : 寅戌

팔품이 삼합으로 구성 되어 있죠? 환경은 삼합으로 되어 있습니다. 그리고 상충이 없죠? 삼합이 寅午戌 중에서 寅戌로 구성 되어 있죠. 그래서 이것은 환경이 두 개라 겸직해야 됩니다. 木을 자르기도 해야 되고, 잘라서 인화도 해야 되고, 수생목으로 木을 키우기도 해야 되고, 문과 이과를 같이 겸직하는 거 있죠? 이런 것들을 해야 됩니다.

## 2. 격국

격국은 편재격이여.

### 1) 재생살 : 신분 안정과 직업 유지력이 높다.

편재격은 재생살이 되어야 됩니다. 재생살이 잘되고 있죠? 그러면 신분이 안정되어 있고 직업 유지력이 높다고 보아야 됩니다.

### 2) 식신생재 : 능력 발휘와 점유율 상승

식신생재로 상신을 삼아야 된단 말이에요. 그러면 능력발휘와 점유율 상승이 될 수 있죠? 그러면 사업성도 괜찮다고 봐야 됩니다. 이 게 그 뜻입니다.

### 3) 2018, 2019년 운세

2018, 19년은 어떤 식으로 말해야 되느냐는 뜻이에요. 기신을 제 화하고, 기신이 土니까 상신에 대한 기신을 제화한 거죠? 기신을 제 화하고 식신생재로 그러니까 격이 더 높아져 간 거죠? 상신을 찾았 으니까. **식신생재로 자신의 가격을 높이기 위한 투자가 벌어져야 된 다**는 뜻입니다. 가격 높이기 위한 사업성 투자가 벌어져야 되죠? 이 런 식으로 설명을 하는 겁니다.

## 3. 일간 : 庚金

이 사주의 일간은 庚金인데,

### 1) 비견 또는 근

편재격이니까 근이 있어야 되죠? 일간은 무엇으로 왕 해야 되냐 면, 편재격은 비견 또는 근으로 왕 해야 되죠? 일간은 자세가 이쁘 다. 편재격을 대하는 자세가 이쁘죠? 근으로도 되어 있고, 비견으로 도 되어 있잖아여. 근이 있고 비견이 있고, 자세는 이쁘다고 말해야 됩니다. 이게 일간입니다.

그런데 이 사주는 문제가 되는 게 뭐냐면, 정확하게 식신이 아니 라, 申子가 아니라, 이러한 환경에 대한 상신이잖아여? **상신이 정확 하게 없음으로 적성이 바뀌어 가는 아픔을 겪게 될 것이다**는 뜻입니다. 질문이 뭐예요?

**질문**
와인 바를 여러 군데 많이 하나 봐요. 이번에 강남에다 자기 돈 10억 투자 하고, 투자 해주는 사람이 많나 봐요. 크게 개업을 한다는데, 올해가 투자가 벌어진다고 하셨잖아요…

**답변**
투자가 벌어져야죠. 자신의 가격을 높이기 위한 투자가 이루어져야 된다고. 사업 확장.

**질문**
이 사람하고 똑같은 사주가 있는데, 그 사람도 자기하고 똑같은 일을 한다고…

**답변**
우연의 일치여.

**질문**
그런데 그 사람은 부모가 돈이 많아서 다 대 줬고, 이 사람은 부모가 집 팔아서 대줬는데 한 번 말아먹고, 그 다음부터는 자기가 일궈서 크게 한대여. 그런데 부모가 돈이 많은 사람하고 왜 차이가 나는 건가여? 사주가 똑같은데…

**답변**
하여간 걔 데리고 와야 돼. 걔 사주를 칠판에다 써야 돼. 여하튼간 질문?

**질문**
방합도 있는 거죠?

제9강 239

**답변**

뭔 방합?

**질문**

寅卯辰이요.

**답변**

삼합도 있고 방합도 있어. 그러니 환경을 활용하기도 하고, 환경에서 능력을 만들고. 방합을 먼저 보고 삼합을 보는 거예요.

**질문**

인묘진의 방합을 봤기 때문에 환경을...

**답변**

그냥 방합. 저 丙火를 본 것은 재생살이라고 해서 재생살이 그냥 타고 났잖아요, 寅午戌로 해서. 타고 났기 때문에 저거는 부모의 도움을 받거나 부모의 대행성을 받는 걸 말하는 거여. 재생살 타고 나면 부모가 돕는다고 하잖아.

**질문**

이 사람은 부모가 한 번 크게 도와줬는데, 지금은 주변에서 요식업 크게 하는 사람들이 도와줘서 많이 컸대요. 지금 강남에 하는 것도 그 사람들이 투자를 엄청 많이 해 준대요.

**답변**

그런데 그거는 다 편재격에 구신도 있고, 식신생재라는 상신도 있어여. 子 이렇게 되면 없다고 하는데, 삼합이 됐으니까 壬水까지 인정할 수 있다고 했잖아여. 그러니까 식신생재까지 되어있으니까 상신도 있고 구신도 있잖아. 2019년은 기신이 들어와서 식신생재도 넓히잖아. 그런 거 얘기 하는 거여.

**질문**

寅月에 火가 너무 왕 하지 않은 가여?

**답변**

왕 하면 어때여? 그런 건 뭐 문제는 없어여. 공부 안하고 장사하는데 뭔 상관있어? 寅월에 丙火가 너무 왕 하니까 도덕적 인간이어야 돼, 사업적 간이어야 돼? 활용성 인간이어야지. 이게 습득형 인간형이 아니잖아요. 괜찮아여. 하나도 나쁠 게 없어.

**질문**

인진이 되어서 충이 옆에서 되었잖아요. 월령에서 된 게 아니라. 방합에서 충 되었잖아요?

**답변**

어디서 충이 나와?

**질문**

진술충이요.

**답변**

저거는 보는 거 아니구. 신경 쓰지 마여.

### 연지와 일지 상충

저런 辰戌충은 연지하고 일지가 상충 되었다, 삼합이 아닌. 그래서 인간덕이 없다. 인복이 없다. 이 말이 뭔 말이었어? 천복이라고 하는 거 있잖아여. 지도자가 되거나 벼슬 복이 없다 이런 뜻이에요. 그걸로 보는 거지.

저거는 방합 삼합 보는 거예요. 寅이라는 방합에 가서 寅戌이라는 삼합이 들어 온 거죠? 그러니 환경을 활용한 자기능력개발 이렇게 생각 하시면 됩니다.

**질문**
저 사람이 개업식 날짜를 丙午날로 잡았대요. 火날로 잡았어요. 식신날로 잡아야 될 것 같은데...

**답변**
괜찮아여. 구신날이니까 좋잖아여.

**질문**
개업을 할 때 활용 가치 그걸로 잡아도 되여?

**답변**
그게 더 낫지. 개업이라며? 그럼, 활용성 얘기하는 거지. 집에 들어가서 폐업한다면 모를까. 하여간 팔품에서는 寅辰 방합, 寅戌 삼합 이러죠? 괜찮습니다.

**질문**
여태껏 장가를 못 갔는데...

**답변**
장가가고 그런 거 누가 전공할 사람 없어? 장가를 가야 되는데...

**질문**
작년에 만났어야 되지 않을까요?

**답변**
잘 모르겠어요, 장가를 왜 안 드는지, 요즘들.

庚金이 寅月에 낳고, 寅午戌 화국하고, 丙火가 왕강하니, 甲木이 대림이 아닌, 동량목이 아닌 화류가 되었다. 화류, 화목, 꽃나무처럼 되었다. 乙木이 너무 많이 나왔다. 甲木이 아니에요, 이제. 丙火가 떴으니까 甲木은 안 크고 乙木만 잔뜩 나왔잖아. 화류, 그래서 꽃피는 나무가 되었다 그래. 화류가 되었다. 화류계로 진출 하는 거죠. 술장사가 아니에요. 甲木이기때문에 술장사 이렇게 말하면 안 되고, 그냥 **화류가 되었다**는 뜻입니다. 그냥 레스토랑 그러는 게 나아여.

또한 庚金이 도우니, 庚金이 금생수를 또 돕잖아여. 그러니 작물이 되다. 庚金이니까 수확이 생기잖아. 丙庚으로. 작물까지 되어버렸죠. 꽃도 되고, 작물도 되고. 그럼으로 화려한 꽃으로 유혹을 해서 丙火로 화류가 되어 유혹을 하잖아여. 그리고 庚金으로 헌금을 시키다. 작물이니까 헌금을 시키잖아요. 돈을 받는다는 뜻이죠. 분위기 장사꾼이에요. 분위기를 설치해서 장사를 하면 됩니다. 잘 벌겠어여.

寅월에는 원래는 목생화 해야 돼, 수생목 해야 돼? 수생목 해야 되잖아여. 그런데 목생화가 너무 심하잖아여. 이런 뜻입니다.

寅월은
① 癸甲 수생목하고
② 甲丙 목생화 하고
③ 辛癸 금생수하고
④ 丙庚 화극금하고

이렇게 하시면 되거든여. 순서대로 이렇게 하시면 돼.

수생목하고 배우고 익혔으면 목생화 하라. 가서 써라. 가서 썼으면 다시 가서 금생수하라 그러잖아여. 이게 빠졌습니다. 丙庚이니까 화극금하는 거죠? 그러니 이 사주는 학문적 열정에 맞췄어? 사업적 열정에 맞췄잖아여.

수생목 했으면 목생화하고, 목생화 했으면 금생수하고, 금생수 했으면 화극금하라는 뜻이에요.

이게 답답해서 잘 안 되면 이렇게 하면 됩니다.

① 癸甲
② 甲丙
③ 辛癸
④ 丙庚

용신에서 보면 상생상극이 있잖아여. 이런 식으로 판단하시면 됩니다.

용신이 甲木이잖아. 당령이. 수생목 했으면, 공부했으면, 甲丙 써라 그래여. 썼으면 다시 공부를 더 해야 돼, 안 해야 돼? 안 한다잖아. 그러니 뭐만 하면 돼? 丙庚, 가서 이득만 내면 된다는 뜻입니다. 대림목이 동량목으로 자라났으면, 큰 나무가 동량으로 자라났으면, 동량 역할을 하다고 설명을 하는 거거든여? 그런데 이거는 丙火가 너무 지독하게 많기 때문에 곡물과 같다. 사주가 곡물 사주에요, 甲木이 丙火 있으면. 아니 甲木이 丙火, 庚金 있으면 庚金이라는 곡물이 열렸잖아. 그러니 저 사주는 돈 벌어야죠. 프랜차이즈 업 하면 됩니다.

## 9강 2교시 임상

팔품하고 용신으로 점검을 좀 해 봅시다. 사주 불러 보세요.

**사주 예시 6)**

| 時 | 日 | 地 | 天 | |
|---|---|---|---|---|
| 庚 | 丙 | 戊 | 壬 | 坤 |
| 寅 | 午 | 申 | 寅 | 9 |

### 1. 팔품

**1) 삼합**
삼합은 없죠.

**2) 상충**
그리고 상충은 있죠? 능력개발을 하려면 객지로 떠나다 그래야 되죠? **능력개발 하려면 객지로 떠나야 된다는 의미**가 담겨져 있습니다.
이 사주는 그러니까 일간이 피를 막 흘리는 것 보니까 고생을 많이 했네. 그냥 줄줄줄 흘려가지고 지지까지 온 거 보니까 몸 고생도 많이 했네. 마음고생, 몸 고생 겁나게 많이 한 것 같습니다.

## 2. 용신 : 庚金

그러면 이제 용신을 보죠. 당령으로 봐야 되니까 庚金이잖아여.

### 1) 丁庚

庚金이니까 일단 화극금 해야 되죠? 丁庚해야 됩니다.

### 2) 庚壬

丁庚을 했으면 다시 금생수해야 되죠? 庚金 壬水를 해야 됩니다. '기술을 배웠으면 그 기술을 써라' 이런 뜻이죠? 이건 잘 되죠? 화극금이 잘됩니다. 물론 丙火가 있으니까 丙火로 해서 인격적인 것도 하지만, 제련, 단련으로 실력을 만들고 + 실력에 맞는 시장 활동이라는 게 있죠? 이런 활동 열심히 하는 것으로 보입니다.

### 3) 乙丁

그 다음에 금생수 했으면 목생화를 해야 되죠? 그 다음에 목생화를 또 해야 잖아여. 자기가격을 더 높여야 되죠? 실력을 만들고 시장 활동을 했으면 그 다음에 다시 목생화를 해야 됩니다. 목생화를 해야 되는데, 이때 목생화 할 때는 뭘로 해야 되는 거예요? 乙丁으로 해야 되죠? 乙丁으로 목생화를 다시 하는 걸로 되어있습니다. 그러면 자기 가치를 상승시키는 역할을 한다는 뜻입니다.

### 4) 壬甲

가치상승 역할을 했으면 수생목을 또 해야 되죠? 그러면 + 수생목 壬甲을 해야 됩니다. 그렇게 되면 많은 사람을 먹여 살리죠. 전수해

가지고. **많은 사람을 먹이다, 오래도록 공헌을 하다** 이런 식입니다.

목생화는 잘 되나여? 잘 된다고 해. 왜냐하면 벽갑을 하니까 잘 되지. 벽갑을 안하면 안 되잖아여. 그래서 **자기도 가격이 상승되고 오래도록 공헌을 한다**고 되어있는데, 또 수생목을 해야 되잖아여? 수생목은 없습니다. 이건 甲木이 투간 되어야 됩니다. 그래서 이것만 부족하죠. 그러니 노력하는 게 보이죠. 이런 식입니다.

5) 세운

지금의 현재 이 사주를 용신으로 바라 볼 때, 庚金 甲木(寅)이라고 하는 벽갑 운세입니다. 庚金, 2020년이잖아요. '벽갑 운세에 들어간다.' 이런 식입니다.

벽갑

벽갑이 뭐죠? **판단한다. 선악을 구분한다.** 판단한다. "이거 팔자, 이거 사자." 판단하는 거 있죠? 이렇게 판단한다. 이 "남편을 내쫓자, 말자." 이런 거 아시죠? 이런 것입니다. 그래서 이론적으로 '벽갑'이라 써놓고, 그걸 어떻게 통변할 것인가 모르면 안 되죠. 그러니 **"올해는 과거 정리를 다시하고, 미래 대비를 다시 하는 거야."** 이렇게 말해가지고 어중되게라도 맞추어야 되는 거 아니야? 손님 왔는데 벽갑 그러면 못 알아들어. 질문이 뭡니까?

질문

부천에서 장사, 가게를 하는데, 품목을 바꾸어야 될 거 같은데, 장사가 덜 되어서 어떤 품목으로 바꾸어야 할지 고민이래요.

**답변**

우리가 알 수 있는 것은 **"품목을 바꿔라."**까지는 대찬성인데 뭐로 하라는 건 나는 모르지. "니가 알아서 하라."고 해야지, 그거는. 그거까지 어떻게 알아. **과거 정리하고 새롭게 하라**란 뜻이죠.

**질문**

가게를 정리하는 것도 포함이 되는 건가여?

**답변**

그렇죠. 정리를 해야죠.

**질문**

직장생활을 하러 가는 거는요?

**답변**

괜찮아여.

**질문**

가게를 정리하면 권리금을 못 받을거 같은데, 그래도 정리를 하는게 나은가요?

**답변**

그런 거는 아까한 격국으로도 설명을 좀 해 주셔야죠.

## ** 창광의 사주 통변 **

이 사주는 丙火가 申月에 낳고, 壬水가 이미 투간이 되어있다. 또한 寅申충으로 잦은 변화를 맞이할 환경에 살게 될 것이다(2022년, 변화를 또 해야 된다. 지금 하더라도). 그러니 이 말이 뭔 말이에요? 이 사주가 丙火가 申月에 낳으면 丁火가 투간 되어야 돼, 壬水가 투간 되어야 돼? 丁火가 투간 되어야지 기술적 능력을 가지고 있지. 壬水가 투간 되어서 뭐부터 배운 거여? 일단 먹고 살 수 있는 실력을 먼저 배운 거여? 먹고 살 수 있는 능력을 먼저 배운 거여? 능력을 배운 거죠. 그러니 사업 능력부터 먼저 배우고, 기술 능력은 부족한 거예요. 그런 것들을 예의 주시해야 되여. 저 놈의 申月에 태어나서 壬水가 먼저 투간 돼 있잖아여. 그러면 壬水 먼저 했다는 뜻 아니야? **발휘부터 먼저 했다**는 뜻이죠.

그리고 寅申충이니까 자꾸 환경을 바꿔가면서 살아야 되죠? 하여간 **'옛것을 버리고 새로운 것을 맞이하다'** 가 지금 현재의 벽갑 운세입니다. "잘라 버려라." 이런 뜻이죠. 벽갑을 손님들이 못 알아듣걸랑 그냥 짤라 없앤다는 개념으로 절지 이렇게 해도 되여. 통변의 편의상. 사람들이 알아들어야 되잖아. 이런 뜻입니다. 잘 하고 있습니다.

**질문**
많이 힘들어 하시는데...
**답변**
그렇지. 寅申충은 자기가 맞았는데, 월지가 삼합이 없고 자기 사주에는 삼합이 있는데, 寅午戌로 있잖아요. 그런데 월지가 삼합이 아니라 그 삼합이 자기 능력이 아니에요. **주변에 능력 있는 인간들이 잔득 있다**는 뜻이여. 그래서 좀 힘들죠. 그런데 뭐 그냥 고생하라고 타고났으니까 열심히 고생해야지 어떻게.

**질문**

저런 때 벽갑이 완전히 과거 정리에요? 그 중에서 고를 수도 있는 거예요?

**답변**

고를 수 있죠. 그런데 천간에 있는 벽갑은 계획성이잖아, 판단력이 잖아. 근데 암장에 있는 걸 벽갑하잖아요? 그거는 뭐냐면 생존에 필요한 것만 하는 거예요. 먹고 사는 것만. 벽갑의 내용이 좀 틀리죠.

---

다시 또 한 번 해 봅시다. 사주 대 봐요.

사주 예시 7)

| 時 | 日 | 地 | 天 |
|---|---|---|---|
| 甲 | 丙 | 癸 | 丙 |
| 午 | 寅 | 巳 | 寅 |

坤 5

**1. 팔품**

사주에 방합이 있고 그리고 삼합은 없고, 또 뭐가 없어여? 상충이 없죠? 상충이 없습니다.

**2. 용신 : 丙火**

용신은 丙火입니다.

### 1) 乙丙 : 활용

乙丙으로 목생화를 해야 됩니다. 사회적 적합도에 맞게 활용하기 위해서는 앞에다 **사회적 적합에 맞게, 조직의 적합에 맞게 활용하기 위해서는**

### 2) 癸乙 : 지혜

+ 2번 癸乙 수생목을 해야 된다는 뜻입니다. 그에 맞게 **적합한 지혜를 만들어야 된다**는 뜻입니다. 이것을 만들어내야 된다는 의미입니다. 일단 乙丙이 없죠? 甲丙이잖아여. 여기에 미세한 차이가 있는 겁니다. 아까 여인분도 무지하게 차이가 있었잖아여.

### 3) 丙戊

그리고 나서 수생목 했으면 丙戊라고 해서 화생토를 해야 됩니다. 화생토를 해야 되죠? 이건 또 뭐냐면, **신분상승을 해야 된다**는 뜻입니다. 더 큰 신분의 상승을 만들어야 되죠? 신분상승을 만들어서 상승된 신분자들 속에서 노력을 열심히 했으면 그러잖아여. 신분상승을 열심히 해야 잖아여. 이렇게 했으면 어떤 역할을 해야 되냐면 금생수를 해야 됩니다.

### 4) 庚癸

+庚癸를 해야 됩니다. 금생수를 또 해야 되여. 이건 또 뭘 의미하냐면, 가치를 더 높이기 위한 기품 내지는, 지도력 내지는, 라이센스

구비를 다시 해야 됩니다. **재교육을 받아야 된다**는 뜻이에요.

5) 戊庚

그리고나서 이렇게 가치를 높이기 위해서 했으면, 마지막으로 뭐를 해야 되냐면 戊庚 그래야 됩니다. 뭐가 되야 되여? 경영자가 되야 되죠. 이런 뜻이죠. 순서가 왔다 갔다, 왔다 갔다 해야 되어.

** 창광의 사주 통변 **

목생화를 했는데, 甲木으로 목생화 했죠. 사회적 적합성이여, 교육성이여? 교육성으로 했죠. 이건 됐다고 칩시다. 그러면 사회적으로 자기능력을 열심히 활용하기 위해서 자기개발을 했어, 안 했어? 자기개발을 했죠, 癸水가 있으니까. 자기 능력을 열심히 활용하기 위해 자기개발을 했습니다.

그리고 나서 신분 상승에 대한 노력을 했어, 안 했어? 안 했습니다. 그러시면 금생수가 안 됩니다. 그럼, 금생수가 안 된다구. 금생수가 안 되면 뭐가 안 되여? 토생금도 안 됩니다. 이런 뜻입니다. 여기까지가 이 사람의 운명입니다.

운세

2018, 2019 그리고 2020년은 丙戌 운에 들어왔습니다. 이걸 뭐라고 통변하는 거죠? 이대로 하다가는 안 되겠으니까 자기의 능력을 장기적으로 신분을 상승시키고, 더 많은 기품을 갖추기 위해서 장기적으로 **신분도 상승 시키고 오랫동안 신분을 유지하기 위해서 새롭게 자기를 만들어야 된다**는 겁니다. 이게 왔습니다. 뭐라고 쓸까? 2018,

2019년 운세가 丙戌 화생토 운에 왔는데. 없던 게 왔어여. 신분 상승과 신분 지속이라고 하죠. **신분 상승과 신분 지속에 필요한 자기개발 운세** 이런 뜻입니다. 얘는 질문이 뭐여?

**질문**
엄마가 물어 본 건데요. 자기 딸인데 결혼하라고 하는데 관심도 없고 회사만 열심히 다니고 있는데 불쌍해 죽겠다고. 회사고 뭐고 시집이나 갔으면 좋겠대요.

**답변**
질문이 뭐요?

**질문**
시집 갈 수 있냐고요. 언제 시집 가냐고요? 이 엄마는 회사고 자기개발이고 다 필요 없고 남자 만나서 연애라도 하던가...

**답변**
얘가 질문이 뭐냐니까?

**질문**
얘는 엄마랑 얘기도 하지 않고, 고집도 세고...

**답변**
얘는 질문이 없네. 네,

**질문**
엄마가 그냥 물어 본 거예요.

**답변**
얘가 물어 봐야 되는데, 얘는 왜 하나도 안 물어 봐?

**질문**

개는 관심도 없고, 엄마는 빨리 결혼했으면...

**답변**

여하튼간 진급운이에요. 신분 상승과 신분 지속에 대한 자기개발, 진급 그리고 대학원가서 공부하기 이런 것들이죠.

**질문**

엄마랑 대화도 없고, 자기 일만 열심히 하나 봐요.

**답변**

대개의 경우 저 용신에서 1, 2번만 있으면 배우고 활용하다가 딱 케이스가 맞습니다. 저 정도면 45~55세까지 무난히 버티는 거예요. 그런데 3, 4번까지 가잖아여? 그러면 55세 이후까지 직업이 지속 되는 겁니다.


이 사주는 방합이 있죠? 좋은 환경을 만났죠? 방합이 아주 괜찮습니다.

문제는 이 사주가 방합은 있는데, 자기 월령에는 삼합이 없잖아여. 다른 데 삼합이 있잖아여. 이게 문제가 나보다 뛰어난 사람이 주변에 너무 많은 거예요. 아까 어떤 여인도 그러지 않았어여? **나보다 뛰어난 인물들이 너무 많은 거예요.** 그게 좀 괴롭습니다. 나보다 미려한 사람이 많아야 자기가 대장하잖아. 또 의문점은?

격국은 건록격이고 관이 있으니까 건록격이 성격 됐죠? 그런데 비견이 투간 되었으니까 관공서 가서 살아야 돼, 기업에 가서 살아야 돼? 기업으로 가야 되죠. 원래 건록격이 관인상생이 되어있으면 관공서나 이런 데로 가면 되잖아. 공공기관으로. 비견이 투간 되어 있으니까 어디로 나가라는 거여? 시장으로 나간 거여. 그래서 시장에서 成格된 사람 이렇게 말하는 겁니다.

**질문**
관살 되었는데도 45~55세까지 직장 생활이 가능한 가 봐요?
**답변**
그렇죠. 또 의문점, 의문점이 많아야 되는데.
**질문**
火多잖아여?
**답변**
사주에? 쓰세요.

위 사주는 丙火가 巳月에 낳고 염상하여 화다수갈이 된다. 화다수갈이죠? 戊土로 癸水를 유지하여야 수화기제를 조화롭게 해 나가야 되는데, 이미 다자란 乙木이 고사하였음으로, 다 자란 乙木이 고사한 거예요. 죽은 거예요. 乙木이 안 보이죠? 안 보여도 셀 줄 알아야 됩니다. 없다고 해서 무조건 없다고 하면 안 되고. 다 자랐잖아요? 다 죽은 乙木이 고사하였다는 뜻입니다. 죽었단 뜻입니다. 말라 비틀어졌다. 말라 비틀어져서 죽었단 뜻입니다.

### 유용지신 : 辛金

그러니 庚金이 없으니까 살릴 수도 없죠? 辛金으로 절지해야 되잖아요. 辛金으로 절지하여 쓰려 하나, 이건 유용지신입니다. 辛金 이렇게 써놓고, 유용지신 그렇게 하세요. 甲木에 의지하여야 가능하게 된다. 甲木에 의지하여 가능하다는 건 등라계갑이라는 말 아시죠? 甲木에 의지하여, 그러니 甲乙 관계로 절지를 해야 된다는 뜻입니다.

이와 같은 현상은 문과적 품성을 지닌 자가, 문과적 품성을 지녔죠? 巳월이니까요. 품성을 지닌 자가 乙木이 고사하여 절지를 통한 화가가 되어가는 과정을 설명하는 것이다. 화가. 극장에 그림 그리는 애 있잖아. 그래픽 디자인 이렇게 하는 거 있잖아. 만화 그리고 이런 거 있잖아여. 辛金이 유용지신입니다. 의문점?

**질문**

올해 공부를 더 한다고 신분이 어떻게 상승이 돼요? 병무가 안 돼서 병무를 해야 되는 운에 왔는데. 공부가 안 되어서 공부를 더하는 운에 왔는데, 대학원을 간다든지 공부를 더한다면 모를까...

**답변**

신분상승에 필요한 자기개발, 신분 지속에 필요한 자기개발을 하는 거고 진급운이야.

**질문**

진급운이라는 게...

**답변**

재생관 되니까. 2020년. 이 사주는 재생관은 안 되고 오히려 쟁재하잖아여. 남편을 고이 시중들을 마음이 나오질 않아여. 재가 없잖아. 남편을 고이 시중들 마음이 안 나오죠. 유용지신 辛金이 없죠? 화가 팔자가 화가를 안 하지. 디자인 팔자가 디자인 안 한다구. 그러니 뭐만 하는 거여? 기획만 하는 거여, 기획. 또 의문점?

**질문**
수명은? 올해 수명은...
**답변**
질병적 수명이라는 거 있잖아여. 목숨 수명, 죽고 사는 수명은 질병 수원이 있어야 되여. 수원이 없으니까 이 사주는 질병적 수명이 좀 짧죠.

### 丙火의 목생화와 癸水의 금생수

그리고 자기가 살면서 자꾸 습관을 잘 들여서 자기 투자를 자꾸 해야 되잖아여? 이런 것들은 丙火의 목생화입니다. 癸水의 금생수가 수명이 길다는 뜻이구여, 丙火의 목생화가 자기 관리를 열심히 해서 수명을 자꾸 연장할 수 있잖아여. 습관을 잘 들여서. 이 사주는 금생수가 안 되는 대신 목생화를 하잖아여. 수명을 깎아먹을 정도로 과로를 하고, 밤에 불 켜놓고 있는 거 보이죠? 과로하고 잠 안자고, 많이 짧다고 여겨진다고 봐야죠. 과로만 안하면 됩니다.

**질문**
상,구신으로 진급운을 보신 거예요?
**답변**
상신이 癸水니까 금생수하면 癸水가 높아지죠. 그리고 지금부터 亥子丑 하니까 癸水가 또 근본이 있잖아여. 진급 그런 거는 부귀빈천은 격으로 보는 거야. 용신으로 능력개발 보는 거고.

**질문**
시집 언제 가요?

**답변**

몰라여.

**질문**

안 가요?

**답변**

내가 어떻게 알아여. 사주 국내에 간합이 하나도 없는 사람 있잖아여. 그건 결혼관이 좀 부족해여. 이 사주는 간합이 전혀 없어여. 참 희한한 사주 봤죠? 그러니 결혼관이 별로 없는 거예요. 결혼관이 중요한데, 왜 결혼관이 없나 몰라.

**질문**

엄마가 불쌍하대요. 남자 손 한번 안 잡아 본 거 같대요...

**상담사**

1977년 양력으로 2월 4일에 태어났어요. 시간이 입춘 들어온 날하고 달라서...

**창광**

임진일이잖아요. 時가 몇 시여?

**상담사**

庚子시여. 子시

**창광**

子時여? 그럼, 辛丑이네요. 그렇지요, 7시니까. 그러니깐 신축월이잖아요.

**상담사**

그럼 다 바뀐 거잖아요?

**창광**

뭐가 바뀌어? 아직 안 바뀌었는데, 자꾸 바뀌었데. 7시 35분이 입춘이잖아여. 병진 전이 뭐예요?

**상담사**

을묘...

**창광**

병진 다음이 정사구나... 우리가 왜 이러지?

**상담사**

을묘는 75년생인데... 핸드폰으로 찾아보는 게 좋을 것 같아요.

**상담사**

병진, 신축이에요.

---

사주 예시 8)

| 時 | 日 | 地 | 天 | |
|---|---|---|---|---|
| 庚 | 壬 | 辛 | 丙 | 乾 |
| 子 | 辰 | 丑 | 辰 | 1 |

정관격이 관인상생 됐습니다.

1. 팔품

사주상으로 팔품은 방합이 되어 있죠? 방합이 되어 있는 귀한 인물이고,


2. 용신 : 癸水

용신은 癸水입니다.

1) 癸甲

수생목으로 실력을 만들었으면

2) 甲丙

목생화로 실력을 잘 써야 되죠? 癸甲, 甲丙 이런 식입니다.

3) 辛癸

그리고 나서 다시 금생수로 자기능력을 더욱 고강하게 만들고. 그러니까 라이센스를 딴다는 뜻입니다.

4) 丙庚

그리고 나서 丙庚. 사회적 지도자가 되는 겁니다.

이 사주의 癸水가 가장 뛰어난 것이 뭐가 있냐면 이(辛癸) 부분이죠? 다른 건 없고. 그러니 사회적으로 활용이 가능한 능력을 배운 것이 아니라 연구에 집중하는 사람이다라고 생각을 하시면 됩니다.

### 3. 격국 : 정관격

격은 정관격에 관인상생. 속세에 **나가지 않은 선비와 같은 운명을 타고 났다**는 뜻입니다. 전생에 얼음 장사를 해 가지고 더워서 문밖에 안 나가여. 그런 뜻입니다. 질문이 뭐여, 이 아이는?

**질문**

올해 주재원으로 외국에 나갈 수 있는데, 못 나가면 어떻게 될까요?

**답변**

나갈 수 있어.

**질문**

이번 일은 잘 되는 거죠? 관인상생이 잘 되고 있어서...

**답변**

관인상생이 잘 되죠. 올해 격운에 왔고. 하여간 격국은 정관격이고, 관인상생이 잘 되죠? 재생관은 잘 안됩니다. 임무수행은 조직에 맞게 임무수행을 잘한다는 뜻이고. 올해는 격운이잖아여. 그러니까 **임무를 부여 받다, 격. 소임을 맡다** 이런 식으로 설명을 합니다.

### 사주의 문제점

그런데 항상 뭐가 문제에요? 편인이 관설하죠? 관설하잖아. 정관격이 근왕하죠? 임무 빵구가 난다는 얘기잖아여. 횡령. 그리고 근왕하죠? 올해도 근왕하죠? 처세가 분명하지 못하죠. 그런 뜻입니다. 정관격에 근왕하면 처세가 분명하지 못하다며. 처세 불량이라며.

하여간 이 사주는 자기개발이 안 되어 있죠. 癸甲 그리고 丙火라는 사회는 있는데, 자기 활용이 안 되어 있죠? 그러면 저 사람은 속세에 살 가치가 없습니다. 속세에서 못산다 이거에요. 그러면 어디로 가야 돼?

**질문**
그러면 개발도산국은 잘 안 맞는 거예요?
**답변**
아니, 그런 건 아니고 연구, 기획관이 되는 거예요. 세상에 나아가서 속세에 살 수 없다. 선비만 하면 되여. 연구, 기획만 하는 거 있잖아여. 연구하는 거 아시죠? 그것만 하면 된다. 그리고 丙庚도 되죠? + **지위만 높으면 된다**는 뜻입니다. 지위도 높으시고 연구원도 되는데, 여기에 맞질 않는다는 뜻이에요. 그러니 뭐가 없어여? **전문성이 없는 거죠.** 丙庚은 뭐예요? 2020년이죠. 지위가 높아져 간다는 의미입니다.

정관격의 관인상생 뭐 아주 괜찮습니다. 이 사람도 문제가 뭐죠? 자기는 방합만 있고 삼합은 옆에만 있죠? **너무 뛰어난 사람들이 주변에 있어서 일인자를 평생 하지 못함** 그럽니다. 참 아쉬운 점이죠. 삼합은 월지에 있어야지 자기가 어떻게든 하는 건데, 이 양반은 평생 못합니다. 월지에 없으면 일인자는 못 해여. 또?

---

사주 예시 9)

| 時 | 日 | 地 | 天 |
|---|---|---|---|
| 丁 | 癸 | 壬 | 戊 |
| 巳 | 丑 | 戌 | 申 |

乾 9

### 1. 격국 : 편인격

잘 걸렸다. 격이 뭐여? 편인격. 편인격은 어떻게 해야 돼?

#### 1) 살인상생

편인격은 살인상생이 되어야 되죠? 상신이 있잖아여. 이 사주는 살인상생이안 된다고 할 수가 없습니다. 왜냐하면, 丑土도 있고 그러잖아요. 안 된다고 할 수는 없지만, 살인상생이 천간에 관으로 되어 있잖아여. 그러니 살인상생이 안 된다고 하지 말고, **化 관인**이라고 얘기하라고 했죠? 그래서 살직에서 뭘로 바꾼거여? 생직으로 바꿨다는 뜻입니다. **살직에서 생직으로 바꿨다**는 뜻이여. 칼을 버리고 펜을 들었다는 의미 있잖아여. 이런 식으로 설명을 해 주시면 됩니다.

#### 2) 인비

그 다음에 印比해야 되죠? 인비를 해야지 개인적인 역량을 갖추고 직업도 오래 가잖아여. 이것도 안 된다고 또 할 수 없습니다. 化 했잖아요. 化 해서 인겁을 해버렸네요. 이런 것들을 말합니다. 전부 다 방향성만 틀려진 거죠? 방향성이 틀려졌으니까 후천적으로 **방향성만 바꾸면 자기의 부귀를 오랫동안 유지할 수 있다**는 뜻입니다. 그래서 변신만 하면 얼마든지 가능합니다.

### 2018, 2019년 운세

그리고 나서 2018년, 19년에 물어보잖아여. 50세가 되면서. 68년생이 50 됐지? 50이 되면서 뭐가 오냐면 상신이 왔습니다. 殺印, 官이잖아여. 그러면 바로 50세가 되면서 상신이 왔는데, 그 상신이 똑바로 오지 않고 化 상신이잖아요. 이런 게 왔습니다. 그럼, 어떻게 해야 돼? 상신이니까 새로운 적성, 적성이라고 하고 품목이라고 하잖아. **새로운 적성, 품목으로 전향을 해야 된다**는 뜻입니다. 그러면 이 말을 듣겠는가 하나 봐야죠? 이 말을 안 들으면 우리 또 개털이잖아.


### 2. 일간 : 癸水

그러면 癸水 일간으로 태어났죠?

#### 1) 근왕 : 견디는 힘

편인격에 일간이 근왕해야죠? 근왕을 해야 됩니다. 근왕을 해야지 처세가 아주 좋죠. 처세가 좋잖아요, 사람이. 이건 뭐냐면 견디는 힘이 있다는 뜻입니다. 근왕한가여? 丑土 있으니까 근왕하죠. **견디는 힘이 괜찮다**고 생각해 주시면 됩니다.

#### 2) 능력 : 庚金

그러면 이 사람이 능력에 투자하나 봐야겠죠? 이 사람이 능력에 투자하나 봐야 하는데, 庚金 자기를 능력 만드는데 투자 안하죠?

3) 생존 : 申

그렇지 않으면 생존이라도 해서 먹고 사는데 투자 하나 봐야 되겠죠? 그러면 능력만 투자하다 인생을 망칠 우려가 있으니까. 생존, 먹고 사는 생존 아시죠? 생존에 투자하나 봐야 되겠죠? 그러려면 申이 있어야 되죠. 생존에 투자하는 거죠. 먹고 살 수 있어.

**\*\* 창광의 사주 통변 \*\***

창광
애가 몇 학년이여?

상담사
부인하고 이혼하고 같이 안 산대요.

창광
몇 학년이여? 몰라여?

상담사
한 20대?

창광
하여간 내년 되면 애가 찾아오겠어. 애비 구실을 할 때가 됐어.

질문
건축업을 하는데 안 된데요.

답변
化 관인, 化 인겁이라고 해서여. 관인은 化 관인인데, 사주가 겁이라는 게 있잖아여. 그렇게 되면 프리랜서를 해야 되잖아. 印比로 했잖아요. 인비로 프리랜서 해야 되죠? 그런 것들입니다. 재생관이 똑

바로 되는 게 아닙니다. 관이 똑바르지가 않기 때문에 이 사주는 인비, 프리랜서를 해야 된다는 뜻이죠. 그런데 인비가 정확하게 안 되고, 인겁으로 해야 되죠? 무엇을 하던지 간에 정식으로 그룹에 낄 수가 없습니다. 하여간 어디를 가든지 化 관인, 化 인겁이잖아. 비주류가 된다는 뜻입니다. 어딜 가든지 비주류.

**질문**
이 사람 그럼 건축업은 안 맞나요?

**답변**
왜 안 맞아요?

**질문**
아주 안 된대요.

**답변**
안 된다고 안 맞는 건 아니고.

**질문**
언제나 돈을 버나요?

**답변**
그런 건 못 벌어여. 벌어야 되어?

**질문**
힘들어 가지고 죽겠다고. 오더도 못 따고, 자꾸 그런다고. 5월 달에도 있는데 그게 될까요? 4월 달에도 뻐그러졌다고...

**답변**
굿해야지 뭐.

**질문**
굿하면 되어?

**답변**

방법이여? 방법은 없어여. 계속 밖에 나가서 영업하는 방법 밖에 없어여. 다른 방법은 전혀 없어여. 비주류예요. 그러니 우리한테 뭐라고 하면 안 되구여. 왜 정확하게 상신이 없고, 왜 정확하게 구신이 없냐? "**너 당장 때려 치고 식당해라**." 이렇게 하면 되거든여. 바꾸라고. 드디어 지금 바꿀 때가 왔잖아요, 지금 그만두라고.

건축업을 그만두고 이런 게 아니라 전에 했던 거 그만두고 바꾸란 얘기여. 지금 때가 왔잖아여. 새로운 적성, 품목으로 전향하라. 때가 왔죠, 지금? 바꿔야지 어떻게 할 거여? 원래 그렇게 생겼잖아. 그런데 말 들어, 안 들어? 견디잖아여. 막 견디어내고 있죠? 이런 것입니다. 아주 잘됐어. 이런 거는 사주 볼만 해여.

뭘 바꿔? 구신 바꿔야 되죠? 구신 바꿔야 되는거여. 구신이라는 게 직업을 지키는 거지? 직업, 체를 바꾸란 얘기여. 상신이 바뀌었잖아? 품목도 바꾸고 직업도 다 바꾸는 거니까 전체를 다 바꿔버리라고. 언제? 지금 당장. 그런 뜻입니다. 바꿔야지 어떻게 할 거야 그럼? 돈이 안 벌리는데.

癸水가 戌월에 낳고, 癸水가 戌월에 낳죠? 일간이 癸水입니다. 戌월에 낳고 메마른 시절을 살아감에, 戌월이니까 메말라 있잖아여. 자신의 체를 유지하기 위해서 己土로 숨어야 한다. 근본을 숨겨야 되여, 土에다가. 己土에 숨길 수밖에 없습니다. 잘 숨었죠? 아주 잘 숨었습니다.

환경에 적합하게 하기 위해서는, 戌월의 환경에 적합하기 위해서

는 시장성 좋은 물건을 구입하여 세상에 내어 팔아야 된다. 戊월 辛
金이 내다 팔아야 되잖아. **자기 기술로만 하면 안 되고, 시장성 좋은
물건을 갖다 해야 된다** 는 뜻입니다.

　丁火로 辛金을 제련하니, 丁火로 辛金을 또 제련하잖아여? 재활,
복구에 필요한 기술을 지니길 바란다는 뜻입니다. A/S 분야, 재활,
복구분야, 리모델링 분야 이런 것들을 의미한다는 뜻입니다. 木이 없
으니 인화가 없죠? 없으니 고난이도 기술에 도전하지 마라 그런 뜻
입니다. 그런데 말을 들을라나 모르겠어여.

**질문**
바꾸면 괜찮을까요?
**답변**
그럼여. 말을 들을라나 모르겠어. 그런 거 있잖아여. 포클레인 한
두대 사 가지고, 재난현장 같은데 있잖아. 이런 현장에 투입되면 돈
많이 벌 텐데. 복구 현장, 재난복구 현장. 돈 무지하게 많이 벌텐데.
비주류가 주류들 있는데 가서 일하면 어떻게 해. 집이 어디여, 애는?
잠실이여. 말 안 듣게 생겼어.

**질문**
이럴 때 격운이 와도 말 안 들어요?
**답변**
이 사주 이름이 편인격이잖아여. 9대운 아니었어여? 9대운이니까
편인격이잖아여. 말 안 들어여.

**질문**
몰라서 안 듣는 거 아니에요?

답변

그럴 수도 있죠. 편인격이니까 편인격이 신왕하라고 했죠? 신왕하니까 격이 괜찮죠.

편인격의 관설

그런데 말을 안 듣는 이유가 편인격이라. 편인격에 관만 없으면 말 안 듣고, 듣고 할 이유가 없잖아여. 편인격에 관이 있으면 관설 아니여? 정관이 뚝 떠 있잖아. 그러니 구멍이 뚫린 거예요.

질문

구멍이 뚫리면 말을 들어야 되는 거 아니에요?

질문

직장 생활할 때는 잘 나갔대요.

답변

잘 나가죠.

질문

건축을 해도 丁辛壬으로 하면 복구, 리모델링하면 안 돼요?

답변

안돼여. 관설이 얼마나 무서운데여. 편인격이 정관이잖아여. 化관인상생 되어 버렸잖아. 평상시 1등, 시험 불합격. 열심히 오더 따려고 PT를 했는데, 당첨 안 되는 거 있잖아. 그런 것들이여. 별 것도 아니에요.

질문

경오달부터는 내년 운으로 봐도 되요?

**답변**
아니, 내년 운세는 입춘 되어야 되죠.
**질문**
庚金이 떴으니까 내년 운으로 봐도 되죠?
**답변**
그렇죠, 그건 봐야죠. 봐도 되지, 그런데 아무나 그렇게 보면 안 되여. 아무거나. 사주가 어떻게 되는데요?
**질문**
제가 생각 할게요. 이 사주도...
**답변**
이 사주는 해당사항 없어여. 필기 해 보세요.

### 상신이란?

상신은 대외적으로 인기, 후원자, 인정받다, 도움 받다 등으로 해석을 하며, 개인적으로는 준비력, 가치 상승력, 가격, 사업성 등을 갖춘 것을 말한다. 혹, 흉격의 상신은 환경에서 요구하는 범위내의 자격조건을 갖춘 것을 말한다. 좀 틀리죠? 길격의 상신과는 틀리죠.

세 번째, 상신의 또 다른 의미로는 학습능력, 창의력, 개발능력 등이 포함되어 있다.

네 번째, 상신은 가정적으로는 부부협조, 부부가 협조하는 거 있죠? 형제무난, 부모도움 등의 구실도 한다.

### 상신이 지나칠 경우

상신은 지나친 경우 환경에서 무리한요구로 인한 갈등이 빚어 질

수 있다.

### 상신의 설기

격이 상신을 설기(흉신은 제화가 아닌 상극되는 경우)에는 가산탕진, 유산탕진, 환경에 대한 심각한 피해를 입히는 말종이 될 수도 있다. 사회적으로 악한 인간, 사회악이 될 수도 있다.

### 상신이 구신을 상극하면

상신이 지나쳐서 구신을 상극하는 것은(격을 보좌하지 않고 구신을 상극하는 경우) 자신의 언행, 자신의 생활습관, 연좌제, 과거 경력 등에 의하여 직업 유지에 단절, 경력 단절 그런 거 있죠? 단절을 맞이할 수 있다. 이는 환경의 요구 조건에 맞지 않는 불필요한 것을 갖추고 있기 때문이다. 저 같이 잘 생긴 사람들 식당가서 취직하려면 "귀하게 생기셔서 여기서 일 못 하겠네요." 하고 취직 안 시켜 주잖아여. 그런 것들이 그 내용 속에 있다는 뜻입니다.

질문 한 번 해 보세요. 상신에 대해서. 질문 없으면,

### 구신이란?

구신은 반생, 전화위복, 극복 등을 통하여 자기를 유지시키는 것과 같다. 자기 직업을 유지하는 것과 같다는 뜻입니다. 그리고 경쟁, 검증 등을 통하여 효과를 거두는 것과 같다. 전자는 구신이 없고 격기신이 있을 때를 말하며, 후자는 구신이 있고 격기신이 있을 때를 말한다. 전자는 그러니까 어떻게 살아야 돼? 어려움을 극복하는 반생

을 하고 살아야 되지? 후자는 그러니까 구신도 있고 기신도 있으니까 경쟁을 해서 검증을 받는 거죠?

구신은 원수 仇자 구신 있잖아여. 합을 두려워해서는 안 된다. 합을 두려워 해서는 안 됩니다. 이는 효과를 거두기 위한 협의, 연대, 조합 등을 구성하여 집단경쟁 효과의 효율성을 높이기 위한 행동이기 때문이다. 그러니 구신의 합을 두려워하지 마세요. **집단경쟁 효과가 일어날 수 있다**는 뜻입니다.

**질문**
합이 되요?
**답변**
구신이 합되면 원수 仇자 구신이잖아여. 그걸 두려워하지 말라구.
**질문**
구신이 무엇과 합을 해도요?
**답변**
그럼, 두려워하지 마세요. 연대관계가 있을 수 있다는 뜻입니다.


### 상신이 없고 구신만 있을 때

상신이 없고 구신만 있으면 짤막한 생을 살다가 짤막한 영광을 누리는 것과 같으니, 짤막한 생을 살고 그랬잖아. 상신이 없으니까 준비가 부족하죠? 그럼, 준비가 부족한데 구신이 있으니까 영광은 누리잖아여. 짤막하다. 밑천이 드러나기 전에 손을 떼고 물러남을 권장

한다. 밑천이 드러날 수 있죠? 상신이 없으니까. 이를 **탈진**, **설기** 등으로 표현하니 오래 지속되면 물 빠진 독과 같다는 뜻입니다. 빈 항아리가 분명히 될 거란 얘기여.

구신은 꼭 어떻게 해야 돼? 상신이 있어야지 구신의 역할이 오래가는 거예요. 상신 없이 구신이면 짤막한 인생과 짤막한 영광이라구. 얼른 그만두어야 된다고 생각하시면 됩니다. 뭐든지 빨리 그만두는 것을 권장한다고 생각하시면 된다.

### 구신의 활용

가정적으로 구신은 자식과 같으며, 시간적으로 구신은 졸업, 결과, 마무리 등의 최종 단계와 같다. 그러므로 노년과 같고, 자식 시대와 같으니 상신의 부모에 비하여 더욱 귀한 역할을 한다. 상신은 그러니까 부모와 같고, 구신은 자식과 같은 거죠? 그러니까 나이 먹어서 더욱 귀한 역할을 한다.

그러므로 **운로에서의 구신은 반드시 활용도록 하라**. 이에 비하여, 늦은 나이에 운로에서 상신이 오면 꺼리는 경우가 된다. 다시 또 해야 되니까, 고목생춘이라고 또 준비해서 공부해야 되잖아.

### 구신이 천간에 있을 때

구신이 천간에 있으면 칼날을 드러내는 것과 같아 경쟁자에게 위협을 가하는 역할을 한다. 구신이라는 건 공격하는 거잖아. 준비하는 게 아니라 공격 하는 거죠? 이는 시기, 질투, 경쟁 등을 불러들일 수 있음을 알아야 한다.

그러므로 구신은 암장에 있을 때, 은밀함에 의한 성공률이 높다.

불필요한 안티를 불러와서 격한 싸움 속에서 성공하고 싶거든 천간에 연을 띄워라. 저는 구신이 乙未, 甲午로 20년을 왔는데, 천간으로 왔어여. 어떻게 하면 좋죠? 어떻하라고 했어? 격하게 싸움을 붙여라, 그냥. 이런 뜻입니다. 질문 한 번 해 보세요.

상신, 구신하잖아여. 이걸 구응신이라고 하잖아여. 그런 거 보면 헷갈리고 그러지 않아여? 구하다, 응하다 그래서 救 그러잖아. 구하다, 응하다 이런 뜻이니까 구신 그러잖아여. 응하는 게 있어야 되죠? 식신이 殺을 이렇게 제했으면 비견이 딱 응해서 나한테 오잖아요. 그래서 구응. 합해서 구응, 구응관계 이런 식으로 설명을 하는 겁니다.

여러분들이 기준을 잡아야 될 게 뭐냐면, 이것들이 인제 집단이란 뜻이잖아여. 이게 집단이란 의미를 가지고 있죠? 집단, '**마음을 다 함**' 이런 의미를 가지고 있잖아여. 이게 구신이라는 이놈은 집단구성해도 괜찮아여. 그러니 활용성 집단을 구성한다고 생각하고. 만일, 상신이라는 놈이 있죠? 구신이 합을 하면 구신(원수 仇)이 되죠? 상신도 합을 하면 또 구신(원수 仇)이 되잖아여. 말하자면, 원수 仇자 구신이라는 게 들어온단 말이여. 이 구응신도 마찬가지인데, 둘 다 응하는 건데, 응하는 것은 기신만 응하는 것이 아니라 이렇게 합으로도 응할 수 있잖아. 구신들로 응할 수 있잖아. 이것도 집단화시키면 괜찮은 건데, 구신과 구신은 집단 유통이라고 합시다. 그런데 상신과 구신은 집단 참여라고 하는 거 있잖아여. 이건 대체적으로 지분을 의미하는 거잖아요.

### 상신과 구신의 합

그냥 쉽게 얘기하자. 상신이 합 되면 여럿이 지분을 나누어서 동업하는 거 말하는 거예요. 구신이 합 되면 동업이 아니여. 하나의 장소에 여럿이 같이 집단화 시키는 거 있죠? 병원 개업을 하려면 어떻게 하는 게 좋아? 여럿이 모여서 하는 게 좋잖아여. 이층은 치과, 일층은 약국 이런 식으로 집단화 시키는 방법이란 뜻이죠.

무조건 구응신만 보지 말고, 상생상극을 구응이라고 하잖아여. 그것도 집단화 시킨 건데, 그건 "이기자, 지자." 이런 의미잖아요. 그것만 있는 것이 아니라 "같이 살자."는 것도 있지 않느냐? 이런 뜻이여. 이게 구신과 상신의 내력이 이 속에도 있다 생각하시면 돼요.

저 같은 사람이 辛金이 子月에 비견이 상신이잖아여. 그러면 2016년 丙申년에 와 가지고, 상신이 합 됐지? 그러면 뭐라 그래? 집단으로 하는데, 주주 여럿이 하는 거죠? **주식 나눔으로 집단으로 조합을 만들어서 하는 거다**는 뜻이에요. 제가 乙木이라는 게 있어여. 그게 구신이에요. 乙庚합 됐지? 乙庚이 합되었으니까 혼자 유통 세상에 참여해야 돼, 여럿이 집단으로 참여해야 돼? 집단으로 참여해야죠. 그러니까 말하자면 옥션 같은데 가서 개업하거나, 백화점가서 개업하거나 이런 식으로 구신을 쓸 줄 알아야지 무조건 구신은 안 쓰면 안 됩니다.

여러분들은 다음 주에 만나면 뭘 공부해야 되냐면 구신을 공부해야 되잖아여. 두 달 동안 팔품, 용신, 격국 규정에 맞는 것만 했잖아여. 하나를 더 첨가해야 돼, 다음부터는. 뭐? 격국에서는 원수 仇자

구신으로 보지만 사실은 육신에서는 합화로 봅니다. 합화의 매력에 한 번 빠져 봐야 될 내용이잖아여. 그동안에 합화할 게 많았거든여. 그 많은 합화를 여지껏 사용도 못하고 여러 가지로 곤란한 경우가 많잖아여.

이 사주 편인격입니다.

- 상신 : 편관(己)

상신은 뭐에요? 편관 己土죠.

- 구신 : 비견(癸)

구신은 비견 癸水죠. 이게 없습니다. 戊土 때문에. 둘 다 없죠?

- 丁火 + 壬

그런데 丁火는 뭐 같아여? 丁火는 격 기신이죠? 격기신이면 내 편이여, 상대편이여? 상대편이죠. 격 기신이 +壬水 겁재와 합하고 앉아 있죠? 그러면 내가 그룹을 만들어서 대항하는 거여, 나의 반대가 그룹이 떼거지로 대드는 거여? 반대가 떼거지로 대드는 거잖아. 이게 바로 불리하다는 거예요. 그러니 뭐도 봐야 돼? 이 원수들을 구응신에 붙었냐, 기신에 붙었냐 이거야. 상구신에 붙었냐, 기신에 붙었냐를 점검해야 됩니다, 이제. 그래야지 요령이 생기잖아여, 방법론이. 무조건 상신운이면 돈 벌어, 구신운 오면 계급 생겨 그러는 게 아니잖아여. 그렇게만 보면 안 되잖아.

두 달간 지나갔으니까 지금부터는 구신을 보고 방법론을 해야 된다는 뜻입니다. 그러면 이 사람은 절대적으로 불리하잖아여. 절대적으로 불리한 게 보이죠? 그러면 甲己합이 좀 있어야 되거나, 戊癸합이 있어야 되잖아여. 그런데 戊癸합은 癸水가 없는데 무슨 합을 하고 그래? 방법이 없어. 일간 말고, 癸水 비견을 말하는 거여. 비견이어야 됩니다. 이게 부족하다는 뜻입니다.

격국을 풀어가는 합화의 방법론으로 어떻게 난국을 해결해야 되느냐 이런 뜻입니다.

그러면 암장에서만 해결하면 되지 뭐. 그리고 辛金이랑 丙火랑 +시켜서 해결 하잖아여. 암장에서만 해결하려고 하면 효과가 있다고 했어, 없다고 했어? 효과가 나지 않아. 가장 효과가 좋은 건 뭐에요? 암장과 천간이 효과가 완빵입니다. 그거로 해결해야 되는데 아무리 찾아봐도 살길이 없는 거예요. 어떻게 하면 좋냐고. 폼은 다 잡아놨지. 그런 뜻입니다. 그만두시기를 권장 드린다는 뜻입니다. **상구신만 보는 것이 아니라**, *仇神*도 찾아서 역할을 보자 이런 뜻이에요.

그럼, 다음 주 부터는 격국을 볼 때 뭐까지 보는 거예요?
相神
救神
仇神 : 연대 효과

상신도 보고 그 다음에 구신도 보고, 이제는 하나 더 해 가지고 仇神도 보는 거예요. 이거(仇神)는 뭐에요? "연대 효과를 어떻게 발휘하나 첨가를 시키자." 이거에요. 잘못하다 사기 당한다 했지? 잘못하다가는 유혹을 당한다구. 유혹 당해서 나쁠 건 없지만, 유혹 당해서 나쁠 게 뭐 있어? 그냥 돈 뺏기고 몸 뺏기는 거지. 그리고 거기서 빠져 나오는 동안은 행복하잖아. 이런 것들입니다.

이거 세 가지를 같이 포함해서 보자 그런 뜻이에요. 그런데 이 사주는 辛金이, 辛金 격이 유혹 안 당했지? 己土 상신이 유혹 안 당했지? 구신 비견도 유혹 안 당했지? 그러니 이 사람 설득하면, 무슨 말 하면 들어, 안 들어? 안 들어. 유혹을 안 당했잖아. 별것도 아니여. 왜 말을 안 듣냐고 한 거는 그런 얘기지.

아까 섬에 간 사람도 하나 있지. 그것도 유혹을 하잖아, 구신이. 그래서 섬에 간다고 한 거지. 섬에서 막 부르잖아. "너 여기서 잠깐 있다 가면 대우받아, 대우받아." 부르잖아. 그래서 가서 돈만 쓰고 왔잖아. 배운 건 없어, 돈만 쓰고 왔다잖아. 구신이 부른 거여, 별 것도 아니야. 그런 것들이 그 속에 있다 그런 뜻이여.

구신이 얼마나 괜찮은 건데. 아침에 출근하면 목욕탕에서 부르고, 사우나 하고 들어 가, 그리고 나서 부장님한테 돼지게 혼다고... 이런 유혹 상품들이 사람을 살리기도 하고 죽이기도 합니다. 그래서 유혹 상품으로 해서 어떻게 나를 만들어 가는가 보는 겁니다. 저 같은 사람은 완전히 뭐, 전부 다 합이야. 걸어가면 유혹 당해, 그냥. 그래서 아침에도 비틀거리고, 저녁에도 비틀 거리고. 귀가 양쪽에 뚫려 가지고 다 얇아. 고막이 터져가지고 통과를 해, 막 그냥.

상신도 합이야, 丙辛합. 구신 乙木 그냥 합이야, 乙庚합. 그냥 합이여. 뭐든 말하면 다 통해. 팔랑 귀라고 하죠. 이런 것들이 있습니다.

혼자 하는 게 없어. 다 연대 관계고 도움 받아야 돼. 이런 것들입니다.

**질문**
乙木이 없어도 乙庚합이에요?
**답변**
와야죠. 기다리고 있잖아여. 쟤 언제 정신 줄 놓나, 庚金이. 그런 것들이에요. 그래서 이러한 구신들이 기다리고 있으면 아는 거예요. 일단 원수 仇자 구신이 있는 거예요. 나랑 연대할 사람이 있다는 뜻이죠.

그런데 조심할 것이 있어. 뭐가 꼬인다고? 이게 구신이 있잖아, 연대 효과잖아. 이런 사람 있으면 일단 그 사람 뭐가 꼬이냐면, 이 사람한테 화류가 있어. 화류가 있어서 뭐가 꼬여? 사람이 많이 꼬여. 이런 뜻입니다.

그러면 좋은 말로 해서 '화류가 있다'고 해야지, '화냥 났다'고 하면 되겠어, 안 되겠어? 용어로 화냥끼가 있다고 이런 말 하지 말고, 나에게 화류가 있으니 흥이 막 돋아나는 구나. 그래서 여가 산업적 요소를 많이 가지고 타고 난 거예요.

그럼, 오늘 다시 중간 점검해서 '상신이란 무엇이다' 오늘 좀 적었죠? 그리고 '구신이란 무엇이다', '원수 仇자 구신이 무엇이다'를 하나 첨가해서 약간의 틀을 하나만 진보 발전시켜 나갑시다.
 안녕히들 가세요.

# 제 10강

10강 1교시 임상

사주 예시 1)

| 時 | 日 | 地 | 天 | |
|---|---|---|---|---|
| 己 | 辛 | 甲 | 戊 | 坤 |
| 亥 | 未 | 寅 | 申 | 9 |

1. 팔품 : 寅卯
팔품이 寅卯죠. 寅이니까 초목이 자라나는 환경이니 이런 거 아셔야죠. 그 환경 특징을 좀 아셔야 됩니다.

1) 甲 向 : 교육적 특징
투간이 보이나요, 寅에? 甲木 보이져. 甲木이면 투간 된 거예요.

甲이 향했다. 교육적 특징을 갖추고자 하는 계획을 짜고 있다. 甲木이 보이시죠? 교육적 특징을, 교육?상담 이런 거 있잖아요? 이러한 특징을 가지고 있다 이렇게 생각하시면 됩니다. 직업적 특징이죠. 성질로는 논리력을 지니고 있다.

문장 처리하면 "寅月 甲木이 투간 되셨으니, 귀하께서는 논리력을 기반으로 교육적 그리고 상담적 특징을 갖추고자 하십니다." 이렇게 말하시면 됩니다. 지금 이게 팔품 하는 중이에요. 팔품은 寅卯월령입니다.

### 2) 방합 : 환경 변화(이주)

방합이 되었나요? 寅卯辰 방합이 없죠. 그러니까 환경 변화 그러니까 이주 이동이라 거 있죠? 환경 변화를 예상하는 거죠. 예상을 해야 되죠. 직업적 특징, 가정적 특징을 더욱 양호하게 하기 위해서는 환경이 변화 될 예상을 하고 있는 거죠. 방합에서. 그러니 그 고유한 환경에서 자기 이점을 활용하지 못할 수 있다는 거잖아요. 방합이 없으니까. 그러니 변화 예상 이렇게 하는 겁니다.

왜냐하면 방합이 없기 때문에, 寅卯, 寅辰 방합이 없잖아요. 예상을 하는 거예요. "아, 이 사람은 고향에서 떠나서 타향으로 갈 수 있다."는 것을 예상을 하면 됩니다. 그런 뜻입니다.

### 3) 삼합 : 나이가 들어 직업 능력을 재개발할 것이라고 예상

삼합은 있나요? 다른 날에 비하여 조금 자세히, 순서대로 한 번 넘어 가 보는 거예요. 우리가 쓱 넘어 가보지 말고…

삼합은 있나요? 寅午戌 화국은 없죠? 그러기 때문에 "나이가 들어 직업 능력을 재개발할 것이다."고 예상을 합니다. 타고날 때 능력을 줬어, 안 줬어? 안 줬죠. 안 줬잖아요. 그러니까 **나이가 들어서 제 2의 능력을 다시 만들 거라고 예상을 합니다.** 어째 그쪽에만 다 몰려 있나요? 여긴 아무도 없고. 이상하네...

방합은 자기가 주어진 환경이 열악해 가지고 다른 환경으로 이동할 예상을 하고, 삼합이 없으니까 타고난 능력을 안 줬잖아. 개인적인 능력을 안 줬으니까 운에서 들어오면 내 능력을 다시 만들겠다고 예상점을 가지고 있는 겁니다.

만약, 방합이 있었으면? 정착 환경에. 삼합이 있었으면 개인 능력을. 이렇게 얘기하잖아요. 그러니 변화를 할 예상을 하고 있죠. 공간 변화와 그리고 능력 변화를 예상하는 거예요.

### 4) 충기

충기가 있어야 되는데, 충기라는 게 있어야 되죠.

충기가 있으려면 寅이 있으면 寅巳란 충기와 寅이 있으면 또 寅申이라는 충기하고, 寅이 있으면 寅亥라는 충기가 있어야 되죠? ?하는 기운이 있어야 되잖아요. 寅巳형이라는 충기와 寅申충이라는 상충의 충기, 寅亥는 파는 아니야, 혹시? 육해여? 해로운 거여? 하여간 해로워? 알았어, 육합이라고 할게. 합이라는 충기를 가지고 있죠. 이런 형충파해로 설명하는 것을 난 기분 나빠서 잘 안 한다고 했죠. 이거를 충기라고 하는 겁니다.

**寅申충은 공간 이동**이죠? 다른 공간으로 이동을 해서 환경 변화를 통해서 새로운 환경에서 정착한다는 기운을 가지고 있습니다.

寅亥의 충기는 뭐라고 했죠? 자기의 배우고 익힌 기술을, 자기가 배우고 익힌 능력을 상업적으로 활용한다는 기운을 가지고 있져? 亥라고 하는 건 무슨 환경이에요? 시장 환경이잖아요. 이러한 지식 충만, 좋은 말로 말하니까 충만이에요. **지식 충만을 상업적 용도로 사용하는 기운과 접해 있습니다.** 이런 뜻을 말합니다. 이런 뜻입니다.

그 동안에 했던 거는 뭐만 했죠? 寅申충만 했죠. **충은 가지고 있으니까 환경 변화를 통해서 할 수 있다는 뜻입니다.**

5) 운세 변화

2019년은 亥子丑이죠, 2019년부터 亥子丑이져. 2016년부터는 뭐였어요? 申酉戌이었죠. 그러면 2019년부터는 亥子丑, 2016년부터는 申酉戌이었는데 무슨 변화가 있었는지 한 번 봐야 되겠죠? 그러면 2019년에 변화를 한 번 봅시다.

이 사주는 환경 변화 이동, 공간 변화 이동 그리고 제 2의 능력을 다시 만들을 예상을 하고 있었어, 우리가 사주를 보니까. 그럴 거 같아.

2016년 ~ 2018년

그랬더니 2016년에 이렇게 申이라고 하는 상충이 들어왔고, 2018년에 戌이라는 삼합이 들어왔고, 2019년에는 충기도 들어왔죠? 寅亥라고 해서. 안 배웠다고 치자, 안 배웠어. 그림, 안 배웠다고 치자. 상충 밖에 모른다고 치자. 삼합은 배웠잖아. 통변 해 봐.

이게(2018년 戌) 뭐 하는 거예요? 삼합이죠. 삼합이 뭐라고 했어? 재능을 활용하다. 재능을 쓰기 시작하다는 뜻이죠. 상충은? 재능을 활용하기 위해서 새로운 공간을 찾다는 뜻이죠. 새로운 환경을 찾는 운세가 지나간 3년이고, 앞으로 3년 간 亥子丑은 뭐 하는 운세여? 戌亥子丑, 재능을 활용하는 환경에 들어왔다 이러한 뜻입니다. 이게 그냥 이런 뜻으로 설명하면 됩니다.

이런 것들을 볼 때는 2019년부터 亥子丑 3년, 2016년부터 申酉戌 3년간의 행태를 보는 겁니다. 그래서 "지금은 이 사주가 돈 벌이를 떠나야 되는 시절이 왔습니다."라고 활용을 하면 됩니다. 이게 팔품 보는 방법입니다. 그래서 질문을 받으시면 지금 현재 2019년 진행을 하잖아요. 여기다가 질문을 받으면 쓰시면 됩니다.

2. 격국 : 정재격
격은 뭐죠? 격은 정재격이죠. 정재격 그럽니다.

1) 상관생재 ⇒ 개인 능력 위주
정재격이면 1번째 맞아야 될 것이 상관생재 그리고 2번째가 재생관 그럽니다. 헷갈리지 않아요? 정재격 쓸 때 어떤 때는 1번째 재생관이라고 하고, 2번째는 상관생재라고 하고. 어떤 때는 1번째가 상관생재라고 하고, 2번째는 재생관이라고 하고... 왜 그렇게 하겠냐 이거에요. 뭐 때문에 하겠냐?

일간이 根이 있어 없어? 根이 있죠. 정재격은 근이 있어야 돼, 없어야 돼? 없어야 된다고 했잖아. 인왕하라고 했잖아. 정재격은 根旺하라고 했어, 印旺하라고 했어? 인왕하라고 했죠. 그러면 여기서 볼 때 일간은 根旺하죠.

정재격이 근왕하다면?
根旺하니까 능력을 갖춰야 돼, 환경을 갖춰야 돼? 능력을 먼저 갖춰야 되죠. 만약에 정재격이 격담에 根이 없으면 재생관이라는 환경을 먼저 갖추는 거예요. 환경에 적합하게 구는 거고, 根旺하면 지 능력부터 갖추어야 되니까 번호를 이렇게 쓰는 거예요. 그것도 눈치를 좀 채고 그래야지, 질문을 하나도 안 하고 쑥 지나가고, 쑥 지나가고…

정재격할 때 재생관이 1번입니다 그 말은 환경을 갖추었나를 보는 겁니다. 그런데 이건 根旺하니까 지 능력을 먼저 쓸려고 하니까 상관생재를 보게 된다는 뜻입니다. 상관생재가 돼 있죠. 재생관은 되어 있지 않죠? 그럼, 이 사람의 이미지는 어떤 거죠? 환경에 적합하는 이미지야, 자기 능력을 만들어야 돼? 자기 능력을 만들어야 돼요.

그래서 개인 능력 위주의 사회생활을 해야 되는 것이며, 환경 적합성에 의한 것은 조금 불가 하다는 뜻입니다.

2018년 ~ 2019년 운세
그래서 2018년은 격이 양간이니까 운도 양간 위주로 봐야 되죠, 이렇게. 이건 뭐냐면, 戊土 이 글자가 들어왔잖아요. 이게 正印이죠. 그럼 뭐 하는 거예요? 상관생재에 재극인이져? 상관생재에 재극인입니다. 그러면 상관생재 이렇게 하세요. 능력을 만들어서 활동을 하다가 그 다음에 뭐까지 갔어여? 재극인까지 갔져. 재극인에 갔으니까 **가치가 더욱 상승 된 능력 발휘를 하는 운에 왔다**고 생각하는 겁니다.

그러니깐 올해 운세가 뭐죠? 가격을 더 나가는 활동하는 운에 왔다고 생각하시면 됩니다.

### 2) 재생관 ? 환경 적합성에 의한 不

이게 2018년 운세 생각하면 되고, 재생관은 항상 부족합니다. 항상 부족한데, 재생관이 부족하면 그 다음에 당하는 게 쟁재죠. 그러니 이 사주는 항상 재생관을 하는 거여, 쟁재를 하는 거여? 쟁재를 하는 겁니다. 비겁이 없는데 왜 쟁재를 합니까 말하지 마세요.

**재생관이 없으니까 쟁재를 한다.** 남편을 위할 마음이 없으니까 대신 뭔 마음이 있어? 집 나갈 마음은 있잖아여. 위할 마음이 없으면 나갈 마음이 있잖아요. 그러면 나가는 일이 언제 생겨? 비겁운이 들어오면 생기잖아요. 그래서 쟁재운이 들어오죠. 언제 들어와?

+**2020년 庚金에 쟁재가 들어온다**는 뜻입니다. 재생관 되었으면 겁재를 제압했죠. 그러면 재생관이라고 해서 더 큰 틀을 가지고 있는데, 이거는 항상 비겁이 들어오면 쟁재입니다. **재생관이 안 되면 항상 쟁재입니다. 비겁이 있건 없건 상관없습니다.** 이런 뜻입니다. 여기까지가 이 사람의 할 일입니다.

### 3. 일간 : 辛金

한 번, 일간 좀 볼 까여? 일간 한 번 쳐다봐야 되죠. 일간은 음간이니까 보는 거예요. 양간 같은 건 볼 것도 없습니다.

### 1) 壬 : 귀

뭐가 있어야 되져? "너는 전문적 능력을 만들어서 전문가가 되거라." 뭐가 있어야 돼요? 壬水가 있어야 되져.

### 2) 亥 : 부

"너는 전문가 보다는 생존 위주의 직업 능력을 만들어서 돈을 많이 벌어라." 그래서 **壬水 귀해라** 그랬더니, "싫어." 그랬죠. 돈 많이 벌어서 부자 되라 그랬더니, 이렇게 **亥가 있죠. 그러니** "좋아." 그랬죠. 부자가 되거라, 좋아 그랬어여.

### 3) 申 : 존재감

그랬더니 "너 그렇게 할 수 있냐?" 그랬더니 얘가 뭐라고 말해여? 근이 있죠. 근이 辛金이 있잖아여. "나는 온갖 역경을 이겨내서라도 할 수 있어." 그랬잖아여. 그러니 뭐가 있는 거여? 존재감이 있어, 없어? 존재감이 있는 겁니다.

### 4) 2019년 기해년

일간한테 2019년은 무슨 운이 들어왔죠? 亥가 들어왔죠. **새로운 생존 환경을 만나게 된다**는 뜻입니다. 운에서 들어온 건 항상 뭐라고 하는 거여? 새로운 생존 환경을 만나게 **된다**는 뜻입니다.

그럼, 이런 걸 가지고 복잡하게 풀을 거여? 이런 걸 가지고 머리 아프게 풀을 거여? 이런 거 가지고 간단하게 할 거여? 다 똑같은 말이여. 물론, 짬뽕을 해서 다 해야 되겠만은 그럽니다.
 질문이 뭐에요, 이 사람은?

**질문**
이 사람이 미술 학원을 하는데, 홍대 대학원까지 나오고 실력은 되게 좋은데....

**답변**
실력은 안 좋죠.

**질문**
홍대 대학원 나왔으니까...

**답변**
여하튼 실력은 안 좋잖아.

**질문**
그런데 학생들이 별로 없어서...

**답변**
빨리 실력 안 좋다고 해. 삼합 있어? 없어? 삼합 없죠. 그럼 안 좋다고 해. 알았죠? 사회적으로 유명한 실력(재생관)이 있어? 없어? 개인 실력(상관생재)은 있죠. 그런데 사회적으로 통하는 실력(재생관)은 없죠. 일간 壬水 실력이 있어, 없어? 안 되죠.

**질문**
학생들이 많지 않아서, '바우쳐'라고 해서 요양병원 같이 돈 없는 애들을 나라에서 얼마를 보조를 해 주고, 학생들이 다닐 수 있도록 하는 것을 신청을 했대요. 그런 것을 해서 괜찮아질지...

**답변**

2019년 어떻게 하라고? 새로운 먹고 살 수 있는 환경을 만나야 된다. 2018년 어떻게 하라고? 재극인을 뭐라고 했어? 돈을 더 벌어야 된다고 생각 했어, 안 했어? 생각 했죠. 이걸 답변 해 줘야 되지? 2018부터 돈을 더 벌어야 된다고 마음을 먹었지. 2019년은 뭐였었져, 또? 써 놔야 되겠네.

寅亥 이 말이 뭔 말이라 그랬져? 교육적 자질을 가지고, 더 넓은 시장으로 진출한다는 말이죠. 팔품을 환경화 시켜서 "나의 교육적 자질을 가지고, 시장 같은 환경(亥)을 만나게 됩니다." 이렇게 얘기해야 되지. 격, 부귀빈천 중에서 재극인이니까 무슨 운이여? 귀여, 부여? 상신이니까 돈을 더 벌어야겠다는 마인드 컨트롤이 되어 있어, 안 되어 있어? 되어 있죠. 그러면서 어떻게 된 거여? 귀부 중에 올해 부 만났잖아. **새로운 시장을 만나다** 이렇게 설명을 하는 겁니다.

**질문**

'바우쳐' 하면 나라에서 운영하는 것인데, 자격조건이 되려면 재생관이나 이런 거 되어야 되는 거 아닌가요?

**답변**

재생관만 되는 게 아니라, 상신이 있잖아요. 자격 조건은 항상 뭐여? 상신. 상신은 항상 자격 조건이라고 되어 있죠.

## ** 창광의 사주 통변 **

寅월에 甲이 향 되면 뭐라고 했지? 논리력을 기반으로 교육적, 상담적 특징을 발휘하고 싶어 한다. 천간에 있으니까 발휘한다져. 예상이 아니잖아. 통변을 그렇게 했죠. 방합이 없어, 그러면 뭐라고? **자기의 기존 환경에서 먹거리를 구하기가 힘드니, 환경 이동이 예상 된**

다 이렇게 쓰여 있지? 그대로 설명하면 돼.

삼합, 귀하의 재능은 크게 부각 되어 있지 않다. 그러니까 나중에 제 2의 재능을 개발할 예상을 해야 된다는 뜻이여.

상충은 되어 있죠. 寅申충. 그러니까 공간 이동은 항상 필수다. 그곳에서 먹고 살기 힘들다. 다른 공간으로 이동한다는 뜻이죠. 이동이 뭐라고 했어? 다른 공간이나 다른 환경하고 접목 현상을 발휘하는 게 상충이라고 했죠. 그런 거 설명을 일일이 하는 겁니다.

그리고 이 사주는 상관생재라고 그랬죠. 통변을 다시 해 봐봐. 이게 1번이니까. 왜? 정재격에 근왕하기 때문에 자기 개인적인 능력이 우선하는 것이지, 재생관이 안 되니 환경에 적합하지가 않다. 환경에 적합하지가 않으니까 항상 위험 요소가 있죠. 정재격은 항상 재생관이 1번 되어야 되는데, 근왕하니까 **상관생재가 1번이 되어 버렸어요. 환경에 적합하려는 게 아니라 자기 능력을 자꾸 배출하려고 한다는** 뜻이에요. 그러니까 **상신보다는 재격은 구신이 우선 하는 겁니다**, 항상. 그래서 자기 능력 만들어서 배출하려고 하고, 2018년은 상관생재 재극인 되어 있죠. 그래서 돈을 더 벌고 싶다는 그리고 **빈곤을 벗어나고 싶다는 재극인이 왔다는** 뜻입니다.

일간도, 음간은 항상 이렇게 관찰을 해 봐야지 됩니다. 물어보면 답변을 항상 이 세 가지가 한꺼번에 몰려 들어와 있어야 돼요.


### 4. 용신 : 甲木

용신은 甲木입니다. 용신도 한 번 점검을 해 볼 까요? 용신은 사령 용신 얘기하는 게 아니라 항상 당령에다 두고 얘기 하는 거죠? 사령

용신으로 사주를 점검하는 거는 이번 학기에는 잘 못합니다. 사령이라는 거는 다음에 다시 또 해야 되고.

### 1) 癸甲

癸水가 甲木을 생 해 줘야 되죠? 그러면 자기가 속한 업계에서 필요한 능력을 개발한다고 되어 있죠. 그래서 이 사주는 癸甲이 없으니까 실력이 그 다지 뛰어나지 않죠. 자질 개발이 완성 된 사람은 아니란 뜻입니다.

### 2) 己癸

그 다음에 己癸가 되거나 또는 戊丙이 되어야 되죠? 己癸가 되거나 戊丙 되는 겁니다. **己癸가 되면 실력을 쌓아야 된다는 걸 인식하고, 戊丙이 되면은 세상에 나아가지고 능력을 발휘해야 된다는 걸로 인식하는 겁니다.**

이 사주는 己癸로 실력을 높여야 된다는 걸 인식했어, 세상에 나아가서 능력을 발휘해야 된다는 걸 인식했어요? 능력을 발휘해야 된다는 걸 인식했죠? 왜냐하면 丙火 기질입니다. 왜냐하면 寅중 丙火가 있기 때문에. 癸水가 없으니까 丙火로 보는 겁니다. 그러니 이 사주는 **능력을 개발해야 된다, 실력을 차곡차곡 쌓는 것을 인식하는 게 아니라 내 능력을 빨리 가서 써야 된다는 것을 인식하게 된다** 이런 의미입니다.

### 3) 辛癸

그 다음에 辛癸로 금생수 하라고 했죠. 일단 癸水가 없기 때문에

癸水가 비어 있져? 그러니 수원이라는 辛은 있는데, 수가 흐르지는 않잖아요. 이런 뜻입니다. **그래서 깊이 있는 자질은 있는데, 깊이 있는 자질이 개발 되지는 않았다**는 뜻입니다. 그러면 작가가 안 됩니다. 작가가 되질 않습니다. 깊이가 좀 부족하시죠. 이게(癸甲) 안 되고, 이것(己癸)도 안 되고, 이것(辛癸)도 안 되고 그럽니다.

### 4) 甲丙

사회적 확장성을 가져야지만, 파급효과를 일으켜서 가치도 더 인정받고 그러죠. 그런데 甲丙이 드러나 있지를 않습니다. 물론 뭐 丙火에 태어났건, 寅午戌 화국이라도 되어 있으면 되는데, 되어 있지 않으니까 조금은 부족하신 내용입니다. 그래서 용신이라고 해서, **용신이 뭐라고 했죠? 그 사람의 개인적 실력**이라고 했죠. 그래서 실력은 부족하십니다. 서양 미술가입니다. 동양 미술이 아니고, **서양 미술**이라고. 왜? 癸甲이여, 壬甲이여? **壬甲이잖아요**. 壬甲 보여, 안 보여? 확실하지? 壬甲 보이지? "서양 미술입니다." 이렇게 말하는 겁니다.

### 5) 壬甲(기신)

그래서 기신으로 따지니까 壬甲 됐죠. **壬甲 됐으니까 교류형 미술이다**는 뜻입니다. 이거는 癸水가 희신인데, 壬水를 만났으니까 기신을 본 거죠? 그래서 바뀐 겁니다.

이거(癸甲)는 동양적인 색채이고, 壬甲은 교류적이니 서양적 색채 이렇게 말합니다. 그래서 동양적, 서양적 색채 이렇게 하면 됩니다.

6) 丙火

여기 丙火가 있어, 없어? 丙火가 없죠. 산업 미술이 아닙니다. 순수 미술입니다. 丙火가 있었으면 디자인 이런 걸로 변할 텐데. 파급 효과가 없으니까, 산업 미술이냐, 순수 미술이냐 중에 순수 미술에 들어간다는 뜻입니다. 丙火가 없어서 이렇습니다. 이런 거 구분할 때 씁니다.

그러니 丙火가 있었으면 입시미술 그러죠. 없습니다. 파급 효과가 좋은 곳으론 못 간다는 뜻입니다. 애매하진 않죠?

5. 통변순서

사주를 볼 때 1번 쓸 때부터 기선제압을 팍 해 버려야 돼요. 여기서 끝장을 내 버린다는 마음으로 시작을 해야 됩니다. 순서는 팔품보고 환경 변화를 보는 거죠. 그리고 나서 이렇게 격 보고 용신 보고, 그리고 나서 일간을 볼까, 말까는 고민을 해야 됩니다. 양간 같으면 일간을 보는 거 별로 중요하지가 않아요. 음간은 얼른 일간을 봐야 돼요. 음간은 뭐부터 중요해져? 나의 안위부터 생각한단 말이에요. 이런 뜻을 말합니다. 순서대로 하실 수 있죠?

질문

올해 새로운 환경으로 지금 하고자 하는 일을 하고자 하셨는데, 庚子 辛丑년에 바로 쟁재 되잖아요?

답변

쫓겨나면 돼지, 그때는.

**질문**
그래도 하라고 해야 돼요?
**답변**
재계약한다고 하면 되잖아. 어려운 얘기 하지마. 아니 재계약하는 거지. 아니, 거기 한 번 들어가면 삼십년이야? 우리가 100명이면 100명 다 살릴 수 없어요. 그러니깐 잘 타고 나셔야 돼요. 꼭 잘 타고 나세요.

---

또 사주!

사주 예시 2)

| 時 | 日 | 地 | 天 | |
|---|---|---|---|---|
| 丁 | 戊 | 甲 | 甲 | 乾 |
| 巳 | 辰 | 戌 | 戌 | 10 |

아무리 21세기라고 해도 제가 어릴 때 배웠던 거, 명리학이 확산된 게 98년도부터인데, 우리나라에. IMF를 어렵게 겪었잖아요. 그러니 명리학이 확산 되기 이전에 우리나라에도 명리학이라는 게 있긴 있었어요. 그렇지만 책이 많지를 않으니까 막 외우라고 한 것도 있었잖아요. 이런 것도 생각을 해 주셔야 됩니다. 옛날 방식이에요.

위 사주는 주왕하고. '토, 辰戌丑未월에 낳다' 는 뜻이에요. 주왕하고, 이 주왕일 때 戌월은 뭐가 령이에요? 辛金이 령이고. 이게 짬뽕된 겁니다.

辛金이 령이고, 이것 중에서 丁火와 戊土가 향하고, 이렇게 향했죠. 짬뽕 된 겁니다. 주왕이 그리고 辛金이, 丁火와 戊土가 이렇게 조인트화 되었다는 뜻이에요. 이거를 모조리 통변하고 시작해야 됩니다. 이런 뜻이죠. 모조리 통변을 해 나가야 되는 겁니다. 이렇게 사주가 구조가 되어 있다는 거를 인식을 하고 지금부터 시작하는 거예요.

다시, 辰戌丑未니까 주왕하고, 辛金이 령이고 그리고 령이 투간이 안 되고 용이라고 하는 거, 寅午戌 화국 안 하니 용사를 안 한 것이 투간 됐죠? 용사를 안 하잖아요. 寅午戌 화국 되어야 용사 하는 거 아시죠? 이게 투간이 되었습니다. 용사를 안 한 것이 격인 것처럼 불뚝 올라갔잖아여. 격인 것처럼 행세하고 올라갔죠. 쟤 격 못 정해 주거든여. 격인 것처럼 쑥 올라가 있단 말이에요. 丁火로 격도 안 잡아 줬는데 쑥 올라 가가지고 살인상생까지 하고 앉아 있어요. 그렇다고 격 아닙니다. 둥그런 갓 써서 양반 되었다고 양반 아닙니다. 백날 얘기해 봐야 얘는 상관격입니다.


1. 격국 : 상관격

가만히 보니까 戌중에 辛丁戊 중에 뭐 하나 투간 되면 격이더라구. 丁火가 격을 잡으려면, 丁火는 술에서 용한 거져. 寅午戌 화국을 해야지 수많은 과정을 거치면서 용사를 하죠. 용과 용사는 틀립니다. 그럼으로 저거는 격으로 잡아 줄 수 없습니다.

다만, 천간에 투간 되었기 때문에 "상관이라는 격에 막대한 영향을 미쳐서 나라에 가서 허가를 맡아서 공직 사회로 가라." 이렇게 하는 것은 할 수는 있습니다. 그렇지만은 정인격이 한 것처럼 행해서는 안 됩니다. 상관격이 정인을 본 것이져? 그 의미가 틀리다는 뜻입니다. 그래서 이거는 상관격입니다.


2. 당령 : 辛金

그리고 당령은 辛金이니까 辛金이 령이져. 辛金이 당령이니까 령이다고 생각해 주시면 됩니다.


3. 팔품 : 酉戌

팔품은 **酉戌에 낳다** 이러한 의미입니다.

이렇게 봐 가지고 이건 1994년생이죠. 94년생은 격보다 더 중요한 게 용신 보는 법이죠. 어리니까. 아까 나이 먹은 사람이니까 팔품, 환경 변화부터 보고 그러는 건데.


1) 조후

환경 변화를 이거 볼 때는 항상 1번 이렇게 쓰시구여. 1번 썼을 때, 이번 썼을 때 변화가 있다고 했져? 1번 썼을 때는 항상 조후 보라고 했죠. 조후를 보는 겁니다.

그러면 금생수가 되어서 戌亥子丑寅, 亥子丑만 금한수냉을 보는 게 아니라, 확장해서 戌亥子丑寅까지도 볼 수 있잖아요. 그러면 이게 춥다고 생각한다면 금생수가 되어야지 조후가 필요해, 안 필요해? 필요한 겁니다. 이게 금생수가 됐어, 안 됐어? 금한수냉이 이루어지지 않았음으로 조후용신은 판단할 필요가 없습니다.

2) 환경 변화 특징
그러면 이번 그럽니다. 그러면 환경 변화 특징을 보는데,

① 투간
투간이 뭘로 되어 있죠? 월령에서 투간이 뭘로 되어 있어? 丁火가 향했죠. 丁火하고 戊土가 향했습니다. 그 중에 丁火가 향했다 이걸 생각을 해 주시면 됩니다. 그러면 뭐라고 말 해야죠? 丁火가 투간 되었으면. 丁火가 투간 되었으면 뭐라고 말해야 돼? 아까, 寅月에 甲木이 투간 됐으면 뭐라고 했어? 교육적 인간형이 되기 위해서 어쩌고, 저쩌고 했잖아요.
戌에서 丁火가 투간 되면 뭐라고 말해야 되여? **자원 재생산업의 특기를 가지고** 이렇게 설명하는 거 아니여? 사람이 불쌍해, 안 불쌍해? 나이 먹으면 불쌍해지지요. 그들에게 힐링을 줘야 돼, 안 줘야 돼? A/S적 특기를 가지고. 자원 재생산의 특기. '모든 사람에게 A/S를 해 주겠다. 힐링을 해 주겠다는 마음을 가지고' 이런 걸 하는 겁니다.

② 방합
방합이 있나여? 없죠. 아까 방합이 없으면 뭐라고 통변하라고? 환경을 자꾸 변할 수도 있다는 거죠. 다른 환경과 접목이 가능하다는

뜻입니다. 그러니 자기의 고정 환경에서 정착이 힘들고, 다른 환경으로 변할 거를 예상한다는 뜻이져.

③ 삼합

삼합이 있어요, 없어요? 삼합이 없죠. 이렇게 되면 뭐라고 했죠? **지속적으로 능력을 재개발해야만 된다**는 뜻입니다. 나이가 먹으면 계속 또 해야 돼지. 능력을 이렇게 개발한 건 아닙니다. 그래서 **경쟁의 필요성에 따라 능력을 재개발할 필요가 있습니다. 삼합이 없으니까.**

삼합이 있었으면 재개발이라 그래, 꾸준히라 그래? 꾸준히 능력을 개발하는 거죠. 그래서 다른 능력, 제 2의 능력을. 그러면 이거는 제 2의 환경을 만날 예상을 하고, **제 2의 능력을 배양 시키는 걸 예상을 하는 거죠.** 아주 간단합니다.

④ 회합(방합 + 삼합)

방합하고 삼합하고 만날 까닭이 있어, 없어요? 만날 까닭이 없습니다. 운에서도 절대로 안 만납니다. 이걸 회합이라고 하잖아요. 이 회합에 대해서는 설명이 불가합니다.

⑤ 상충 : 辰戌충

상충을 봐야 되는데, 상충은 있죠? 충은 있잖아요. 辰戌충은 있습니다. 이 사주는 그러니까 노인네 만지는 A/S라고 하는 환경에서 태어났는데, 환경에 태어났죠. 그런데 사람을 행정적으로, 정책적으로 도와줘야 하는 辰 환경이 왔죠. 환경 배합이 되었잖아요. 그러면 戌

환경보다는 辰 환경으로 변화해서 살아갈 확률이 높죠. 사주가 이과적 성품인데, 문과적 진로를 택할 확률이 높잖아요. **戌에서 辰으로 바뀌었으니까 환경 변화가 나타날 것이다**고 예상을 하고 있으시면 됩니다.

### 4. 용신 : 辛金

용신 한 번 살펴봅시다. 辛金 용신입니다.

#### 1) 辛壬

"辛金은 무엇을 만나야지 능력 개발을 합니까?" 물을 때, 壬水를 만나야지 자질이 개발 됩니다. 辛金이 뭐예요? 자질이라고 하죠. 壬水가 있으면 자질이 개발 된다 이런 뜻입니다.

#### 2) 戊壬

戊壬을 해야 되죠. 그러면 壬水가 개발된 실력이고, 戊土가 뭐에요? 실력이 적합해야 되죠? 환경 적합성이잖아요. 환경 적합성이 있느냐 이런 걸 따지는 겁니다.

#### 3) 丁辛

이렇게 되어 있으면 다음에 할 일이 뭐에요? 자질(辛金)을 개발하고 환경에 적합하게 열심히 활동을 하다보니까 다시 능력을 업그레이드 해야 돼, 안 해야 돼? 계속 해야 되죠. 그러니까 丁辛, 자기 능력을 다시 재개발해야 되잖아요. 자질을 다시 재개발(丁火)을 해야 된다는 뜻입니다.

### 4) 壬甲

개발 된 능력을 세상에 나아가서 더 오랫동안 활동을 써야 되겠죠? 甲丁도 되고, 壬甲도 되잖아요. 그러니 이거는 오랫동안 지속적으로 써서 매니아층을 만든다고 했죠. **개발 된 능력을 파급 효과를 일으켜서 크게 쓴다**는 뜻으로 설명을 하는 겁니다.

그럼, 이 사주는 辛戌 이렇게 있죠. 그 다음에 甲 이렇게 있죠. 辛金이 뭐라고? 자질, 壬水가 있어야지 개발을 하져. 자기 개발이 돼 있어, 안 돼 있어? 안 돼 있습니다.

그리고 나서 戊土 뭐라고 했죠? 환경 적합성. 이 사람은 자질 개발보다는 환경에 적합하게 구는 아주 착실한 기운을 가지고 있져? 적합한 기운을 가지고 있습니다. **자질보다는 적합성이 뛰어나다**는 뜻입니다.

그리고 나서 甲木 파급 효과는 좋아, 안 좋아? 파급효과는 좋죠.

**그래서 이 사주는 환경 적합성과 서비스 정신과 서비스 행동력을 잘 가지고 있는 사람이다**는 뜻입니다.

올해 운세는 뭐죠? 무토라 하면 되잖아. 무기니깐 환경 적합성. 그렇게 설명하면 손님이 못 알아들으니까, **자기 개발에 필요한 적합한 환경을 찾는다**는 뜻입니다.

### 5. 격국 : 상관격

격이 상관격입니다.

#### 1) 상관패인

상관패인 해야 되죠? 상관패인은 하죠. 丁辛으로 상관 패인 하잖아요. 丁火가 투간 되어 있잖아요. 상관패인 합니다.

#### 2) 관인상생 → 化 살인상생

관인상생을 해야 되죠? 상관패인 했으면 관을 구했으니 관인상생을 해야 되잖아요. 관인상생을 안 하니까 진로를 조금 바꾸어서 살인상생을 하러 가야죠. 바꿔야 되죠?

그래서 이걸 뭐라고 했어? 化 라고, 항상 이렇게 쓰라고 했죠. 化살인상생해야 되죠. 그러면 진로를 수정해야 된다고 했잖아요. 化자 붙으면 항상 **재성이나 관살이 바뀌면 항상 진로 수정이 필요하다**고 했어요. 이런 뜻입니다.

### 6. 2019년 운세

올해 운세는 뭐죠? 올해 운세.

2019년 근왕 상관격이죠. 상관격이 근왕하면 돼, 안 돼? 안 된다고 했지. 하여간 근왕 상관격이 뭘 만났어요? 겁상을 만났다 그러죠. 겁재 상관을 만난 거죠. 그러면 어떻게 하는 거여? 상관패인이니 관인상생이니 안 하겠다는 뜻이지. 어떻게 하겠다는 뜻이여? **내 마음에 찬 것을 찾겠다**는 의미잖아요. 질문이 뭐여, 이 꼬마 아가씨는?

질문

뉴욕에서 태어났고, 뉴욕에서 교육학, 한국어를 전공했는데요. 이것을 안 하고, 심리학으로 해서 교수의 길을 다시 갈 수 있는지... 심리학을 배워서 한국으로 나와서 살 수 있을까...

여하튼 간 뭐뭐를 배웠는데 그거는 못하겠고, 다른 뭐뭐로 하겠다고 했는데... 질문을 했으면 통변을 해 줘야 되는데 그 동안 말을 들으면 어떻다는 얘기야? 그냥 올해 운세만 하던지, 설명은 전부 다 격으로 하는 거예요. 설명은 전부 다 격으로 하는 거죠.

** 창광의 사주 통변 **

다시 용신 좀 쳐다 봐봐, 어리니까. 자질 개발이 되어 있어, 안 되어 있어? 안 되어 있죠. 그런데 자질 개발은 안 되어 있는데 적합하게 하기는 해 안 해? 환경에 적합하게 하려고 하죠. 그러니 자기한테 적합하려 그래, 환경에 적합하려 그래? 환경에 적합한 걸 찾으려고 하죠.

그리고 丁火가 있으니 능력을 재개발하려는 느낌은 들죠.

그리고 사회적 파급효과도 막 일으키려고 하죠. 안 된 개발 가지고. 그럼, 이게 뭐에요? 자기는 자질 개발은 안 됐잖아요. 남의 자질 개발 된 능력을 가지고 자기가 매니저로써 사회적 파급을 노려야 된다는 戊辛甲이 있는 거죠. **자기가 자질 개발하는 게 아니라 남의 자질을 가지고 해야 됩니다.** 자기의 자질이 크게 나타나지 않다 그럽니다.

여하튼간 상관격, 상관패인 하죠. 근데, 근왕하면 상관패인 하는 거야, 안 하는 거야? 안 한다고 되어 있죠. 상관패인 안 된다. 化 살인상생, 진로가 바뀔 가능성이 있다.

올해 운세는 근왕 상관격이다. 근왕 상관격이 겁상이 들어왔으니까, 관인상생, 살인상생을 무시하고 새로운 자기 능력을 겁상, 혁신적으로 바꾸겠다는 얘기죠. 답변을 해 주셔야 돼요. 그러면 보살님이 하나만 가지고 답변 해 봐바. 격 하나만, 용신 하나만, 팔품 하나만... 팔품만 가지고 해 봐바.

예상한 게 뭐 있었어? 금생수 불. 바꿀 거 같아 보이지. 이 사람이 하는 일이 뭐에요, 환경 속에, 丁火가 투간 되었으니 A/S 전문가지. A/S 전문가인데 상충이 되었으니까 이과형이여, 문과형이여? 문과형 A/S 전문가잖아. 원래는 뭐 고쳐야 돼? 몸뚱이 고치러 가야 되는데, 마음 고치러 가는 거 보이죠? 그리고 방합이 있어, 없어? 없으니까 원래 타고난 곳에 그곳에 정착하려고 그래? 환경 이동을 하려고 예상을 하고 있지.

하여간 조후 용신이 필요 없어서 간절함이 덜 해.

**질문**
그럼 나와도 괜찮고, 있어도 괜찮은데 간절하지는 않다는 거죠?
**답변**
그렇지. 그거는 그냥 한 번 물어 본 말이지.
**질문**
그러면 미국에서 교수할 수 있어요?
**답변**

아니여 나올 거여. 이 고민 저 고민 하다가 한 5~6년 후에 나와. 그리고 삼합도 없으니까 제 2의 능력을 만들려고 하는 거 보이지? 그리고 방합과 삼합 없잖아요. 삼합이 없으니까 뚜렷한 능력이 없고, 방합이 없으니 뚜렷하게 어디 정착해야 된다는 마음이 없잖아요.

방합이 없으니까 뚜렷하게 어디 정착해야 겠다는 마음이 없고, 삼합이 없으니까 능력에 대한 마음이 없잖아. 생긴대로 물어봐요, 다. 사주 생긴 대로 물어보잖아요. 이렇게만 써 놓으면 질문에 다 답변하고 꼼작 못해요. 자꾸 해 버릇해야 되죠. 순서대로 해 버릇해요.

일간은 양간이니까 크게 볼만한 내용은 아닙니다.
2018, 19년은 격으로. 하여간 운세는 격으로 보는 게 최고 편합니다.
용신으로 운세 보면 戊壬. 재(戊壬)가 뭐에요? 새로운 환경에서 요구하는 환경 적합성을 찾다. 요즘 트랜드는 뭔가 하고 찾아내고 있다는 뜻입니다.
그리고 격으로 보면 근왕 상관격이 근왕을 만났죠, 작년에. 그리고 올해는 겁을 만났죠. 그래서 독립을 요구하고 있다 이런 뜻이여.

이 사주는 주왕하고, 辛金이 령이고, 丁火와 戊土가 향하고 있다. 상관격인데 丁火라는 탈을 쓰고, 인성이란 탈을 쓰고 위로 올라가 있다. 이렇게 노동과 기술 현장에서 근무하고 살아야 되는데, 丁火가 크게 쓰지 못할 丁火가 올라와서 지적 능력으로 가장을 하고 있다. 인성으로 가장이 되어 있죠. 뭔가 자기가 지적 능력 소유자로 보이잖아요. 사실은 그런데 현장에 있는 사람이죠. 또 의문점?

### 질문
壬水가 없어서 甲丁이...

### 답변
네, 쓸모가 없져. 가만히 있어 봐여. 戌월이니까, 酉戌월령이잖아여. 순서가 금생수로 능력을 발휘하려면 화극금으로 실력을 쌓아라.

금생수가 안 되니까 화극금으로 실력을 쌓아, 안 쌓아? 안 쌓잖아요. 그러니까 발휘할 실력을 쌓아, 발휘 안 할 실력을 쌓아? 화극금은 되어 있으니까 실력은 쌓잖아여. 발휘를 안 할 실력을 쌓다고 되어 있져. 통변할 때 이런 식입이다.

### 酉戌亥子 월령
酉戌亥子 월령이니까 '금생수로 능력을 발휘하려면 화극금으로 발휘할 실력을 쌓아라.' 그랬단 말이야. 금생수가 壬水로 안 되다 보니까, 화극금을 했잖아여. 발휘할 실력을 쌓은 게 아니라, 발휘 안 할 실력을 쌓잖아여.

그럼 언젠가는 이 실력이 바뀔 거란 말이여. 언제 운에? 수라고 하는 壬水라는 운이 천간이든, 지지든 오면 "아, 내가 능력을 다시 만들어야 되나?" 생각 할 거란 말이에요. 그래서 금생수로, 화극금으로 이렇게 했잖아여. 그 다음에는 이런 식으로 또 통변 하는 겁니다.

이렇게 했으면 실력을 깊이 쌓으려면 어떻게 해야 되여? 목생화를 또 해야 되져? 더 크게 발휘하려면 수생목을 해야 되잖아여. 그런데 여기서 걸렸습니다. 능력을 다시 만들어야 됩니다. 이렇게 설명할 수 있습니다.

또 질문 한 번 해 봐여.

**질문**

戊土가 왕 해서 辛金도 그렇고, 그것만 하고…

**답변**

병약이여? 병약. 토가 지나치게 높져. 그러려면 소토해야 되잖아여. 소토하려면 약이 있어야 되잖아여, 甲木이. 甲木으로 소토해서 새로운 능력을 자꾸 쌓아야 됩니다. 병약이라고 하져. 태과불급. 토가 너무 큽니다. 甲木으로 다시 소토해야지 매금 되고 매광 된 거를 구하져.

**질문**

한 번도 여자 친구를 사귄 적이 없다는데, 여자를 사귈 수 있나요?

**답변**

그런 건 나 잘 몰라. 여자는 왜 사겨? 아버지 돈으로 편하게 행복하면 되는데.

주왕, 부모로부터 받을 것이 있다. 辛金이 령이다. 辛金이 령인데 애가 격이에요. 너는 장자이다. 너는 장자임에 틀림이 없다. 丁火가 투간 되었는데 '공부도 못하는 놈이 한다고 뻥을 치고 다니는구나.' 辛金이 투간 된 게 아니잖아. 이런 뜻입니다.

'戊土도 투간 되었으니 너는 지주로써 행세깨나 하겠구나. 공부는 못하는 놈이 돈 복은 있구나.' 그게 이 속에 담겨져 있습니다. 그 부러워하는 건물주 사주입니다. 이렇게 해 놓고 가야 됩니다. 이게 뜻하는 말이 뭔지를 해 놓고 가야 됩니다.

**질문**

壬水가 없으면 건물주 되고 싶은 사람이고, 壬水가 있어야 건물주가 된다고...

**답변**
누가 그랬어?

**질문**
선생님께서...

**답변**
말조심해야 돼.

---

사주 예시 3)

| 時 | 日 | 地 | 天 | |
|---|---|---|---|---|
| 壬 | 癸 | 戊 | 壬 | 乾 |
| 戌 | 酉 | 申 | 午 | 2 |

壬午생이면 2002년생 壬午생이여? 고 3이에요? 고 3을 댄 이유가 뭘까여?

**질문**
학교 입시 문제가 아니라 중학교 때부터 사귀던 여자가 있었는데, 헤어지고 새로운 여자 친구를 사귀었는데 같은 학교에요. 지금 성추행으로 고발을 당해 가지고...


## 1. 격국 : 정인격
격은 정인격이져.

### 1) 관인상생 + 제상
정인격은 1번이 뭐 해야 되져? 관인상생 해야 되져. 토생금, 금생수 관인하는 겁니다. 관인이 잘 되어 있져. 관인이 잘 되어 있습니다.
그리고 관인 했으면 패인을 해야 되져. 정인격이 관인 했잖아여. 그래서 상관을 제해야 됩니다. 제상을 해야지, 그래야지만 관인상생을 한다는 뜻입니다.

### 2) 인겁 + 제재
그 다음에 인겁을 해야 되져. 인겁을 하면 조직에 맞추어 살기도 하지만, 독립적으로 자기 개인적인 능력을 갖추게 되져. 인겁을 잘 했져.
이 사주는 신중에 인겁이기 때문에 관인상생보다는 인겁이 뛰어납니다. 인겁을 했으니까, 이거는 개인적 재능도 뛰어나다는 뜻이에요. 관인이라는 조직 적합도 보다는 개인적인 재능이 뛰어납니다. 관인상생이 상관을 제한 관인상생이 아닙니다.
인겁을 했으면 제를 해서 재성을 제해야 되져? 丙火의 정재를 제해야지 문중이 생기는 거져? 문중이라고 문화가 생긴다고 하잖아요. 파가 생기는 거잖아여. 이렇게 문화를 구축한다는 뜻입니다. 이런 게 생기는 겁니다.

그런데 이 사주는 문화가 구축이 안 되어 있져. 그리고 제상도 안 되어 있져. 그러니 순수한 관인상생, 인겁 입니다. 그러려면 이 인겁을 이겨내서 조직에 딱 맞춰서 살아야 되잖아여. 결정해야 되잖아여. 인겁상으로 개인력을 주장해서 개인의 편리대로 생활을 할 거냐? 조직생활을 할 거냐? 인겁이 없으면 상관이 없습니다.

3) 재생관
 인겁이 있으니까 반드시 1번에 맞추려면 재생관이 있어야 되져? 그럼, 재생관이 사주에 있어여, 없어여? 일단 없져. 그렇지만 午戌합 했으니까 기운은 있지만 재생관이 일단 없습니다. 丙火가 없잖아여. 재생관이 없음으로 재관이 왕 해졌어여? 일간이 더 왕 해졌어여? **일간이 더 왕 해졌다** 이런 뜻입니다.

** 창광의 사주 통변 **
 결국은 이 사주는 지향이 정인격이 관인상생을 지향하는 거여, 인겁상을 지향하는 거여? **인겁상을 지향한다**는 뜻입니다. 인겁 입니다. 이렇게 설명하시면 됩니다. 그래서 **사주가 인겁이라는 조직보다는 개인능력을 위주로 한 삶을 살아가겠다**는 걸로 나왔습니다. 그래서 庚壬으로 사는 겁니다. 이런 뜻입니다.
 이 사주는 그러니까 정인격의 유용지신이 겁재입니다.

2018년 ~ 2019년
 금년 2018, 2019년은 유용지신, 자기가 좋아서 한 짓에 대한 제약을 받습니다. 그런데 뭐 어쨌다고, 꼬마가?

**질문**

중학교 때부터 사귄 여자 친구랑 헤어지고 같은 학교를 갔는데, 헤어져서 다른 여자 친구가 생겼대여. 근데, 전 여친이 성추행 했다고 고발을 한 거예요. 그런데 얘가 공부도 잘 하고 그러니까 "얘는 그런 애가 아니다."하고 탄원서를 냈고, 남자애 부모는 합의를 하려고 가서 빌었어요. 그랬더니 탄원서 써 준 애들이 또 고발 했대요. 대학교도 가야 하고 하는데,,, 학교에서는 전학을 가라고 하는데 고 3인데 어떻게 전학을 가냐고. 해결 될 수 있냐고...

**답변**

여하튼간 관재구설수 없고, 물론 그런 걸로 망신은 당할 수는 있지.

**망신수**

원래 **정관이 와서 겁재를 극하면 망신수야**. 수라고 하는 금생수가 원래 청탁이잖아. 토가 왔으니까 흐려진 거잖아. 그런데 관재구설이나 영창 가거나 잘못 되는 건 없어. 그냥 잘 생긴 게 흠이다 생각해.

그러니깐 여자는 만나면 안 돼. 여자는 가만히 안 있잖아. 여자는 만나지 마. 그냥 안 만나면 되잖아. 왜 여자를 만나서 속을 썩여? 그런 거 하지 마, 힘들어.

**질문**

엄마가 합의해 주고, 또 빌어야 되요? 저렇게 고발을 하고...
**답변**
고발이야 경찰서 있으니까 하는 건데, 경찰서 안 불려 가니까 괜찮아.
**질문**
이미 몇 번씩 갔대요...
**답변**
진술서 쓸 거니까 간 거지. 괜찮아.
**질문**
엄마는 속이 문드러져서...
**답변**
엄마는 문제지, 그렇지. 하여간 큰 일 아니야.

---

## 사주 예시 4)

| 時 | 日 | 地 | 天 |
|---|---|---|---|
| 丙 | 癸 | 己 | 甲 |
| 辰 | 丑 | 巳 | 子 |

坤
5

**1 격국 : 정재격**

격이 뭐져? 정재격. 정재격은 재생관이 되어 있어야져. 정재격은 재생관이 되어 있어야 됩니다.

### 1) 상관생재 : 고임금

1번째 순서대로 말하면 뭐가 되어 있어야 되여? 상관생재가 돼 있어야 되져? 이 사주는 정재격에 상관생재가 참 잘 되어 있져? 천간에 뚜렷하게 드러났져. 상관생재가 되어 있으면 고임금이 되는 거져? 고임금이 될 수 있다는 뜻입니다.

### 재극인

그러면 2번 재극인까지 하면 어떻게 되여? 최고의 임금 수혜자가 되져? 하여간 상관생재가 있으면 고임금, 상신이 있으면 고임금 그러는 겁니다. 그리고 재극인까지 되어 있으면 최고 임금자. 그러니까 오랫동안 임금을 받는다는 뜻입니다. 그런 이 사주에는 재극인은 없져.

### 2) 재생관 : 신분 유지

2번 재생관을 봐야 되져? 그러면 총괄자져 되져? 경영자도 되잖아여. 재생관은 없져. 아예 없는 건 아니져. 암장에 있죠. 그러니깐 있다고 해야 됩니다. 그러면 뭐도 있어여? 신분이 유지 될 수 있져. 임금도 좋고, 신분도 좋다 이렇게 말하지만은 다 그런 거는 아닐 수도 있습니다.

### 올해 운세

올해 운세는 뭐져? 재생관이잖아. 재생관, 재생살 하는 거죠. 재생관이니까 2019년 운세는 재생관에 들어가 있져. 그러면 **신분 변화 운세**다 이런 뜻입니다. 이렇게 되면 효과가 70%정도 있는 사람이져. 나쁘진 않잖아, 격이. 부귀빈천 중에서 부형이여? 귀형이여? 부형이져. 귀형은 아니잖아여. 부형이 더 뛰어나져. 효과는 70%정도 있다 줘야 되져. 이 정도는 괜찮습니다.

### 2 용신 : 丙火
용신을 살펴 봅시다. 용신은 丙火가 용신이져. 丙火가 용신입니다.

#### 1) 乙丙
용신은 당령 위주로 하시는 거 아시져. 그러면 1번 乙丙을 해야 됩니다. 乙丙은 참 잘 되어 있습니다. 辰중에 乙木 있져? 암장 사용 꼭 하라고 했져. 암장이 "辰중에 乙木도 써요?" 그렇게 말하는데, 그렇게 말 하면 "항아리 속에 꿀도 써여?" 이런 말하고 똑같은 말이잖아. 꿀을 밖에 내 놓고 쓰는 사람 봤어? 이런 말 하면 안 되잖아. 辰중에 乙木이 항아리 속에 있는 꿀이거든여. 그걸 써여 그런 말 하면 안 되지. 乙丙 있습니다. 그러니 자질개발이 돼 있어, 안 돼 있어? 된다고 바야 됩니다.

#### 2) 戊土
그리고 나서 戊土로 환경인식, 환경 변화 인식을 해여, 안 해여? 하져. 진중에 戊土 있잖아여. 한다고 좀 해 줘여, 이렇게. 환경이 변화하는 걸 인식을 잘 한다 이렇게 생각해 주시면 됩니다. 아주 괜찮습니다.

### 3) 癸乙

癸乙 봐야 겠져. 목생화 했으면 그 다음에... 목생화가 뭐라고 했어? 사회에 나가서 능력을 발휘하려면 수생목으로 능력을 만들라고 했져. 癸乙 그럽니다. 능력을 잘 만들고 있으니까 기획력도 괜찮다고 봐야 됩니다.

### 4) 丙庚

4번 뭐 어떻게 되어 있져? 丙庚 해야 되져. 최종 책임자는 안 되져. 이게 여기서 재생관이 안 된 것도 여기서도 똑같은 이치잖아여. 신분이 급상승 하거나 신분이 최고 상승 하는 건 아니다라고 되어 있습니다.

그렇지만 乙丙에 甲, 丙戊에 己 기신이 하나 있져. 그럼으로써 점수가 똑같으니깐 이것도 한 70정도 주자. 후하게 주는 겁니다. 점수를 70 정도는 줄 수 있지 않느냐 이런 식입니다.

## 3 일간

그러면 일간이 癸水입니다. 정재격의 일간은 어떤 식으로 구성 되어 있어야 되나여? 격으로 막 끌려가야 되나여? 일간으로 끌려 가는지를 찾아 봐야 되잖아여.

### 1) 근왕

정재격이 격에 합당하게 하려면 인성으로 해야 져. 根으로 하면 돼? 안 돼? 안 되져. 이 사주는 根으로 왕 하져. 그러면 격국이 팍 줄고, 일간으로 팍 이동하는 겁니다. 그러면 이런 식으로 이동했잖아. 일간의 힘이 더 커버렸으니까 이 사주는 근왕하져. 그러면 개인적인 힘이 더 강하니까 환경에 적합하려고 해? 나한테 적합하려고 해? **나한테 적합하려고 한다**는 뜻입니다. 이럼으로써 乙丙 하겠어? 甲丙 하겠어? 甲丙하져. 丙戊 안하고 丙己 할 확률이 대단히 높다는 뜻입니다. 이런 의미를 가지고 있습니다.

### 2019년

2019는 근왕이져? 일간이 근왕. 앞으로도 亥子丑년이 근왕입니다. 근왕을 하다보니까, 환경 적합성에 따른 처세 불량으로 개인 적합성을 따지려고 한다는 식으로 운영을 하는 겁니다. 이게 이런 식으로 원래 맞아야지만 환경에 적합하잖아여. 그런데 이 사람은 자기를 이런 식으로 운영을 하는 거져? 그러니까 지금 이 순간에 2019년에 여기에 대한 편차가 나타난 겁니다. 그러면 **환경에 적합성 있게 행동을 할 수 있는 능력도 있는 사람인데, 개인이 적합하게 굴려고 한다**는 뜻입니다.

**창광**
이 사람도 선 볼 사람이에요?
**상담사**
여자에요.
**창광**

여자에요?

상담사

친구 딸이에요. 결혼 문제 때문에…

2019년 운세

올해 운세는 직업적 성향에 개인적 주장이 높아져 가고 있다는 뜻이져. 사주는 이런 식으로 보면 됩니다. 그러니까 이 사주는 직장 성향이 높아? 사업 성향이 높아? **사업성향이 높게 나타나고 있다**는 뜻입니다.

질문

학원 강사를 하다가 엄마, 아빠가 위성 스카이 라이프 사업을 하는데 거기를 들어와서 같이 사업 하는 거죠. 그 전에는 오라고 해도 안 왔대여. 그런데 올해 갑자기…

** 창광의 사주 통변 **

하여튼 여까지 통변 해 봐. 이거부터 해 봐. 이 사주가 '직장 성향이 높으냐? 사업 성향이 높으냐?' 구분을 해야 되잖아. 이 사주는 격을 보니까 직장 성향이 매우 높져. 직장 성향이 매우 높잖아여. 격의 완성이 잘 되어 있으니까. 그런데 이 사람 추구하는 것이 고임금 추구이지, 신분유지 추구가 아니었잖아. 선택을 여기다 했었져. 그래도 직장을 열심히 다니져, 두 개가 다 있으니까.

그런데 2019년을 기점으로 일간의 근왕이 늘어났져. 사업 성향이 높아졌져. 편차가 벌어졌잖아, 이렇게. 이거를 자꾸 도표화를 시켜

가지고 자기도 머릿속에 그림도 그릴 줄 알아야져. 원래는 하얀선 성향이었다가 노란선 성향으로 바뀌었으니까 사업성으로 쏙 끌고 가는 거여. 원래 격도 사업적 성향이 있었잖아여. 그래서 올해는 이리로 이동한 겁니다. 근왕으로 이동한 거져.  그러면 이렇게 사회적 확장, 사회적 용도로 사용 되었지만 일간이 근왕하면 오행도 기질이 甲이나 己土로 바뀐다고 생각하시면 됩니다.

상관합살 : 甲 + 己

그래서 올해 운세는 갖다 쓱 쓰면 이렇게 됩니다. 새로운 이론이 아니에요. 쓱 쓰니까 '甲 + 己'가 됐져. 용어가 뭐져, 이게? 상관합살. 상관합살 통변하면 어떻게 되져?

육신으로 **상관합살은 연대 관계**라고 하는 거 들어봤져? 연대관계 중에 하청, 부속기관, 대리점 이런 거 들어봤져. 그러면 殺이라는 주인을 모시고 傷이라는 내 능력을 발휘하는 거잖아여. **주인이 있고, 내가 능력을 발휘한다**는 뜻입니다. 그러니 사장님 비서 같은 역할을 하는 거 있져. 이런 걸 뜻합니다.  대개 **상관합살, 식정관합은 부부 동업, 부모 동업하는** 게 **특징**입니다. 올해 운세입니다, 상관합살이.

질문
올해 운이 와서 부모 밑으로 가면 계속 부모 밑에 있어요?
답변
네. 끌려 간 겁니다, 이쪽으로.
질문
그러면 결혼은 어떻게 되요?

### 답변

질문이 결혼을 물어 봤잖아여. 그러면 '남 + 여가 만나다' 그러면 어떻게 해야 되져?

### 결혼 = 남 + 여

천간에 癸水가 하나 있고, 丙火가 하나 있어야 되져. "여자가 사주에 있냐? 없냐?" 할 때 癸水도 있고, 丙火도 있져. 그러면 丙火는 戊土가 만나고, 癸水는 己土가 만나야 되니까 그러면서 己土나 戊土가 만나야 되져. 남녀가 만난다고 그랬져.

그러면 올해는 남녀가 만날 운이여? 아니여? 만날 운입니다. 상관합살만 가지고도 남녀가 만날 운이져. 己癸 그러면 오래 가는 스타일로 만난다고 했져. 남녀가 만날 운이 이렇게 들어와 있어여.

### 토수합일과 화토동근

그러면 관계 구성은 합으로 본다고 했져, 항상. 그러면 합으로 특징적으로 볼 때는 丙火가 투간 되었으니까 丙辛합이고, 己土가 투간 되었으니까 甲己합이고. 이걸 관계라고 했잖아. 그래서 **남녀가 만난다**는 뜻입니다. 그러면 癸己에서 甲木이 나아야 되져? 그러니 "**자식 낳을 남녀가 만날 운이 왔다.**" 이렇게 말하면 되잖아.

항상 "만나냐? 못 만나냐?"를 물어보면 **토수합일이나 화토동근 되면 만난다**고 생각하시면 되고... 유튜브 보세요. 거기 다 찍어 있어. 언제 만나냐? 그러면 이때부터 만나면 됩니다. 토수합일, 화토동근이면 남녀가 만납니다. 그런데 그 관계설정은...

이런 건 너무나 쉬우니까 알아서 하시고.

**질문**
甲木이 있으니까 되는 거죠? 자식 낳는 걸로…

**답변**
그렇져. 그런데 남녀가 만난다. 리콜해서 甲木이 있으면 남녀여? 부부여? 부부가 만난다. **남녀가 만난다는 연애적인 요소인데, 부부가 만난다는 것은 중매적인 요소입니다. 그래서 이달부터 중매를 넣으라고 하면 됩니다.**

**질문**
제가 중매하려고요…

**답변**
지금 己巳달이잖아여. 己巳월에 가서 甲木이 없었으면 연애한다고 하고 甲木이 있으니까 중매를 한다고 하시는 겁니다. 중매 넣으라고 하시면 됩니다.


 이 사주의 올해 운세가 뭐냐면 정재격이 상신으로 상관생재를 했으니까 고임금이 중요하다. 재생관은 천간에 투간 된 게 아니잖아여. 그러니까 올해 신분 변화가 또 일어난다고 되어 있져.
 남자들은 격으로 딱 들어가서 "뭐 때문에 신분 변화가 일어나?" 하고 조사를 얼른 해 봐야 되져. 용신으로 봐서 신분 변화가 일어나는 게 아니라, 근으로 일간으로 보니까 근왕이 홀라당 들어와 버렸져. 원래가 그런 마음이 있었고, 있었으니까 개인이라는 사업성으로 돌아선 겁니다. 직장성향에서.
 2019년 오차가 이렇게 크게 발생해서 이렇게 변화했다는 뜻이져. 격에서 뭐로 변했어여? 일간으로 변한 겁니다. 그래서 직장에서 사업으로 변했다고 생각해 주시면 됩니다. 어렵지 않져? 뭐가 어려워여. 봐 봐여.

격에서 이 사람의 성향 분석을 하는 거여. 이게 **"상신형이냐? 구신형이냐?"** 분석을 했잖아여. 상신형으로 고임금형이다. 그리고 신분이라는 귀를 계속 유지한다. 이거(상신)를 부형, 이거(구신)를 귀형 그런단 말이에요. 상신은 부자를 추구하는 거, 구신은 귀함을 추구하는 거 그러잖아여. 그 중에 뚜렷하게 보이는 게 상관생재잖아. 이거는 부자를 추구한다는 의미를 가지고 있는데, 하필이면 2019년에 **신분 변화 운세가 들어왔잖아.** 그러면 됐어. **재생관이 들어왔져.** 들어 온 거 보이잖아. **丙火 己土, 정재가 정관 만나야지 편관 만나면 진로 변경**이라고 했잖아. 그런 거 그만 좀 생각하고 써 먹어요.

육신 두었다 뭐해? 통변 해야지. 상신 구신 두었다 뭐해? 말을 해야지. 그래서 이유가 뭔가를 찾아보는 거잖아여. 그러면 음간인 일간을 여기서 쭉 찾아보는 거여. 할 수 있져.

애가 사장이여? 기여? 사장 아니져. 丙庚이 안 되잖아요.

### 격을 보는 이유

격을 보는 건 왜 보는 거여? 1번 부귀빈천 보려고 한단 말이에요. 그러면 애가 부를 추구하는지, 귀를 추구하는지. **부를 추구하는 건 상신형, 귀를 추구하는 거는 구신형, 둘 다 추구하는 것은 부귀영화형, 둘 다 없는 형은 빈천형.** 이렇게 말하면 미안하지만, 하여간. 누가 빈을 추구하고 천을 추구하는 사람이 어디 있겠냐만은... 빈천이라는 글자는 빼자.

그럼 이 사주는 상신으로 하니까 부 추구형. 나는 고임금을 받고 싶다는 얘기야. 그렇지만 정재격은 근약하고, 인왕해야 조직 생활에서 **고임금**을 받는 거죠. 그런데 애는 인왕하지 않고, 근왕함으로 "언젠가는 갈 거야."하는 마인드를 가지고 있져.

**질문**
저기 사유축 삼합도...
**답변**
네, 안 하고 넘어가면 안 됩니다. 여기서 해야 됩니다.


### 4. 팔품
그러면 이제 환경을 조사해 봐야 되져.

#### 1) 삼합 : 巳丑
이 사주는 월령이 뭐로 되어 있어? 삼합으로 되어 있져. 삼합으로 되어 있으니까 이 사주는 지속적인 능력이 좋은 사람이져. 능력형이 잖아여. 그래서 巳丑형 삼합입니다.

#### 2) 충 : 亥
그러면 2019년에 巳亥 상충이 들어왔져. 亥가 들어왔져. 충이 들어오면 장소이동이 들어 온 겁니다. 무슨 장소 이동이여? 능력을 발휘하는 장소 이동이지, 공간 장소 이동이 아니져? 월지에 상충이니까 공간이란 말이 들어간 것이지 원래는 삼합 상충이잖아여. **능력적 변화, 능력을 발휘할 환경을 이동하다**라고 생각하시면 됩니다. 쉽져? 이렇게 방패 그려놓고 여러분들이 해도 그러는 겁니다. 의문점 얘기해 봐여.

**질문**
근왕하지 않았으면 己土 甲木이 투간 되어 있어도 乙丙, 戊丙을 한다는 얘기에요?

**답변**
당연하지.

**질문**
그럼 투간 된 거는 뭔가여?

**답변**
안 써 먹어여. 안 써 먹고 겸하게 됩니다. 거기서 세미나 교육 등도 하게 됩니다. 세미나 교육적 요소를 가지고 있는 것이지. 그렇지만 환경은 언제든지 乙丙이져. 온라인 환경 이런 거 있잖아여. 세상에 나아가서, 조직에 나가서 사회생활 하는 거져. 환경은 언제나 乙丙입니다. 그렇지만 하는 짓이 甲木이 겸한 거져.

**질문**
己土는 자기가 별도로 자질 개발 하는 거구요?

**답변**
응, 이렇게 겸하는 거예요.

희신 → 기신 化

이런 걸 전부다 희신이라고 하져. 기신이라고 하져. 乙丙이 甲丙 되었져. 이 사람이 사회에 나가서 활용하는데, 행정 기획 정책으로 활용하는 게 아니라 교육으로 활용하는 거져. 丙戊 환경에다 맞추고 丙己 자기 능력에도 맞추고 그러져. 이런 뜻을 담고 있다. 노란 글씨(甲, 己)가 기신. 이걸(乙, 戊) 희신, 이걸 기신(甲, 己)화 시켰잖아여.

이 사람이 乙丙하져. 그러면 사회 환경에 맞게 능력을 만들었져? 근데, 그걸 사용은 甲丙으로 하져. 그걸 교육으로 한다는 뜻이에요. 그걸 겸했다고 해야지 乙丙에서 甲丙으로 확 바뀌었다 이런 말 하면 안 되여. 언제나 환경은 乙丙 구역이에요. 거기서 甲丙 하는 거예요. 교육, 세미나, 상담 등을 한다고 생각 하시면 되여.

쉽지 않아여? 표정들 보니까 어려운 가 봐. 나는 쉬운데, 이런 거 보면은... 너무 쉬워 가지고 "어? 너 정재격이야? 근왕했어? 두고 보자, 언제 바뀌나." 언제 바뀌겠어. 근운에 오면 딱 바뀌겠지. 이건 체크 포인트에요. 이런 건 바뀌는 속도가 그때 잘 나타나기 때문에 괜찮아여. 하필이면 바뀌었는데 상관합살 됐지, 근왕 왔지 이런 것들이 잖아여. 또 사주 불러 보세요.

---

사주 예시 5)

1. 격국 : 금수상관격

| 時 | 日 | 地 | 天 | |
|---|---|---|---|---|
| 戊 | 庚 | 庚 | 丙 | 坤 |
| 寅 | 午 | 子 | 午 | 7 |

금수상관격. 금수상관, 금백수청 그러져. 금수상관격입니다.

금수상관격은 금백수청한 격이에요. 금백수청이라는 건 청백리 같다는 뜻이에요. 그래서 아주 깨끗하고 좋은 사주를 타고 났습니다. 청백리 같은.

상관보고 법을 어겨 그러지 말고. 깨끗하고 청순하고 총명하고... 청백리 알져? 청백리 하면 황희 정승 생각이 나잖아여. 이러한 사람으로 태어났다고 생각 해 주시면 됩니다.

## 2. 일간

금수상관격이면 뭐가 있어야 되여? 금수상관격은 일간이 인성으로 왕해야 되져. 인성으로 왕하고, 근왕하면 안 되져.

### 1) 無根

그래서 금수상관격은 반드시 무근을 해야 돼여. 먼저 이렇게 딱 쳐다 보는 거여. 금수상관격은 무근을 얼른 쳐다 보는 거여. **무근을 하질랑 얼른 (격국에) 붙어서 보는 거여.**

만약, 근이 있으면 격으로 가야 돼, 안 가야 돼? 쳐다보지도 말고 일간만 계속 보고 앉아 있는 거여.

### 1. 격국 : 금수상관격
1) 상신(정인) X

금수상관격에 무근하니까 조직 사회에 맞춰 살겠어, 안 살겠어? 살져. 금수상관격에 상신은 없져. 상신이 뭐여? 정인이잖아여. 없잖아여.

2) 구신(겁재) X

그 다음에 뭐에요? 구신이 있어야 되져? 구신이 겁재져. 겁재가 정재를 눌러야 되잖아여. 구신이 있어여, 없어요? 구신이 없습니다.

**금백수청**

**상신인 정인이 없고, 구신인 겁재가 없잖아여.** 얼마나 멋있습니까? 세상 돈을 다 긁어모으겠다는 정신도 없으시고, 세상의 온갖 귀라는 귀(지위)를 크게 탐하겠다는 정신도 없는 아주 청하신 분입니다.

뭐가 청해? 이 **수(子)**가 맑고 **깨끗한 수청**이란 뜻입니다. 그래서 **금백수청**이라 그래여. 청백리 같으신 분 그럽니다. 그래서 이 사람한테 100점 주는 겁니다, 이 만큼.

그래서 자기 뜻을 하나도 내세우지 않고 여기다 갖다 붙였잖아여? 그러니 선이 여기에서 여기로 이동한 겁니다. 이렇게 이동한 거여. **환경에 적합하게 살겠다**는 뜻입니다. 제 말이 믿기지가 않져? 아미타불. 뭐, 이런 뜻입니다. 의문점? 질문이 뭐여?

질문
어떤 사람의 캘리그라피 작품을 갖다가 팔면 어떻겠냐고....

답변
저 말이 뭔 말이여, 해석 좀 해 봐.

질문
다른 사람의 작품을 이 사람이 갖다가, 자기 시에 캘리그라피를 했는데 갖다 팔면 어떻겠냐고...

답변
마음대로 해. 다만 청순하고 아주 깨끗한 사람이 되야 된다는 이런 뜻이여.

## ** 창광의 사주 통변 **

하여간 2019년 운세를 봐 달란 얘기구나. 2019년 운세를 좀 봐 줘여. 올해 운세가 뭐 들어 왔어? 상신 들어왔져. 상신 들어왔으면 뭐 하는 운세여? 귀하고 싶어, 부하고 싶어? 돈 더 벌일 생겼다 말해주면 그만 아니여? 그거 아주 간단한 말이여. 상신 들어 왔잖아.

중요한 것은 금백수청하다는 거구여. 그리고 부자도 아니구여. 부자원해, 안 원해? 안 원해. 그리고 지위도 원해, 안 원해? 절대 안 원해. 그리고 일간이 어떻게 하고자, 근왕도 안 하고 순종 하는 거. 이 사람 뭐에요, 도대체?

질문
뭔지 모르겠어여...

답변

도대체 빨리 얘기 해 봐, 뭐냐고. 얘기를 해 봐. 상신 없져? 돈 원하지 않아. 이렇게 말 할 거야? "돈 없네." 이렇게 얘기 할 거여?

질문

돈도 없으면서 욕심이 없다고 얘기하더라고요…

답변

알았어. "돈 욕심이 없네?" 그럴 거야? "돈 욕심이 없네?" 그럴 거냐구. 그건 알아서 해. 부정적으로 말하면… 그래도 금백수청이라는 걸 명심하시고.

**구신도 없잖아여. 직업을 어떻게 하자는 거 아니잖아여. 일간의 근도 없잖아여. 자기가 어떻게 사업 하자는 것도 아니잖아여.** 얼마나 멋있냐고. 이 아무것도 아닌 사람이 최고 아니여? 인생이. 아무 것도 아닌 겁니다. 올해는 그런데 상신이 들어와서 뭐 하고 싶어? 돈 벌고 싶어. 다 허당이예요. 물어보지 말 것을 물어 봤습니다.

질문

그럼, 이 사람은 어떻게 해야지 돈 벌고 살아야 되요? 먹고 사는 건 어떻게 해서 먹고 살아야 되요? 남편하고는 벌써 이혼해서…

답변)

아니, 금백수청 하시라니까.

질문

금백수청 하는데, 먹고 사는 건 해결해야 되지 않나요?

답변

쉽지가 않져.

질문

주변에서 누가 도와주나 봐요?
**답변**
안 도와 줘여.


### 4. 팔품
보살님들이 좋아하시는 환경, 팔품을 봅시다.

#### 1) 삼합과 방합
삼합이 돼 있어, 안 되어 있어여? 안 되어 있져.

방합은? 봐봐, 상신도 없고 구신도 없는 사람답게 삼합도 없고, 방합도 안 되어 있잖아여. 사주가 하나를 보면 열을 안다고 안 되어 있잖아.

#### 2) 충
그리고 뭐로 되어 있어? 상충으로 되어 있져. 그리고 나서 탈출은 또 했져. 그것도 한 번만 했어, 두 번 했어? 이혼 두 번입니다. 탈출했잖아요. 그것도 이유가 있었어, 없었어? 이유가 있었습니다. 왜? 금백수청 하다 보니까 마음이 안 맞아서.

직업이 뭐여, 이 사람? 돈도 안 벌겠다, 신분도 만들지 않겠다. 내가 사업도 안 하겠다. 뭐냐구? 이 사람 직업이? **금백수청하면 직업이 딱 나와야 되어, 픽션가.** 태백산 꼭대기에 물 졸졸졸 나오는데 고기 커, 안 커? 깨끗한 물에 고기가 안 크잖아.

**질문**
그러면 시는 감성적으로 잘 쓰나요?

**답변**
잘 쓰지, 돈이 안 되어서 그렇지. 근왕하지 않기 때문에 단독 전시회나 단독 책은 못 내. 누구랑 같이 내야 돼. 근왕하지 않기 때문에. 주관자가 아니라.

**질문**
철딱서니 없는 애 같았어요. 말 하는 게...

**답변**
금백수청. 저런 사람보고 '철딱서니 없는 애' 라고 하는 사람은 닳았다는 뜻이여.

**질문**
아니, 남자 얘기를 하는데 정신이 없었어요.

**답변**
그냥 뭘 몰라. 가끔 이런 사주도 좀 대 봐.

이 사주가 寅만 없었으면 크게 성공하는데... 픽션가로... 수화만 있으면, 목이라는 게 없어야 돼. 금생수해서 수화토만 있잖아. 안개가 뽀얗게 일어나져. 근데, 寅이 자꾸 일어나가지고 픽션으로 크게 성공은 못 하져.

**질문**
두 번 이혼 했어요.

**답변**

다시는 결혼 못 해.
**질문**
하면 안 될 거 같아요.
**답변**
저렇게 순진한 사람보고 왜 그래.

사는 방법은 별것도 없습니다. 상신, 구신, 근왕 이게 하나도 없잖아여. 자기가 어떻게 할 수가 없잖아여. 결혼해서 이혼하는 방법으로 살아야 됩니다. 삼합, 방합이 없잖아여. 상충만 있잖아여. 그러니 결혼하러 갈 때 뭐 계산하고 가야 돼? 이혼. 그렇져.

**질문**
그거 계산하고 있는 사람이면 머리가 좋은 건데, 어떻게 금백수청이에요?
**답변**
알았어. 참 희한한 거 발견했져. 이런 사주 흔하지 않은데. 연결하려고 해도 연결 할 수가 없어여.

이동 팍 했지. 여기로 이동을 팍 했으니까 어떻게 해야 돼? 환경에 적합하게 해야 되져. 그렇지만 돈을 버는 환경도 아니고 직장을 다니는 환경도 아니니까, 돈 많은 남자를 팍 만나 가지고, 자기를 팍 포기해야 되는 거예요. 자꾸만 환경 변화가 돼, 안 돼? 변화되니까 위자료 받고 이혼하시면 됩니다.

질문
위자료는 받아요? 그런 건 되는 거예요?

답변
어떻게 그럼, 왜 자꾸 나한테 뭐라 그래.

질문
사주가 이렇게 되었는데 위자료는 받을 수는 있어요?

답변
어떻게 그럼. 그렇게나 힘들다고...

질문
받기 어려운 거죠? 말씀만 그렇게 하시는 거죠?

질문
돈 많고 나이 많으신 분 만나면 되나요?

답변
아휴, 그렇게 좀 하지 말고. 만약 근왕해서 이쪽으로 팍 이동했으면 자기 주도력 있고 장사도 하고 뭐도 할 수 있잖아. 근데 이게 안 되는 거여.

질문
申子가 있고 子午충이 되면요?

답변
능력 있져.

질문
삼합이라서 잘 살 수 있어요?

답변
네. 뻐드렁니만 안 나면 괜찮은데...

**질문**
뻐드렁니는 아니에요.
**답변**
그럼, 시집 갈 수 있어.
**질문**
근데 못 생겼어요.
**답변**
그래도 뻐드렁니만 안 나면 괜찮아. 시집 갈 수 있어.
**질문**
왜 뻐드렁니에요?
**답변**
이게, 그런 건 나중에 얘기하고...

### 상신, 구신과 외모 관계
상신이 있어야지, 상신이 있잖아여. 그럼 자기 모습이 반듯해여. 잘생겼다는 뜻이에요. 균형이 잡혔다는 뜻이고.
구신이 있어야지 남들 보기에 이뻐 보여여. 섹시하다는 뜻이에요.
그런데 이 사주는 상신도 없고 구신도 없잖아여. 입이 삐뚤어진 거예요. 이렇게 생긴 거예요.

이건 그만 하고 다음 거나 대 봐. 이건 더 이상 안 될 거 같고...
오늘 제가 연습하는 거 보니까 격하고 일간하고 얼른 대입하는 거 보이져?

사주 예시 6)

| 時 | 日 | 地 | 天 | |
|---|---|---|---|---|
| 壬 | 辛 | 己 | 乙 | 乾 |
| 辰 | 未 | 丑 | 丑 | 7 |

1. 격국 : 편인격

격 잡아야지. 7대운 이래, 남자. 역행 7대운. 역행 7대운이면 己土에 난 거져. 癸水 辛金, 辛金으로 격을 잡을 수가 없으니까. 癸水가 아니라 己土에 낳져. 편인격입니다.

1) 丁己 살인상생 : 상신

편인격이면 살인상생 해야 되져? 지장간에서 하는 거니까 살인상생을 한다고 되어 있져? 丁己 해 가지고 살인상생을 합니다. 그러니 상신이 있져. 그래서 상신이 있다.

2) 구신

그리고 구신을 찾아야 되져? 비견이 있져. 비견이 있습니다. 여하튼간 있습니다. 있으니까 구신을 찾아야 되는데, 기신이 있져. 그런데 드러나질 않았져? 인비를 해야 되는데 구신이 있습니다.

그러면 확실하게 있는 것은 상신이져? 상신이기 때문에 이 사주는 귀보다는 부를 사용하려는 특징을 가지고 있져. 부적인 요소를 가지고 있다는 뜻입니다. 그렇다고 신분이 아예 없다고 생각하시면 안 됩니다. 물론, 천간에 辛金이 투간 될 때 비로소 더 정확한 용도가 나오겠지만...

그럼 부의 정도를 살펴봐야 되는데, 살인을 했잖아여. 그러면 식신을 제해야 되잖아여. 그럼, 제식은 되고 있나여? 제식은 암장에서 되고 있는데 제식을 해여, 제상을 해여? 상을 하져. 화 됐잖아여.

### 化制傷

化制傷을 한단 말이에요. 상관을 하져. 그러니까 돈을 더 벌려면 어떻게 해야 되여? 전공을 바꾸는 겁니다. 적성을 바꾸는 겁니다. 그럼 나이가 乙丑생인데 적성 바꾸라고 그래? 종목 바꾸라 그래? "종목을 바꿔라"는 뜻입니다. "**영업 방법을 바꿔라, 종목을 바꿔라.**" **이렇게 하면 됩니다.**

식신을 제하긴 하져. 그런데 천간에 상관이 투간 됐잖아여. 그러니까 편인 가지고 상관을 제하는 거잖아여. 용도를 바꿔라 생각하시면 됩니다. 그래서 원래는 인비식인데, 인비상 된 것처럼 용도를 바꿔서 하시면 됩니다. 여하튼간 **부를 추구하는 사람이다**고 생각하시면 됩니다.


### 2. 일간

편인격은 일간이 어떻게 해야 되져? 근왕해야 되져. 편인격은 근왕해야지 식신을 제하는 효과가 있고, 만약에 근왕하지 않으면 식신을 극해 버립니다. 그러면 견디지 못하져. 마음이 가난한 마음이 들어서 견디지 못합니다.

1) 無根

이 사주는 근이 있어, 없어여? 없습니다. 申酉戌이 아니니까 없잖아여. 없습니다. 그래서 무근입니다. 근이 있어야 되는데, 근이 없다는 뜻이져. 근이 없음으로 조직 생활에 평탄하게 살기 보다는 근이 없으면 일간편을 들으려고 하져.

정인격이 근이 있으면 일간 편을 들려고 하고, 편인격은 근이 있으면 격 편을 드는 거져? 근이 있으면 편인격은 격 편을 드는 거예요. 그러기 때문에 '이 사주도 독립 욕구가 강하게 나타난다.' 이렇게 생각하시면 됩니다.

그래서 이 사주도 일간 편을 들 확률이 높습니다. 일간 편을 든다는 건 뭔 말이져? 사회적 적합성에 맞춰서 자기 처세를 하는 게 아니라 사회적 적합도가 아닌 나한테 맞춰서 처세를 한다는 의미가 담겨져 있습니다.

**질문**
애를 아까 위에 여자 애와 중매를 해 보려고 그러거든요.
**답변**
2019년 운세 좀 해 줘봐여.

### 3. 2019년 세운

격운, 격운이면 뭐라고 말해야 되져? 직업의 틀과 가정의 틀이 잡

히다는 뜻이져. 이럴 때는 격운, 토극수 이런 거 보는 게 아니구. "가정의 틀, 직업의 틀을 바로 잡다." 그렇게 말 하는 거예요, 격운입니다.

구신형 격운이여? 상신형 격운이여? 이 사주는 항상 격운에 오면은? 상신형 격운이져. 그럼, 뭔가 능력을 발휘하는 거여? 능력을 준비하는 거여? 준비하는 겁니다.

이 사주는 개업 가능성이 무지하게 많져. 일간이 근왕하지 않으니까 개업하기가 무섭져.

**질문**
어떻게 하라는 거예요?

**답변**
아니, 그거는 계속 그렇게 하면 됩니다. 편인격이 일간이 근이 없으니까 개인주의적 사고가 크져? 일간이 근왕하지 않으니까 개업하기가 불편하져? 그런 뜻입니다. 아주 간단한 말인데… 동업 개업이라고 하면 되잖아여. 그러려면 뭐로 왕 하면 되는 거져? 비견으로 왕 해야 되져. 그럼 2021년이라는 게 오잖아여. 애매함에 빠지시면 안 됩니다.

### 편인격이 근약하면

편인격이면 일간이 근왕해야 된다는 뜻이져. 그럼, 격으로 돌아가져. 그럼 개업보다는 부귀를 누리려고 하져. 그런데 **근약하기 때문에 일간 위주로 편의적으로 생각을 한다.** 조직에 충성하기 보다는 개업할 가능성이 높져. 그런데 **근본적으로 근이 없기 때문에 독자적 개업**

은 안 된다. 그러면 비견이라는 구신이 암장에 도사리고 있지만, 저게 천간이 오는 순간 공동관계 동업을 할 수 있다고 생각하시면 됩니다. 그 얘기는 해 주면 안 됩니다, 그런데.

이건 또 따님 선 보는 거예요?

**질문**
아까 여자 애 봤잖아요. 그 여자 애를 한 번 선 보게 하려구요.
**답변**
서 세요. 괜찮아여.
**질문**
IT사업에 있는데 얘네 엄마가 어차피 다 친구들인데, 제 친구 딸을 얘기 해 달라고 그러더라고요. 혹시 몰라서... 같은 친구들이라 겁나 가지고 사주를 보고 하려고....
**답변**
해도 되여. 욕 안 먹으니까 걱정하지 마세요.


### 4. 팔품
저기 팔품 봅시다.

#### 1) 충
丑이니까 방합 없져. 삼합도 없져. 상충만 있져. 丑辰, 丑未 상충만 있습니다. 이게 무슨 뜻일까여, 또? 아까 어떤 여인도 방합도 없고, 삼합도 없고, 상충만 있었거든여. 이건 또 뭔 뜻이 담겨져 있는 거예요? 궁합 좀 조용히 보려고 했더니 왜 이렇게 시끄럽게 굴어.

**질문**
애도 나중에...
**답변**
아니, 그런 거 아니에요. 얘는 금백수청하지 않아여.
**질문**
금백수청할 때만 이혼하나요?
**답변**
당연하져. 오염을 견디지 못한다. 아까도 얘기 했잖아여. 한라산, 태백산 꼭대기에 맑은 물에 누가 살 수 있어, 없어? 살 수 없져. 아무도 살아남지를 못해요, 금백수청한테는.
　이건 금백수청처럼 보이지가 않아여. 乙木도 투간 되어서 낙엽도 많이 떨어져 있지. 실컷 잘 먹고 잘 살아여. 영업이나 열심히 배우라고 하세요.

**질문**
辛壬으로 영업하라는 거예요?
**답변**
그렇죠. 丑이라고 하는 癸甲, 癸乙 연구는 남들이 하라고 하고. 나중에 오너와 동시 개업이라는 거 있잖아. 인센티브 개업이라 그래.

**질문**
아까 그 여자 애 아빠가 사업을 크게 하니까 걔랑 결혼을 시키면 사위를 뭐 시킬 수 있게끔 그런 마음이 있어요, 애 엄마가...
**답변**

오너가 있고, 오너의 내가 수좌로써 개업하는 거잖아. 근약하니까. 2021년도를 겨냥해서 지금부터 실시하시면 됩니다.

**격에서 요구하는 근이 없을 때**
격에서 근을 요구하는데 근이 없잖아여 그래도 얼마든지 개업할 수 있는 거야. 그런데 그런 때는 어떻게 하라고 은근히 얘기 하는 거 같애? 동업 그러니까, 동업 그러면 전부 동업처럼 보이잖아.
**근약하면 비겁이 주인**이라고 했잖아. **근왕하면 내가 주인**이잖아. 그러니 **오너라는 비견이 있고 내가 그를 수좌, 보좌하는 결로 개업을** 하란 얘기야.

**질문**
주인을 모셔라고요?
**답변**
그렇지. 그런 거를 겨냥을 해야 되잖아. 기신 내가 있다고 여기 써 놨잖아. 구신은 있다고 분명히. 그런데 드러나질 않았다고. 올 때 겨냥을 하면 돼. 2021년에 오져? 시간이 있어, 없어? 2년 밖에 안 남았잖아. 훌라당 뛰어 가야 하는 거 아니냐고, 지금. 아시겠죠? 이러면 됩니다.

얘는 금백수청이 아니고 온갖 지저분하게 되어 있져? 애가 엄청 잘 생겼다고. 지저분해야 되는 거여. 금백수청은 지저분해야 저처럼 얼굴이 잘 생긴 거여.
또, 의문점이 뭐여? 그러니까 절대 깨끗하게 생기지마. 개딱지나

금백수청, 목화통명 해 봐야 청백리 살고, 환하게 산다고 뭐가 커? 어림없어.

**질문**
그런데 금백수청에 戊土가 있는데도 깨끗해요?
**답변**
깨끗하지.
**질문**
토가 있어도요?
**답변**
응.
**질문**
丑未충 상충이 있잖아요, 이건 환경 이동을 늘 해야 되는 거예요?
**답변**
방합이 아니기 때문에 자기 고유한 환경에서는 살 수 없져? 환경 이동의 예상을 아까 했었지. 삼합이 없으니까 자기 능력이 없져. 그러면 남의 능력을 활용할 예상을 했었어, 안 했었어? 예상이라고 했었잖아.

**방합이 없으면 내 환경이 아니라 다른 환경에 할 것을 예상하고, 삼합이 없으면 내 능력이 아니라 다른 사람 능력을 활용할 예상을 하고 있었다.** 그런데 예상만 하고 상충이 하나도 없으면 그런 게 만나, 못 만나? 못 만나잖아. 상충이 있으니까 만나게 된다는 거야. 그런데 시간이 없다구여, 상충이...

2021년까지 해 내라구. 해 낼 수 있져? 항상 없는 것도 있는 것처럼 예상, 예상 이렇게 하고 있어야 되여.

**질문**

상충 없으면 방합이나 삼합이 없으면 못 만나나요?

**답변**

그렇져. 상충이 있어야지 자기가 뭔가 부족하다는 걸 알져. 그래야 그런 운이 만나야 얼른 채취할 거 아니야? 상충이 없으면 부족한 걸 느껴, 못 느껴? 빈 것을 못 느낀다고. 자기 가방이 비어 있다는 걸 못 느껴여. 그럼 환경을 만나면 얼른 접촉을 해야 되잖아.

**질문**

丑辰파가 상충형 축진파인가요?

**답변**

충기가 만나 丑辰파라고 했으니까_ 그것이 丑이 辰을 만났잖아. 그러면 확산형이라 그래. 상충이 만난 거 아니야? 충기니까. 첫 번째 丑辰부터 충기 설명하고, 그 다음에 丑未 설명하고. 그래서 丑戌 삼형 설명하고 그러는데 丑辰을 먼저 설명을 해야지 '사회적 확산 효과를 가져 오기 위해서' 설명하면 丑辰파가 먼저지. 상충이나 해. 상충.

**질문**

丑戌형 좀 설명 해 주세요.

**답변**

丑이 戌 만난 거? 그거는 '지나간 과거를 정리하고, 새로운 미래를 받아들여라' 이런 의미에요.

**질문**

축술은 기준 없이 그냥 얘기하면….

**답변**

기준은 丑을 기준 한다니까.
**질문**
丑에 戌이 사주에 붙어 있어요. 그럴 때도 이렇게 '지나간 과거를 정리하고, 새로운 미래를 받아들여라' 된다고... 정리해야 할 일이 생긴다는 거죠?
**답변**
그렇죠.
**질문**
술이 있으면요? 이 사주에...
**답변**
술을 갖다 대야 되는데.... 丑戌이 없으니까 얘기하면 안 되져.
**질문**
丑未는요?
**답변**
인문학이고 도덕을 중시하는 환경에서 살다가 **인문과 도덕을 중시하는 환경에서 살다가, 未라고 하는 금융을 중시하는 환경으로 바꾸어서 살게 된다가 丑未충이여.** 丑이라는 게 뭘 말하는 거져? 도덕을 중시하져. 인본주의를 중시 하잖아여. 未라는 게 뭐여? 도덕이여, 물질이여? 물질과 금융을 중시하는 곳으로 살게 된다는 뜻이여.

**丑未란?**
애가 그러니까 예의가 바르다구. 도덕이 중시 되어 있는데, 사는 곳에 **도덕 시간에 살지 않고, 돈 버는 곳에 살게 된다는** 의미가 담긴 게 丑未여. 애가 뻥도 잘 치는 이유가 뭔지 아세요?

**질문**
뻥도 잘 쳐여?

**답변**
그럼여, 멘트가 리액션을 잘 한단 말이에요. 리액션을 잘 하는 이유가 丑이라는 고체에서 辰이라는 액체로 변해 가지고, 辰이라는 액체서 未라는 기체까지 갔으니까 오버액션 잘 하져. 이런 사람 만나야지 친절 서비스 받는 거 아니야? 丑이 子丑만 하고 있으면 녹았어, 안 녹았어? 리액션 해, 안 해? 안 하잖아여. 그런 뜻입니다.

壬水가 저렇게 탁 투간 되어 있져? 그러니까 산업적 현장이져? 乙木이 딱 바바리코트 입고 있는 거 보이져? 바바리 맨 아니고, 바바리코트. 저기 있는 乙木으로 바바리코트 입었잖아여. 날씨가 추운데 乙木이 장옷이에요, 긴 옷이라 그래여 乙木이.

**질문**
제가 몇 번 봤는데, 니트 같은 것도 길쭉하게 입더라고요.

**답변**
바바리 코드. 장옷을 입고 다니는 거예요. 그런 것도 본 떠 가지고 乙木 많으면 장옷이라고 하지마여. 오랜 세월 동안 사주를 쳐다보고 이렇게 돼 있어야지.

**질문**
이건 더 특별하게 더 보이시는 거예요?

**답변**
몸에 배야 되여. 몸에 배서 자동으로 몸에 저장 장치가 있어서, 이 사주 보면 몸에서 툭 튀어 나가는 게 있잖아요. 저장이 돼야 되어.

**질문**

丑월에 乙木은 그렇게 해도 되요?

**답변**

네, 장옷.

**질문**

子월의 乙木은 뭐예요?

**답변**

들고 다니는 소지품 같은 거예요. 가방이나 이런 거, 들고 다니는 거. 자기의 포인트.

乙木이 여기 왜 와 있어 丙火도 없는데. 얘가 살았어, 죽었어? 죽었으니까 옷이 걸친 거잖아여. 丙火 있었으면 그렇게 안 하지. 乙木이 뭘로 바뀌어요? 옷으로 바뀌지.

**질문**

저럴 때 丙火가 있으면 乙木이 옷이 아니네요?

**답변**

그건 얘기가 달라지지. 힘드시겠다. 얼마나 힘드시겠어.

乙木이 丙火가 없으니까 사체잖아, 사체. 乙木은 크고 길은 건 줄 아시져? 그러니까 사체를 뒤집어썼잖아. 그래서 장옷이라고 해서 바바리코트 입었다고 그래여. 쉬워.

乙木이 어디서 올라왔어? 辰에서 올라오고, 未에서 올라왔져. 未에서 올라왔으니까 그걸 의류라 그래. 未에서 올라왔어. 未에서 올라왔으니까 의류지.

**질문**

멋도 잘 부린다는 얘기네요?

**상담사 답변**

남자인데도 옷을 럭셔리하게 입더라구. 친한 친구 아들이에요.

또, 뭐 궁금한 거?

**질문**

丑월에 壬水가 저리 있어도 괜찮습니까?

**답변**

금한수냉. 엄청 춥져. 금한수냉이고, 丙火도 없고 戊土도 없잖아여. 조후용신이 전혀 없져.

**질문**

그렇게 추운데도 잘 살아요?

**답변**

괜찮게 안 살져. 丑월에 금한수냉 되었으면 동남방 운으로 가야져. 그래야지 인덕이 있져.

**질문**

서울에서 산다고 하면 대전으로 내려가야 되나요?

**답변**

그거 말고. 아니, 운이. 운이.

**질문**

혹시 대전으로 내려가도 괜찮아요?

**답변**

寅卯辰 이런 데로 가야지. 대전으로 내려가는 건 상충 때문에.

**질문**

저렇게 생겼으면 날씨가 풀리면 卯대운 이후부터 홍수나고 그런 건 아니에요?

**답변**
그렇져. 평생 금한수냉이 풀릴 수는 없져. 그러니까 자기의 근본적 자질을 개발할 수는 없져.

**질문**
丙申대운인데...

**답변**
그래도 동남방 운이 아니기 때문에 자기 자질개발을 평생 할 수 없어여. IT 산업 그러면 개발 업자나 연구자처럼 보이져? 그건 못하는 거예요.

**질문**
직장은 잘 들어가서 대우 받고 과장으로 있는데...

**답변**
영업 능력이 괜찮아여.

**질문**
영업 능력 괜찮아요?

**답변**
아니, 기획·영업 능력. 무조건 영업이라 그러면 어떻게? 편인격인데 작전이라고 해야잖아여. 기획·영업 능력 그래야져.

**\*\* 창관의 사주통변 \*\***
여러분들은 말을 할 거리가 무지하게 많은 사주를 쳐다보고 있는 중이에요. 금한수냉도 보이고, 상충도 보이고, 삼합도 없고 보이잖아여.

한쪽에서는 "무지하게 잘 생겼다. 친구 아들이다. 부잣집으로 장가들 거 같다. 그리고 좋은 직장에 다닌다. 애가 실력도 있다." 자꾸 좋게 얘기하잖아여? 하나도 좋게 보이지가 않잖아여. 이런 오차를 빨리 정신에서 넘어서야 되어.

**질문**
그럼, 중매를 하지 말아야 되죠? 동창들이에요. 중매를 하지 말아야 되죠?

**답변**
그건, 우리의 관심사가 아니고.

**질문**
하지 말아야 겠네요. 아까 걔는 따뜻한데, 丙火도 있고...

**답변**
중매 하세요, 괜찮아여. 애 아버지는 뭐 해여?

**질문**
아빠가 돌아가셨어요. 엄마가 재혼 해 가지고 지금 사업 하는데 괜찮아요. 새 아빠가 들어 온 지 20년 넘었어요.

**답변**
그런데 반대는 안 하나여? 그걸 반대 안 하려나? 여자네 집에서.

**질문**
제 생각에 괜찮을 거 같아요. 여자 애가 사실 한 번 결혼 날짜 잡고 거의 일주일 전에 파토가 났었어요. 몇 년 전에...

**답변**

그런 건 흠집이 없는데.

**질문**

한 번 그런 게 있어 가지고 엄청 신경 써요. 빨리 결혼해야 돼서 둘이 한 번 엮어줘도 될 거 같아서 사주를 선생님한테 여쭤 보고...

**답변**

마지막으로 누구편이에여? 여자편이에요, 남자편이에요?

**질문**

그래도 남자쪽이죠.

**답변**

그럼, 해도 되여. 이혼 할 건데...

**질문**

그럼 해 주지 말아야져. 이혼 할 거면 안 돼. 친구들한테 체면이... 丑未충 때문에 이혼을 해요?

**답변**

아니여, 유전인자이에요.

**질문**

얘는 아빠가 돌아가신 거지 이혼 한 게 아닌데요?

**답변**

상관 없어여.

**질문**

그래도 이혼해요?

**답변**

네. 그럼, 이렇게 합시다. 재혼 할 거예요.

**질문**

그럼 하지 말아야 겠네요. 잘 돼야 되는데...

답변

잘 돼야 되져. 그런데 권장은 안 해여.

질문

애네 엄마는 불교고, 여자 엄마는 기독교거든요. 종교적으로 애네 엄마와 가깝죠.

답변

하여간 알아서 하시는데, 망신당할 각오하고 하세요.

질문

얘기 안 꺼낼래요.

답변

하면 안 되여, 원래. 믿을 수 없어.

질문

엄마 아빠의 살아온 내력이 중요하네요?

답변

아는 사람이라는데, 내가 입을 더 벌리기는 힘들고.

질문

괜찮아요. 알려 주셔야지, 알고서 대처를 하죠.

답변

그래요?


### 丑중 辛金

丑중 辛金이라는 것은 금생수 된 부모의 내력이라고 하져. 여러 번 들어 봤져? 저도 丑중 辛金이 있으니 금생수 된 부모의 유전인자져.

그 핵이 丑未충으로 乙辛으로 깨졌져? 핵이. 그 핵심이 깨졌잖아여.
 그런데 그 핵이 깨질 때, 년에서 깨진 건 아니져? 未가. 일에서 깨졌져. 그러니 인간의 이기적인 마음에서 깨진 것이지, 운명이 하늘이 정해서 깨진 거 아니에요. 인간들의 실수로 깨진 거라구. 상충이 년에서 온 게 아니잖아. 그건 하늘의 명령이란 말이여. 월지가 상충이 년에서 왔으면...
 丑월에 辛未생이면 그건 하늘에서 온 거라. 그건 우리가 깨졌다고 얘기하지 않아여. 이건 일에서 왔기 때문에 인간의 이기적으로 유전인자가 근본이 깨졌다는 뜻이져.

 우리가 볼 때는 부모가 없어 보이져. 그리고 이 부모가 애를 처분하고 싶은 마음이 있는 것이지, 책임지고 싶은 마음이 있는 게 아닌 걸로 보여여, 저는. 애 부모가 애를 책임져서 뭔가를 다 물려 주고 싶은 마음이 아니고, 남한테 처분해서 맡기고 싶은 마음이 연연해 보인다구여. 제 눈에 그렇게 보여여. 그렇게 안 보여여?
 저기 쳐다보시면, 월령에서 투간한 壬水가 상관이져? 그리고 상충된 기운을 가진 丁火에 상관합살하고 있져? 상관합살이 보이져. 그러면 내 환경이 丑인데, 반대되는 未 환경에다 애를 업어 태우겠다는 뜻이 이게 도대체 무슨 방법인가여? 누구네 집 민며느리로 보내거나, 누구네 집 데릴사위로 보내서 오지 못하게 하려고 하는 거 아니에요? 사람이라는 건, 근본 심상이 있는 거예요. 나는 애 엄마 마인드가 궁금한 거예요.

 질문

그런데 굉장히 애틋해요. 엄마가 오랫동안 못 키우고 재혼하다 보니까 할머니가 키웠어여.

**답변**

아, 그렇구나. 마음이 어떻든 간에 우리가 볼 때 애 엄마는 자기가 건사 하는 게 아니라 떠맡기기식 방법론이 나오져. 마음이야 뭐...

**질문**

맡기면 좋은 건 아니에요? 보내고 엄마가 참견을 안 하면 되잖아요?

**답변**

그렇지. 그건 엄마 마음이고, 우리는 이제 보살님이 중매를 서신다기에... 기준이 물어보는 사람 기준이잖아. 중매를 서신 다기에 누구랑 친하냐? 그런데 저쪽 여자하고도 친하다면 나중에 저쪽 여자에게 힘겨움을 안겨주는 역할 밖에 안 되지 않느냐...

**질문**

이 남자 엄마가 장사를 보내고 아예 참견을 안 하면 괜찮지 않나요?

**답변**

그거하고 상관이 없지. DNA라는 게, 유전인자 이런 게 있고. 얘가 원하는 환경에다가 아닌 반대편에다가 상관합살로 맡겨 놓은 게 아니에요? 丑에서 키우지 않고 未에다 놨잖아여. 그럼, 얘가 가지고 있는 성장 배경에 대한 마인드도 있을 거 아니냐고? 없을 거 같아여? 있을 수 있습니다.

### 조후가 없을 때

애는 조후가 안 되어 있져. 그럼, 정을 받고 살았어? 안 받고 살았어? 丙火가 없으니까 그렇져. 戊土가 있어, 없어? **힘들고 어려울 때** 누가, 방패막이 있었어, 없었어? **누가 도와주지 않았져.** 그랬잖아여. 그런데 이제 보살님은 "멋있다. 이쁘다." 계속 이렇게 얘기하니까 우리들 사고를 차단 시켜서... 사실을 냉정하게 살펴 볼 필요가 있져, 우리가?

질문
辛未가 아니고, 辛酉로 했을 때 격으로만 보면 된 거죠? 그러면 힘들지 않고 사는 거예요?

답변
그래도 금한수냉이고. 壬水가 투간 되는 바람에 금한수냉이 너무 확실해지고, 가슴에 있는 응어리가 그거는 우리는 있을 수 있다, 보일 수 있다는 뜻을 말하고.

그리고 이 사람이 가지고 있는 외로움을 감당할 수 있는 여자가 있어야 되는데, 그게 쉽지가 않져. 辛金 일간이 壬水가 있으니까 멋있져. 인물이야 멋있져. 그리고 죽은 乙木이 있으니까, 이 사람의 영혼의 그림자에 乙木이 드리워져서 장옷으로 덮여져 있는 거 보이시져? 저거를 '가뭄 귀신들의 발'이라고 하는데. 유튜브에 보면 귀신이 정말 있냐?고 있잖아여. 자기 아버지가 이렇게 왔다 갔다 하져. 가뭄이 들었으니까 이런 것들.

질문
이 사람의 외로움을 달래 줄 여자를 만나는 건 어떤 식으로...

답변

이혼 할 여자를 만나야져. 이혼이 가능한 여자를 만나야지 운명이 맞져. 우리는 운명에 맞춰 살게 해 주는 거여? 나쁜 운명을 피해 가지고 좋게 해 주려고 우리가 있는 거예요?

**질문**

원래 생긴 대로 살아야 되더라고요.

**답변**

맞아여. 그런데 이거는 당사자가 아니고, 보살님이 중재자 역할을 한다니까 참견을 안 했으면 좋겠다. 겉보기와는 다르며, 애 엄마가 애를 대하는 태도가 마음에 안 들지. 그 속마음이… 속마음은 처분하고 싶어 한다. 그러니 함부로 사주 내밀어가지고 계속 우리가 쳐다봐서 우리가 속을 파고 파도록 사주 함부로 내밀면 안 되어.

그리고 조후가 없다는 게 내색 없는 삶에 속에 응어리가 있다. 얘는 얼음이 속으로 파고 들어가서 얼은 거 눈에 뵈져? 두께가 2700미터나 됩니다.

안녕히들 가세요.

# 제 11강

11강 1교시 임상

사주 예시 1)

| 時 | 日 | 地 | 天 | |
|---|---|---|---|---|
| 壬 | 壬 | 辛 | 癸 | 乾 |
| 寅 | 午 | 酉 | 卯 | 9 |

1. 팔품 - 酉戌

팔품은 酉戌 월령.

1) 조후

2) 합충변화

① 방합 X

합충변화는 방합이 없져? 방합 없어여. 방합은 형성이 안 되어 있습니다. 방합이 형성이 안 되어 있으면 뭐라고 말하라고 했지? **학연, 지연 등에 기반을 한 상품 구성은 가능성이 희박하다**는 뜻입니다.

만약, 이게 申酉가 아니고 寅卯였으면 학연, 지연 등의 환경을 통한 대인 관계에 대한 이점은 없음 이렇게 말해야 되지? 금왕절하고 목왕절하고 좀 틀리게 말해야 되져. 그런 거 아니여? 다 똑같이 환경 그러다가니 굶어 죽어. 말을 寅卯辰 환경하고, 申酉戌 환경하고 좀 다르게 구성을 해야 되져.

② 삼합 X
삼합은 있어? 삼합은 없죠. 그러면 특별한 재능은 필요로 하지 않는다. 이러한 뜻입니다.

③ 酉 + 卯 = 환경변화
상충은 있져. 상충은 이럴 때는 어떻게 하라고 했어여? 申酉 중에 申이 빠진 +卯라고 했져. 그러면 이건 뭐에요? 환경 변화 이런 의미를 가지고 있다고 했져. 그럼, **환경 변화를 통한 이권을 갖추게 된다**는 의미입니다.

그런데 환경 변화인데 이때는 어떤 거예요? 상품 환경에 따라 변해야 돼져? **상품 호환성 환경에 따라 다르다**는 뜻입니다.

### 2019년 운세
2019년은 여기에 亥未가 들어왔져? 卯酉충에 亥未가 들어왔져. 그런데 나한테 들어 온 거여? 옆에 들어 온 거여? 옆에서 들어 온 거여.

그래서 재능 있는 귀인의 등장에 의한 가치 상승효과를 거둘 수 있다는 뜻입니다. 2019년 이게 환경 변화입니다.

그러니 올해는 이 사람한테 뭐라고 말해야 되여? "주변에 재능 있는 사람이 등장을 한다. 그 사람들하고 조인트 효과를 발휘하는 것을 권장을 합니다." 이렇게 말하는 것이 올해 환경 조건입니다. 그러면 지나간 사람은 배신해야져.

### 2. 당령 : 辛金

당령은 뭐 보는 거라고 했져? 당령은 뭐 보는 거라고? 업무 적합도 보라고 했져. 사령은 뭐 보는 거라고 하고 했어여? 재능 적합도. 자기 업무 능력 적합도고, 당령은 환경에서 업무하는 것의 적합도 그러져. 아버지가 하는 일을 잘 따라서 한다는 건 당령이져. 자기 일에 실력을 점검하는 것은 사령으로 보는 겁니다. 지금은 그러니까 사령 적합도는 안 하고 있는 거 아시져? '당령 적합도, 업무의 적합도가 있나?'를 보는 겁니다.

그러면, 이 사주의 당령은 庚金이져. 남자여? 여자여? 말이 바뀌었잖아. 酉戌 월령이잖아. 잘못 했잖아. 우리가 밥 먹고 실수만 하는 거야? 도대체... 왜 가만히 있는 거냐고 도대체. 酉戌 월령이잖아. 정신 차려. 그러니까 맨날 열심히 해 놓으면 다 잘못 된 거야, 정말.

辛金 사령입니다. 그럼, 이 사람이 업무 적합도가 있나 봐야져? 실력이. 만약에 삼합이나 환경 구성이 나한테 유리하게 작용은 안 했잖아. 환경에 희신은 별로 없었져. 그럼 능력 희신이 있나 봐야 되겠져?

1) 辛壬

그럼 업무 적합도를 봐야 되는데, 1번 辛壬이 있나여? 壬水가 있냐 이거야. 업무 적합도가 매우 뛰어나져? 그래서 이게 업무 적합도 양호 그럽니다. 여기다 하나 더 넣어야져.

2019년 운세

2019년 '업무 적합도 발휘를 통한 생존권 확보' 이렇게 또 얘기해야 돼져. 왜? 壬水가 어디로 들어왔어? 己亥 암장으로 들어왔잖아, 이렇게. 亥가 들어왔잖아여.

그러니 2019년 업무 적합도 발휘를 통한 생존권 확보 이렇게 들어왔습니다. 그러니 운에서 들어오면 항상 무슨 글자를 쓰라고 했어여?

수강생

새로운……

아, 이제 도사 된 거야. 그렇다고 해서 어떤 아줌마가 왔는데, 이런 운에 들어왔으면 "새로운 남자 만나라" 이런 말 하지 말라고. 그런 말 하는 사람 있어. 말하자면 저처럼 시커먼 사람이 하얀 운 들어온다고 하얗게 될 리가 없잖아여. 나도 이제 그슬러 가지고 까매지고… 밖에서 일하면 상추 심느라고 시커멓게 됐어여. 좀 있으면 모기 물려 가지고 얼기설기 되여. 이런 겁니다. 그러니 생존권 확보 운에 들어왔져. 이런 것들도 해 가면서 딱 운에 걸리면 딱딱 말해야 되는 거예요.

## 2) 戊辛壬

그러면 애들도 아니니까 이까지 거 검사할 필요가 많이 있지는 않습니다. 가만히 보면 戊辛壬 검사를 하는데 戊土가 없져? 戊土가 없잖아여. 그러면 현장 적용술 부족하신 분이져? 그렇잖아여. 현실 적응 능력이 매우 부족하고, "나 잘 났어." 이런 거 잘 못하시는 분이에요.

그런데, 다시 또 2019년 환경 변화를 통한 또 뭐에요? 새로운 현장을 만나야 돼, 안 만나야 돼? 이거 또 얘기 하는 거여, 별것도 아니여. 아주 바쁩니다, 이제. 나잇살이나 드셔 가지고 왜 바쁜 거여? 도대체. 이 나라 분이 도대체 어느 나라 분인지 모르겠네.

## 3) 甲丁

그러면서 뭐를 하는 거예요? 甲丁을 해야 되잖아여? 甲丁戊辛壬. 甲丁을 봐야 되겠져. 단순 개발인지, 특기 개발인지.

만약에 甲丁이라는 게 있으면 어떻게 되는 거여? **가격이 많이 비싸다고 했져**. **가격 상승효과, 지적 자산권 효과** 이런 거 나온다고 했져. 甲丁이 있으면 나온다고 했잖아요. 그런데 甲은 여기다 안 써도 상관 없다고 했어여. 그렇지만, 항상 여기에 있다는 것을 명심해야 되어.

그러면 丁火가 사주에 있나여? 있져. 寅午戌 화국 했으니까. 그러니까 항상 가격 상승효과, 지적 재산권 효과가 항상 있다는 뜻입니다. 이 사주한테 가장 좋은 점이 바로 이겁니다. 그런데 이거를 뭐 때문에 한 거여? 환경이 좋아서 한 거여? 개인 재능이 좋아서 한 거여? 개인 재능이. 환경이 좋으려면 아까 삼합, 방합 그랬잖아여. 개인 재능입니다.

삼합, 방합 같은 게 있으면 복이 있는 거야, 복. 그게 없고 당령에 희기신이 있으니까 자수성가해서 성공 하는 거예요. 아주 괜찮져. 아주 괜찮습니다. 그리고 1번 辛壬도 좋아 보이져? 그런데 약간 2번 戊辛壬 이 놈의 선비 정신 때문에 문제져, 이거. 팍팍하니 내지르는 게 안 되는 거여.

### 4) 丁戊辛壬甲

丁戊辛壬甲이라는 게 있다고 했져? 수생목이라는 壬甲이라고 했잖아여. 이거는 뭐라고 했어여? 파급효과라고 하는 게 있습니다. 파급효과, 寅 중에 있져? 寅 중에 있습니다.

寅 중에 있는 거는 실용성 파급 효과가 있는 거예요. 그런데 이게 **시에 있으니까 느지막이 벌어지는 파급 효과가 가장 좋다**고 생각해 주시면 됩니다.

그러면 당령에서 환경 적합도 검사를 해 보니까 마땅하니 남들보다 점수가 좀 높져? 대체적으로 1번 하나만 있어도 중류층에 산다고 했어여. 그런데 이것(3번)만 있으면 좀 나아지는 거예요.

그런데 현실 적응력이 없기 때문에 "자기의 뛰어난 가격을 전부 다 세상에 나아가서 보상 받지는 못 하십니다." 이런 의미를 가지고 있어여. 무지무지하게 아쉬운 청춘이십니다. 실력 뛰어나지? 그런데 전부 보상은 받지 못하잖아. 날 알아주지는 않는다는 거여, 토가 없어서. 이런 뜻입니다.

### 3. 격국 : 정인격

격국은 뭘로 봐야 되져? 정인격이져. 이 사주는 당령이 곧 정인격 되었습니다. 사령, 당령이 곧 정인격이 되어 버린 거예요. 그래서 정인격입니다. 사령도 辛金이고 당령도 辛金이고, 격도 정인격이 辛金이잖아여. 약간의 독단적인 냄새가 나, 안나? 좀 나져. 자기는 아니라고 할 거예요. 정인격입니다.

#### 1) 관인상생

정인격에는 격에는 뭐가 필요하져? 관인상생이라고 하는 직무 능력에 뭐가 필요해요? 직무 능력에 필요한 직무가 필요하져. 정인격 직무 능력이 있어, 없어? 있져? 있어여. 그런데 관인상생으로 직무가 필요하져? 직무가 필요합니다.

### 4. 일간 : 인겁

만약에 이 사주가 관이 없으면 자기가 일간은 뭘로 필요하는 거져? 겁재가 필요하져. 겁재가 필요하잖아여. 이걸 한꺼번에 쓰면 인겁이 필요하다고 했잖아여. 이렇게 되면 환경에서 직무 능력을 안 해 주니까 자기가 직무 능력을 직접 만들어야 되져? 그러면 이거는 뭐예요? 인성이라는 직무 능력에 + 직접 직무 환경을 조성해야 되져? 이런 걸 말하는 겁니다. 그래서 만약에 일간이 + 근왕하면 어떻게 된다고 했져? 독립 조건에 들어가는 겁니다. 그러면 봐봐여.

정인격이니까 직무 능력은 있어. 누가 직무하라고 명령은 하지는 않아. 그러니까 스스로 일을 만들어서 해야 되는 거예요. 그런데 독립은 해, 안 해? 안 하져. 그래서 부속기관장 그럽니다. 만약에 이거 (근왕)까지 있으면 뭐라 그런다고? 자영업 그러면 되잖아.

이거 할 때 처음에 조건 아시져. **천간에 비겁이 있으면 독립 욕구, 근까지 있으면 독립한다.** 이런 뜻으로 해석을 하시면 됩니다. 매우 그렇게 높으신 분은 아니다고 생각해 주시면 됩니다.

### 2019년 운세

격에서는 올해 할 말이 뭐에요? 격에서 올해 할 말이 뭡니까? 상신 들어 왔져? 작년, 올해 상신 들어왔져. 그래서 2019년 상신 들어왔습니다. 상신이 와서 뭐라고 말 해여? 겁재를 제하면서 뭐라고 말해여? 상신이 와서 겁재를 제하잖아여. "**니 환경 버려라.**" 그래, 안 그래? 니가 스스로 만들은 거 버려라 그러져. 여하튼간 상신이 들어오면 뭐하라구? 간섭, **간섭을 받는다**고 생각하면 됩니다. 상신은 맨날 좋은 거 아니에요. 간섭을 받는다.

상신이 원래 있었을 때 들어왔었어야 하는데, 상신이 없는 상태에서 들어 왔잖아여. 독립적 요건에 대한 간섭을 받게 된다는 뜻입니다. '**상신이 개인을 제지하다.**' 이런 식입니다. 질문이 뭐여?

### 질문

보험회사 영업 관리자인데, 올해 전기 안전기 설치하는 총판을 따신 거예요. 몇 개월이 되었는데, 하나도 못 했다. 그걸 1억 정도 들이고 했는데, 1억이라는 돈이 회수는 안 된대여. 그래서 "그만 할까…" 겁이 덜컥 난대요. 직장 생활은 하고 계시는데.

**답변**

옆에 분이 답변 해 주세요. 순서대로. 새로운 밥벌이가 생겼는데 돈은 안 된다 이거를 순서대로 해 주세요. 팔품을 보니 어떻고? 올해가 팔품을 보니 어떻다고 했어? 자기가 직접 만든 먹거리 환경이 생겼어, 주변 환경에서 생겼어? 주변 환경에서 생겼지. 그거 답변을 해 주고.

그리고 당령을 봤을 때 뭘로 봤어? 올해 戊己土가 들어왔으니까, 환경에 적합성이 생겼지? 생겼어. 격국을 보니까 어때여? 직무 능력은 있는데 직무를 누가 주지 않아서 부속 기관, 대리 기관, 대행 기관에서 근무를 하고 있었져? 상신이 왔으니까 뭐 하나가 생겼어, 안 생겼어? 생겼져. 그런데 개인기는 제지 당했져. 이거에 대해서 설명을 해 주라고.

"그거 참 조건은 좋은데 돈은 안 되네..." 말을 좀 해주라고, 좀. 옆에 사람한테 해 주세요. 이렇게 얘기 하라고, 그거 참 조건은 좋아졌는데, 돈은 안 되네. 제지입니다.

**질문**

그럼, 계속 유지해도 괜찮아요?

**답변**

효과는 없습니다. 조건은 좋아졌지만 효과는 없다는 뜻입니다.

**질문**

그러면 회사에 이의를 제기해서 얼마 정도의 돈을 돌려받는 것이 맞는 가요?

**답변**

인겁이라는 게 벌이잖아여. 원래는 관이 없이 스스로 했잖아여. 근데 뭔가 생겼잖아, 관이, 상신이. **나를 도와주는 조건이 나의 활동을 막았다**는 뜻입니다.

상신이라고 좋을 게 있다고 했어, 없다고 했어? 없져. **상신이라고 다 좋은 것만은 아니다**는 뜻입니다. 겁재를 제약을 걸었잖아. 관인이 아니라 인겁이었잖아. 그걸 제약을 걸었잖아, 상신이. 그러니 혜택은 나한테 좋은 거야, 안 좋은 거야? 안 좋은 거지.

**질문**
이 사주는 상신이 기신이 되네요?

**답변**
상신이 구신을 방어 한 거지. 상신이 구신을 방해한 거라고.

**질문**
방해한 거면 기신이 되는 거잖아요? 인겁상도 되는데…

**답변**
구신이라는 게 뭐냐면 자기 능력을 발휘하는 거잖아. 그리고 직업 유지하는 거잖아. 상신이 와서 구신을 방해했어. 상신이 왔잖아. 이 사람이 돈이 될 거 같았어. 상신이 와서 될 거 같았지? 그런데 그게 "직업 유지가 안 되더라." 이런 뜻이여. 그럼, 바로 이 달에 물어봤잖아. 그럼, 뭐라고 말해야 되냐고?

"직업을 유지 하실래여? 그렇지 않으면 돈을 못 벌으실래여?" 이렇게 얘기하면 되는 거야.

**질문**
직업을 유지해야 되는 거죠?

**답변**
아니, 직업을 유지하면 안 되는 거지.

질문

지금의 직업을 유지하면서 새로운 직업을 유지하는 건 안 되는 거죠?

답변

안 되는 거지.

질문

지금 이거에 대한 갈등이 있으신 거예요. 지금 하시는 직업도 나쁘지 않거든요.

답변

구신이 망했잖아. 그러니까 새로 생긴 직업을 버려라. 그리고 원래가 하던 일이 있지? 직접 직무하는 거예요. 항상 이렇게 하는 거여.

정인격에 관인상생이 안 되고 인접이면 별도의 부속기관장 하라고 했져? 그걸 하라고. 하고 있는데, 상신의 혜택이 왔어, 안 왔어? 왔는데, 원래 있는 직업을 버리게 생겼잖아여. 혜택이 없단 얘기여. 돈을 더 벌 것 같았는데, 직업만 손상이 갔다는 뜻이여. 상신이 항상 구신을 망가트릴 우려도 있다는 거여.

어느 날 갑자기 고모부가 "야, 임마. 우리 회사에 와서 일 해. 그러면 니가 직장 다니는 것보다 훨씬 더 나을 거 아니냐?" 그래서 직장을 때려 치고 고모부 회사에 갔어. 갔는데 갑자기 고모가 돌아가셨어. 그냥 강남 용어로 닭 쫓던 개. 땅만 걸어 다니는 사람이 있어. 근데 하늘을 나는 사람을 쫓아가면 돼, 안 돼? 닭 쫓던 개 지붕 쳐다보잖아. 개도 펄떡 지붕 위로 날라 갔으면 좋겠는데, 닭은 최소한 지붕까지는 날아가잖아. 이게 확 날라 가는 거잖아. 이러한 것들. 상신하고 기신이 이렇게 마찰을 일으키는 것들... 원래가 상신이 있었으면 이거 안 했잖아. 원래 따로따로 구분. 따로 친 거여. 일간 구역과 격 구역은 따로따로라고. 다르다고. 항상 일간 구역, 격 구역을 따로따로 해야 되여. "격에 대한 구역이 있고, 일간에 대한 구역이 따로 있습니다." 이거 설명 안 했어? 했어여? 동영상 틀어 봐야 돼. 똑바로 했나 안 했냐.

개업해서 초보자 때 확 잡아 버려야 돼. 그러면 막 급한 마음에 쏙쏙 들어가서 안 나와. 개업하고 나서 10년 됐잖아? "저거 나 아는 건데..." 이랬게 해서 그냥 가거나 그렇잖아. 급해야 쏙쏙 들어가고, 막 조져야 돼. 시침대로 조져야 돼. 그럼, 쏙쏙 들어갈 수 있져. 또 사주!

---

## 사주 예시 2)

| 時 | 日 | 地 | 天 |
|---|---|---|---|
| 己 | 丙 | 壬 | 丙 |
| 亥 | 申 | 辰 | 午 |

乾 9

팔품 卯辰
당령 乙木
격국 살격

## 일간 근 + 비

이렇게 앞으로 기록을 하세요. 일간은 근왕하고 비왕하다는 뜻이져. 일간이 근왕한데 뭘로 왕 해? 양인으로 왕 하져? 일간이 양인으로 왕 하다. 이런 건 머릿속에 일단 넣고 있어야 돼. 저렇게 일간이 양인으로 왕 하면 편관이 가서 탁 쳐야 되여. 팍 쳐야지 재생살이 팍 되어 버리는 거여. 이런 것들을 생각을 하고 계셔야 돼. 이렇게 기록을 해 놓으시면 돼.

일간이 근으로 왕 하다, 비견으로 왕 하다 이렇게 해야져. '근으로 왕 하다 비견으로 왕 하다' 그러면 딱 쳐다 볼 때 편인과 식신을 쓸 거 같은 느낌이 들어, 안 들어? 이만큼 왔으면 지금 두 달, 석 달 왔잖아여. **일간이 근으로 왕하고 비견으로 왕 하면 편인 탁 쓰고, 식신도 탁 쓸 거 같애.** 편인 탁 쓰고, 식신 탁 쓰면 편관만 있으면 대끼리야, 아니야?

그런데 편관이 약한 게 있으면 이거 뭐 제살태과 해 버리져? 편관이 왕 한 게 있어야 되는데, 이 놈의 편관이 왕 해, 안 왕 해? 안 왕 해. 이 편관이 자기 고향에서 안 낳았지? 자기 고향에서 나야 될 거 아니여. 얘 편관 고향이 어디여? 亥子丑월이잖아. 辰월에 왔어 편관이. 그래도 亥가 있으니까 그나마 다행이라고? 얘 아들 낳았어? 아들 때나 다행이지, 얘한테는 다행이 아니여. 얘는 편관이 여기서 낳은 편관이잖아. 자기 고향이 아니잖아. 기득권자인 乙木이 있는 곳에 내가 편관이잖아여. 그런 것들을 감안하면서 이렇게 쳐다 보고... 전체적으로 저렇게 써 놓고 전체적인 조망을 이렇게 한 번 훑어보는 겁니다.

1. 격국 : 편관격 + 살인상생

그러면 격국을 쳐다 보면 편관격은 편관격인데, 이 사주에 편관격의 속성은 어떻게 되는 거져? 속성은 뭐에요? 살인상생 속성이져. 월령이 목왕지절 편관격이니까 제살이 우선이여, 살인이 우선이여? 살인상생 속성이잖아여.

그래서 무조건 편관격만 보면 들입다 달려가서 그냥 죽일 듯이 하지 말고, 고객이라고 맞이해야 돼, 편관을. 싹 맞이해서 살격에 살인상생의 속성이 이렇게 들어가 있다고 생각하시면 됩니다. 그래서 壬水 乙木 이런 식으로 들어가 있다고 생각하면 돼. 무조건 반대해야 돼, 해야 돼? 들어와야 되져.

말하자면 외국에서 우리를 죽이는 무기가 들어오고 있다. 그럼, 막 신고해야 돼? 슬쩍 몰래 가서 받아야 돼? 슬쩍 가서 받아야 될 거 아니여. 그런 거 얘기 하는 거여. 그런 거 막으면 안 되잖아. 슬쩍 받아야지. 마인드를 가져야 된다. 국민 여러분 제 말 알았습니까? 그래서 이게 뭐여? 식신제살형이여? 살인상생형이여? 살인상생형이라는 생각을 할 줄 알아야 됩니다. 이런 뜻이여.


2. 세운

올해 운세는 뭐여? 2019년 **살인이 식상을 제하다**. 살인이 식상을 제하져. 수생목했잖아. 수생목하고 뭐 하는 거여? 목극토하져. 식상을 제하다는 뜻입니다. 올해 운세입니다.

## 3. 팔품

팔품은 뭐가 들어가 있져, 사주에?

### 1) 삼합

삼합이 들어가 있져. 삼합이 있습니다. 이 사주는 **주변에 재능이 많은 인물들과 교류하고 있다**고 생각하시면 됩니다. 주변에 삼합이 있잖아여. 많은 인물들과 교류하고 있다 이렇게 생각하면 돼. 그러면 나도 열심히 노력을 해서 어떻게 해야 돼? 재능을 쌓아야 돼져. 그런 의미입니다.

### 2) 방합

그리고 뭐가 안 보여? 방합하고 상충이 보이지 않고 있져? 절대 보이지 않고 있습니다.

### 3) 2020년 申子辰 삼합

그리고 나서 2020년은 申子辰으로 삼합을 하고 있져? 그래서 **자기 재능을 발휘할 환경을 만나**다고 생각하는 거여. 항상 방합을 기준한다고 했어여. 자기 재능을 발휘할 환경을 만나다. 언제? 2020년에.

이렇게 말 하려면 뭐 하러 2019년에 오겠어. 그렇잖아. 이렇게 말 하려면 뭐하러 2019년에 오냐고. 2019년부터 이에 따른 준비하다고 말해야 될 거 아니에요. 이때 준비를 해야 돼, 안 해야 돼? 해야지. 그러면 지금 능력 준비해야 돼, 환경 준비해야 돼? 환경을 준비해야 져. '자기 능력을 발휘 할 환경을 찾으러 다녀야 된다' 는 얘기입니다.

　하여튼 간 2020년에 申子辰 삼합이니 자기 능력을 발휘할 환경을 만나다. 이에 따른 2019년에 준비하시기 바랍니다. 이런 뜻입니다.


### 4. 용신

#### 1) 乙丙

　乙木이 령이여. 乙丙이 되어 있어, 안 되어 있어? 되어 있져. 1번이져. 그러면 환경 적합도가 괜찮져.
　+ 2018, 2019년에 토가 들어왔어? 안 들어 왔어? 戊土, 己土가 들어왔져. 자기의 업무 평가가 환경에 적합하게 나타나고 있져. 그래서 **책임이라는 소임을 맡다**고 생각하시면 됩니다. 소임 맡는 운에 왔다고. 적합도가 좋잖아여. 업무 평가 좋져. 그리고 소임도 맡져. 그래서 입찰 받는다, 뭐 한다, 뭐 한다 이렇게 하는 거예요. 소임을 받는 운세가 도착을 했습니다.
　2019년은 살인상생을 하던 중에 식상을 제압해서 거듭 된 살인상생을 맡다. 이런 뜻이여. 이거 통변해야 돼. 질문이 뭐여, 이 학생은?


**질문**

　이 사람이 멸종 위기종에 대한 환경 조사를 하는 사람인데요, 전문가가 되었어요. 그런데 이게 1년 계약직인데, 박사 학위를 따야지만 오더를 많이 딸 수 있고 일이 많대요. 그래서 석박사 통합 과정에 있는데, 그게 가능한지?

**답변**

그거야 하면 되는거여. 가능하지도 않고, 그냥 하면 가능하다고. 그냥 가능하다고 물어 볼 게 아니라 그냥 가서 하면 가능하다고.

**질문**

석박사 딸 수 있냐고?

**답변**

하면 가능하다고. 질문이면 "돼." 이렇게 말하면 되는 거여. 빨리 다른 거 질문 해 봐.

**질문**

그거만 물어봐서...

**답변**

그렇게 하면 안 돼, 이런 질문을 해야지. 2020년도에 자기 능력을 환경에 적합하게 활용할 수 있고, 너는 업무 적합도가 지금 되어 있다. 가서 입찰 받아와라. 이런 질문을 해야 되는 거지. 무슨 석박사야. 그건 하면 되는 건대. 이런 질문을 안 하는 거야, 이 놈의 새끼.

**질문**

박사 하기가 쉬운 게 아니니까...

**답변**

아, 쉬워여, 나도 해 보니까. 그냥 돈 내고 다니면서 논문 쓰면 돼. 그런 별도야. 밤마다 하면 되고.

**질문**

그런데 박사 학위 받으려고 하는데, 교수가 통과 안 시켜 주면 힘들다고 하더라고요.

**답변**

그럼, 교수가 시키는대로 하면 돼지, 그럼.
**질문**
근데 쉽지 않던데요...
**답변**
그럼 너 박사 학위 안 주면 나 안 다닐꺼여. 이렇게 엄포 놓으면 되잖아. 그렇게 하면 안 되는 거여? 내가 안 다니면 니들이 얼마나 손해 보는 줄 알아, 이렇게 하면 되잖아. 빨리 이거부터 통변 해 봐.

**\*\* 창광의 사주 통변 \*\***
卯辰 월령이 2020년 자기 능력을 발휘할 환경을 딱 만나다. 박사 학위 신청하면 되겠냐고? 된대.

세상에서 나의 乙丙, 업무 적합도를 2016년에 인정받았어? 안 받았어? 받았지. 그리고 그것이 환경 적용이 돼, 안 돼? 작년부터. 이제 소임을 맡을 수 있지. 됐어, 그럼.

살격 + 살인상생

그럼 격으로 부귀빈천을 나눌 때 살인상생을 하던 중, 살인상생이 뭐라고 했어? 살격에 살인상생은 연구, 조사, 선악 구분, 옳고 그른 거 구분하는 거라고 했지. 살인만 쳐다보면 살인 하는 거 생각하지 말고, 연구, 조사, 선악 구분, 옳고 그른 거 구분하는 거 있잖아. "이거는 옳아, 이거는 그르다." 이런 거 구분하는 것을 식상을 제 해 가지고 살인상생이 돼, 안 돼? 되잖아. 그럼 입찰 받아오라고 했잖아.

그냥 모르걸랑 외워.

　비식해서 살 제하면 입찰 받아 오라. 살인해서 식상 제하면 입찰 받아 오라.

**질문**
살인이 정인으로 하는데...
**답변**
그러니까 그건 지위가 아니잖아. 살인이 壬水 乙木이니까 환경에서 이루어 졌잖아. 환경으로 이루어지는거지.
**질문**
2020년에 학교 들어가고, 2022년에 석사 따고, 2025년에 박사 되는 거 아니에요?
**답변**
그럼. 2024년에 딴다 그래, 그냥. 오래 걸려, 5년 걸려. 그냥 하면 돼지.

　방금 제시한 의문은 "이 사주가 편관격인데, 壬水. 甲木으로 살인상생을 해야 되는데, 乙木의 정상적이지 않잖아요?" 이렇게 의견을 제시했어.
　이 말은 살이라는 亥子할 때 얘기하는 거고, 얘는 정상적이었어. 申子辰 했지. 재능으로 살인상생 하는 거라고. 재능으로, 乙木. 그런데 乙木이니까 자기의 능력이여? 환경을 기반으로 하는 거여? 그렇져, 환경 기반. 辰이라는 환경 기반. 이건 타고 났다고, 壬乙로. 壬乙로 타고났다 이거여. 壬이 乙을 죽이는 거 같아, 살리는 거 같아? 죽이는 거 같져. 이런 것입니다.

그런데 환경 생태계란 말이 壬乙에 적합한 말이져. 이건 환경 생태계라잖아.

여기 쳐다봅시다.

**일간 : 근 + 비견**

근 있고 비견 있져. 이렇게 되면 어떻게 되는 거라고, 항상? **비견, 독립하고 싶다. 근, 자영하다.** 그렇져. 그러니 뭐에요? 개인 기업을 만들 수 있져. 그래서 연구소를 차려 가지고 거기서 뭐 하는 거예요? '옳다, 그르다' 이렇게 판결 해 주는 직업 하면 되져. 살인은 '옳다, 그르다' 판결 하는 거라구. 선악 구분 해 주는 거여.

**인성이 암장에 있으면**

그런데 인성이 천간에 있어, 암장에 있어? 암장에 있지. 그러면 사람이여, 사물이여? 사물. 이제 도사 된 거여. 오전에 공부한 거. **분명히 천간에 있으면 사람이라고 했고, 암장에 있으면 뭐라고 했어? 자연환경이라고 했져.** 양서류, 파충류 그냥 개구리라 그려.

이 사주는 이렇게 보면 壬辰이 있잖아여. 그래서 **습지 조성 효과를 판단해 주는 직업**이라고 생각 하시면 돼. 습지를 어떻게 조성할 건가 판단하는 거예요. 강과 하천에 습지 조성이라는 게 있잖아여? 이걸 판단해 주는 직업.

저도 우리 집 앞이 완전히 습지였거든여. 벽돌로 다 매꿔 가지고 개구리가 올해는 울지가 않아여. 개구리 소리가 좋아서 키워 봤는데여, 습지를 조성해서. 어느 날 부터인가 가만히 생각 해 봤어. 개구리 울음 소리를 들어가면서 모기를 뜯길 것인가? 모기 공장이에요. 모기를 안 뜯기고 개구리 울음 소리를 안 들을 것인가? 그래서 모기를 안 뜯기기로 마음 먹었어여.

모기가 사라지면 개구리도 사라지더라고. 올챙이가 먹을 게 없잖아여. 그래서 2년 동안 모기 피임약을 뿌렸더니 개구리 울음소리가 안 들려여. 참 인간 간악해.

이 사주는 습지 조성 효과를 따지는 사주입니다. 卯辰 월령은 습지를 말하져. 습지 얘기하는 거져.

---

사주 예시 3)

| 時 | 日 | 地 | 天 |   |
|---|---|---|---|---|
| 庚 | 辛 | 丁 | 己 | 坤 |
| 寅 | 未 | 丑 | 巳 | 癸 |

어떤 사람은 대운 수로 얘기하고, 어떤 사람은 사령으로 얘기하고. 그런데 대운 수로 얘기하면 사령까지도 다 포함이 돼 있어여, 항상. 그건 아시져?

### 1. 용신

癸水 사령 그랬잖아여? 이걸 사령으로 나누니까 丑중을 癸辛해 가지고 위에 올라갔다는 얘기 아니여. 여자잖아여? 그러면 대운 수가 7대운 정도 된다 생각하면 되여. 대운 수가 7대운 정도 생각 하시면 돼, 癸水 사령이라니까.

**질문**
9대운인데요?
**답변**
알았어, 9대운으로 보면 돼. 丑중에 癸辛己 그러져. 순행입니다. 그래서 앞으로 나가는 거고.

### 2. 팔품 : 子丑

팔품은 子丑입니다.

#### 1) 삼합
1번 삼합이 있고

#### 2) 상충
2번 상충이 있져. 충이 있다 생각하면 되여.

**삼합과 충**
삼합이 있으면 뭐 어떻다는 거져? 삼합이 있으면 재능이 있어야 된다는 얘기져. 그리고 충이 있으면, 환경을 바꾸어 가면서 살아야 된다는 거져. 충입니다. 충인데 이게 丑未충이져. 그러면 설명해봐.

### 丑未충

丑이라는 환경에서 뭘로 바꾸어야 되여? 未라는 환경으로 바꾸어야 돼져. 그럼, 지식적 기술이여? 산업적 기술이야? "**산업적 기술 영역으로 당신의 재능을 바꾸시기 바랍니다.**"라고 말하는 거예요.

그렇게 말하면 못 알아들을 우려도 있잖아. 지식 추구형이 아닌 금융 추구형. "**도덕관과 금융관 중에 금융관으로 바꾸시기 바랍니다.**" 이렇게 말하는 거여. 그러니까 마음의 욕망이 차야 돼? 돈 얘기를 해야 돼? 돈 얘기를 꼭 해야 된단 말이여. 그래서 이것만 쳐다보면 돈 얘기하고, 산업 얘기하고 그래야 되여. 기술적이여. 그러니 "지식 추구형이 아닌 기술 추구형으로 살아가기 바랍니다."라고 말해야 되여.

丑未충이잖아. "너 가난할래? 돈 벌래?" 이렇게 말하란 말이여. "계속 그렇게 가난하게 얼음 땅에서 살래? 돈 벌래?" 이렇게 말하란 말이여. 어떻게 언어를 하느냐에 따라 틀리는 거여.

그럼, 나한테 왔으면 "너 그렇게 계속 손가락 빨아 먹고 있을래? 기술 배워서 돈 벌래?" 이렇게 물어 볼 거라구. 그럼, '**환경을 바꾸어라**' 이렇게 말하는 거예요.

이거를 다시 가공해서 얘기하면 巳丑이 되어 있다. 酉丑이 아니라 巳丑이져. 그리고 丑未충 되어 있다. 그래서 丑未충에 대한 것을 통변을 잘 해주시면 됩니다. 子丑이라는 게 없져? 子丑이 없고 丑未충 되어 있는데, 巳未 이런 걸 봐 가지고 기운이 子丑보다 巳未라는 방합이 더 맞지? 화 기운이 더 왕 하져. 그러니 너는 완전히 돈으로 바꾸고, "공부는 그만하고, 돈 벌러 가." 이렇게 말해야 될지도 모른다는 겁니다.


### 3. 용신 : 癸水
당령은 癸水인데, 애가 발목을 잡을 수도 있습니다.

#### 1) 癸甲 (寅)
癸水는 첫 번째가 뭘 만나야 되여? 甲木을 만나야 되져. 甲木을 만나야 되는데 뭘 만났어? 인중에 甲木을 만났져. 한 번 이제 말 해 봐 봐. 甲木을 만났으니까 "니가 도덕적 인간형으로써 지식 체계를 세워서 선생이 될래?" 그럴까? "너한테 복을 주는 사람을 만나서 편안하게 살래?" 중에 어떤 게 더 중요해? 말이 똑같지 않져? 설명을 해 봐봐. 크게 써 놓고, 이건 뭐에여? 甲木을 만났어, 寅중 甲木을 만났어? 천간하고 지장간하고 만난 것을 조금 성장했으니까 구분하기 시작해야 되지? 아까 한 번 구분 했져. 지금 당장 구분 해 봐.

다시 한 번 해 볼게. 癸水가 당령이여. "도덕적 인간형으로써 甲木 희신, 교육과 학습을 통해서 지식체계를 세워서 네가 교사가 될래?" 그렇지 않으면 환경에 적합한 인물을 찾아서, **寅중 甲木이니까** 이게 사람이라고 하라고 했져. 대인관계를 충분히 쌓아서 귀인을 만나서 그러니까 **"자질을 계발을 할래? 귀인을 만나서 그 사람을 따라 가서 혜택을 받고 살래?"** 중에, 寅 입니다. 이렇게 틀리다고여. 천간에 있는 거 하고 암장에 있는 거 하고. 사람을 따라가라는 뜻입니다. 사랑을 따라라 이렇게 말해도 됩니다.

근데, 나이가 己巳생이면 사랑을 따라라 이런 말 보다는 뭘 따라? **사람을 따라야 된다고** 생각해 주시면 됩니다. 이런 게 당령 입니다. 의미가 조금씩 틀려졌져. 그러니까 이 뜻입니다.


### 4. 격국 : 금수식신격

격국을 살펴보면 巳酉丑 金이 되었으나 비겁은 격으로 잡을 수 없져. 癸水에 낳았으니 금수식신격으로 잡아야 되겠져. 그렇죠, 식신격 입니다.

#### 1) 근왕 또는 비왕

식신격은 자기의 개인적 능력을 통하여 그 능력을 식신생재로 발휘해야 된다고 했져? 개인적인 능력을 갖추려면 일간이 어떻게 해야 되여? 근왕을 하거나 비왕을 해야 된다고 했져? **근왕을 하게 되면 사업으로 가고, 비왕을 하게 되면 식신제살이라고 해서 국가 자격증을 딴다고** 했져. 그 얘기는 들었나여, 안 들었나여? 들었으면 앞으로 필기도 하지 말고, 그냥 외워 두세요.

그러면 이 사주는 근왕도 안 하고 비왕도 안 하니 개인능력으로 할 수 도 없고, 국가 자격증을 딸 수도 없는 거져. 그러면 격은 부귀빈천의 격은 없어져 버렸져.

#### 2) 寅 + 丑未?

그러면 할 수 있는 게 뭐 있습니까? **환경에 능력 있는 사람들이 있**

는데(巳丑), 나는 능력을 개발할 거 같으니 귀인(寅)을 만나야 된다. + 丑未沖이니 산업 사회로 가야 된다는 개념이 성립 되어 있져. 아휴, 복잡해. 사주 하나 보는데, 쓱 보면 다 보아야 되는데...

### 5. 2019년 운세

보는 방법을 하나 바꿔 봅시다. 2019년에 팔품은 어떻고, 당령은 어떻고, 격국은 어떻고, 일간은 어떤지 2019년에 한 번 보는 거예요.

#### 1) 팔품 : 丑未?

팔품은 뭐에요? 丑未 +亥 이렇게 들어왔어, 안 들어왔어? 들어왔져. 丑未충, 여기서 저기로 갔더니 새로운 능력 있는 사람이 누가 있는 거져. 누가 스카웃 해 가는 겁니다. '**새로운 능력 있는 사람을 만나러 가다**' 이런 식입니다. 丑未충이니까 항상 어떤 사고를 가져야 돼? 이동 사고를 갖는 겁니다. 이동 사고 아시져?

그래서 여기서 뭐라고 하냐면 "인간관계 이동설이 있습니다." 인간관계를 이동해야 된다는 거져.

#### 2) 당령 : 癸甲己

당령을 한 번 봅시다. 당령은 癸甲에만 맞추고 나머지는 안 맞춰도 됩니다. 올해 당령이 뭐져? 癸甲己져. 己癸甲이잖아여. 癸甲己 만났져. 내 능력을 만들어야 되는데, 능력을 만들 환경이 왔어, 안 왔어? 환경이 왔습니다. 그런데 이 甲이 천간 甲이 아니라, 寅중 甲이니까 사람 만나서 토극수 항상 뭐라고 했어? 사람 만난다고 했져. 거기서

甲木 능력이 나와? 자식이 나와? 寅中에 甲木이니까 능력이 나와, 자식이 나와? 자식이 나오는 거여. 甲木이, 寅中 甲木이었어, 그냥 甲木이었어? 寅중 甲木 얘기했잖아. 그거는 천간의 甲木이 직업 능력이 되고, 寅중의 甲木은 사람이라고 했잖아여.

질문
辰월에 丙火 할 때 천간은 사람, 암장은 사물 그래서 양서류, 파충류 이렇게 하셨잖아여? 이것은 인성이고...
답변
아니, 인성하고 뭔 상관 있어여.
질문
천간은 사람이고, 암장은 사물이고...
답변
여하튼간 불만이 있어도 참으세요. 직업적 능력. 지금 당령 희기신 하는 중인 거 아시져? 희기신 하는 중이에요. **사람 만나는 운이 왔습니다.** 하여튼 결혼하는 운이 왔네. 토극수, 목극토라고 해서 癸甲이라고 하는 사람 관계를 토극수라고 해서 만날 때가 되었다는 뜻입니다.


3) 격국 : 식신격
격국은 식신격에 뭐가 온 거죠? 근약하고, 비가 없으면 도식 되져? 격이 파괴 됐져. 직업 변화가 온 겁니다. 격기신 등장 했져. 격기신이 등장했잖아, 己癸로. 그러니 격이 파기 됐져? 직업 변화가 온 겁니다.

그러면 도대체 다 합치면 뭐지? 직업도 변화하고 사람도 변화한다는 뜻이네. 나한테 오면 이렇게 말하겠네요. "남편이 오시니 남자를 버려라. 직업이 새로오시니 직장을 버려라." 이러겠네요. 또 의문점? 뭐가 불만이여? 불만을 얘기하세요.

이 사주는 팔품의 조후용신을 보니까 亥子丑에 태어나서 유일하게 寅중 甲木이라는 인덕이 있져. 먹을거리 주는 인덕이 있쟎아여. 이거 하나가 癸甲입니다. 복이 있쟎아, 인복이. 인덕이 아니라 인복, 이거 하나입니다. 계속 甲木을 어디로 가는 거여? 여기서 나온 甲木을 계속 물고 다니는 거예요. 뭐 어려운 점 있어?

질문
직업을 버려야 할 때 과거의 직업이 좋은지, 미래에 직업이 좋은지 예측할 수 있습니까?

답변
그럼여, 할 수 있져. 아까 했쟎아. 상신이 가서 구신을 극해 버려서... 잘못 선택하는 거져. 부귀빈천론 할 때 격으로 말 못 해여. 구신이 상신을 공격할 염려는 없거든여. 그런데 상신은 구신을 항상 공격을 하져.

질문
그 시점에 판단이 된다는 건가요?

답변
그럼요, 사주에도 그러한 내력이 들어가 있기는 하져.

**질문**

미래에 더 발전할 수 있는 사람인지, 아닌지도 그 사주를 판단하고 나서 그 운에 결정하는 거죠?

**답변**

그렇지. 이런 사주는 사주보는 모델에 들어가지는 않아여. 왜 들어가지 않냐면 조후가 戊土가 없잖아여? 자제력이 없으며. 丙火가 없잖아여? 미래 계획이 전혀 없어여.

甲木이 없잖아여? 자기를 인도 해 주는 사람이 없어여. 인도 해 주는 사람이 있다고 해도 없는 거예요. 뭐가 있어여? 먹을 거 떨어지면 주는 사람은 寅중에 있져. 그래서 이게 결정이 났잖아여. 그리고 나서 당령으로 백날 가 봐야, 그 甲木은 계속 뭐가 되는 거예요? 그냥 사람이에요, 인덕 주는 사람이에요? 그냥 개인적 인덕이라고 했지, 대중적 사람이 아니라는 뜻이에요. 아까의 그거는 대중적 사람 요소를 얘기하는 거고, 이건 개인적 사람이란 뜻이에요.

**질문**

이 분은 사람이 나타나면 그 사람을 인덕으로 활용하려고 하다보니까 그 환경 속에서 자기가 클 수 있는데...

**답변**

못 해요.

**질문**

그럼 사람을 만나고, 환경의 변화가 생기는 거예요? 환경에 변화가 생긴 속에서 사람을 만나는 거예요?

**답변**

사람을 만나서 환경 변화가 되져. 사람을 만나는 거져, 먼저. 또 의문점?

만약에 여기서 戊土가 투간 되어서 정인격을 하거나, 壬水가 투간 되어서 상관격을 하거나... 이런 거 있잖아여? 이렇게 되면 일간이 근 없는 것이 다행이지만, 끝까지 고수해서 식신격이에요. 그러니까 근이 이렇게 없는 상태잖아여? 스스로 이결 낼 수 있는 건 아니잖아여.

**질문**
대운에서 근이 와도 그런가요?
**답변**
대운에서 근이 오는 순간 무슨 일이 벌어지냐면, 독립을 할 수 없는데 독립 욕구가 벌어지는 거예요. 좋은 거야, 나쁜 거야? 좋을 수도 있고, 나쁠 수도 있고.
**질문**
혹시, 결혼해서 잘 살고 있는데 이혼 할 수 없는데 버틸 수 있나요?
**답변**
그렇져, 아주 말 잘 했어여. 애는 질문이 뭐여?
**질문**
10년 넘게 사귄 남자 친구가 있는데요...
**답변**
헤어지면 돼.

**질문**
올해 새로운 남자 친구가 생겼대요. 헤어져야 할지, 누구를 선택해야 할지 모르겠다고 해서…

**질문**
亥子丑 근으로 가잖아요? 그게 새로운 사람을 만나는 거예요?

**답변**
그거 밖에 또 생각이 안 나? 亥子丑이 뭐가 근으로 가긴, 뭐가 근으로 가. 辛金 일간인데.

**질문**
이 사람은 근이 오게 되면, 독립 욕구가 생기는 거예요?

**답변**
그런 건 못합니다.

**질문**
대운에서 독립 욕구가 생겨도 이 사람이 근약하니깐 돈을 벌 수가 없잖아요?

**답변**
나중에 인내력의 문제져. 독립 욕구와 실천한 다음에 인내력이 있잖아여. 근약 하면 인내력이 없잖아. 인내력 때문에 못 이겨 내져.

**질문**
여자니까 시집가서 잘 살면 되는 거 아니에요?

**답변**
그렇지. 그러면 되져. 걱정 하지 마, 시집가서 잘 살 거니까.

**질문**
직업적 능력은 없는데, 결혼하면…

**답변**

인덕은 있다.

**질문**

그게 받을 복이라고 해요?

**답변**

받을 복이라고 하져. 근데 문제가 뭐냐면 丑 중에 辛金으로 태어났으면 부모한테 받을 복이 있는데, 癸水로 태어났다며? 그러면 **부모한테 받을 복은 없져.**

丑 중에 辛金으로 태어나라고 했져. 辛金으로 태어나야지, 辛癸한다고 했잖아여. 丑중에 癸水로 태어났으면 癸甲하라고 했지. 사령이라고 해서 나중에 예민한 거 24개 넘어가야 하잖아여. 제가 지금 한꺼번에 안 하고 은근히 툭툭 던지듯이 말하잖아. 그리고 표는 받았나여? 표 안 나눠줬어? 오행 표, 요즘 나온 거 안 받았어여? 안 받았구나. 다음 주에 나눠 줄게.

**질문**

辛癸는 받을 복인데, 癸水는 뭐라 그랬죠?

**답변**

줄 의무가 있다고. 수생목하니까 癸甲, 배우고 익혀서 줘야 된다고. 그건 복이 좀 틀립니다.

**질문**

辛癸는...

**답변**

그건 부모한테 받을 복.

**질문**

선생님한테 받으려면,,,

**답변**

선생님한테 받으려면 천간에 금이 투간 되어야 되고. 그건 그럼 선생님을 잘 만나는 거고. 의미가 틀려져. 천간에 투간 된 거랑 의미가 틀려여.

천간에 투간 되면 스승과 부모로부터 유업을 계승하라고 했고, 암장에만 있으면 丑중 辛金이 유산 받기만 하고.

**질문**

저는 늘 걱정이 부모나 스승님이 주신 것에 누를 끼치지 않을는지...

**답변**

丙火가 없으면 누를 끼치져, 발전을 못 이룬 거고. 그거는 너무 당연한 거 아니야? 丙火가 있으면 발전을 이루고, 丙火가 없으면 발전을 또 못 이뤄여. 질문들 해 봐.

**질문**

해동이 되어서 발전을 이루는 거죠?

**답변**

발전을 이루져. 丙火가 없으면 정체만 되어 옹골 해 지져.

눈 감고 얘기 해 봐. 子丑월령 용법이 뭐여? 子丑월령에 뭐가 있어야 돼? 그거(甲木)는 癸水 당령의 용법이고. 丙火가 있어야져. 그런데 금한수냉 해야 되니까 금생수가 있어야 되지?

**질문**
금생수 되고, 丙火예요?
**답변**
그렇져.

### 子丑 월령 용법

子丑 월령이라는 이 환경에 뭐 있어? 癸水 있어, 없어? 있어여. 子水의 종자인 甲木이 있어, 없어? 있져. 그럼, 얘는 금생수(辛) 해야 돼, 안 해야 돼? 해야 되죠. 甲木에 甲木 丙火 해야 되져? 그러니 뭐가 필요해? 辛金 丙火가 용법이에요. 그래야지 **辛癸는 내력이 있고, 내력을 가서 甲丙 활용**을 하고 이런 것이 이 속에 담겨져 있어여. 이게 子丑 월령의 용법이에요.

### 寅卯 월령의 용법

寅卯 월령의 용법이 뭐여? 기본적으로 寅卯 월령에 뭐가 있어? 寅卯월령에 뭐가 있지 않아? 甲木이 있어, 없어? 있져. 용법이 뭐여? 丙火져. 丙火가 용법이에요.

그런데 물이 마르면 안 되죠. 물이 마르면 돼, 안 돼? 물이 마르면 안 되죠. 그러니까 庚金이 용법이에요. 금생수, **庚金으로 금생수** 庚金이 있어야 되져. 寅卯 월령에 甲木이 乙木으로 化해야 돼, 안 해야 돼? 丙火가 있어야 되잖아. 그러면 계속 乙木이 자랄려면 庚金이 있어야 되져. 간단하지 않아여?

丙火가 없으면 용법이 뭐에요? 辛金. 辛金으로 금생수.

**질문**
잘라여?

**답변**
아니, 자르긴 왜 잘라. 뿌리를 돋아야지.

**질문**
辛金의 금생수로요?

**답변**
그렇지. 이때는 庚金으로 해 봐야 소용도 없어여. 寅卯 월령에 丙火가 투간이 안 되었는데 乙木으로 화할 마음이 있어, 없어? 할 마음이 없잖아, 甲木이. 그러면 辛金으로 금생수하면 되지.

**질문**
辛金으로 금생수해서 공부하라는 거예요?

**답변**
활용하는 게 아니라, 연구하는 걸로 업무를 삼으라고. 교수가 가서 장사 할 일 있어여? 없잖아요.

**질문**
지지의 巳火도 쓴다고 하셨죠?

**답변**
네, 그런 건 상관없습니다. 辛金으로 하면. 巳火를 쓰는 것은 환경 변화 요건이니까 그거는 상관없습니다. 巳火 때문에 庚金을 쓸 필요는 없습니다. 쉽지 않아?

**卯辰 월령의 용법**

卯辰월령의 용법이 뭐에요? 丙火지 않아여? 용법이에요. 개화에 필요하져? 개화를 해야 되져? 개화를 해야 되잖아, 이렇게. 그러려면 용법이 또 뭐 있어여? 庚金으로 해서 열매를, 결실을 맺어야 되져? 금생수.

| 월령 | 상생식 | 유용지신 |
|---|---|---|
| 子丑 | 辛癸甲 | 丙火 |
| 寅卯 | 癸甲丙 | 丙火 O - 庚金 (목생화 역할)<br>丙火 X - 辛金 (수생목 역할) |
| 卯辰 | 癸乙丙 | 庚金(화극금 역할) |

子丑 월령의 상생식이에요, 辛癸甲. 寅卯 월령의 상생식이에요, 癸甲丙.

子丑 월령에 辛癸甲에 뭐가 필요하져? 丙火가 필요하져. 이런 거 유용지신 잡는다고 하고.

寅卯 월령에 상생식이 뭐여? 癸甲丙이잖아여. 유용지신이 뭐져? 유용지신이 뭐예요? 丙火가 있으니까, 庚金. 丙火가 없으면 辛金. 그럼 辛金이 하는 것은 수생목적 역할이고, 庚金이 하는 것은 목생화적 역할이에요. 辛金이 하느냐, 庚金이 하느냐의 차이를 논해야지. "辛金은 안 된다, 庚金은 된다" 이런 말 하면 안 되는 거예요. **辛金은 수생목, 庚金은 목생화** 역할이라고. 의미가 틀리다고.

卯辰 월령은 癸乙丙이잖아여. 유용지신이 뭐여? 庚金이져. 뭐 하

려고? 화극금 하려고, 열매 맺으려고. 아주 간단한 말이에요. 그런데 이런 것들은 원래는 알고는 있었져? 글자를 대입하니까 안 되는 거지, 알고는 있었잖아여.

子丑 월령은 뭐하는 애예요? 금생수 하는 거져. 금생수를 잘 하려면 뭐가 필요해? 丙火가 있어야 해동을 할 거 아니에요. 그렇죠? 그런 얘기에요. 이런 식으로 표현 하는 거예여.

**질문**
금생수라고 하는 환경에 있는 그거를 을병으로 끌어와야 되잖아요.
**답변**
축월에?
**질문**
제가 子丑 월령에 乙丙으로 되어 있으니까...
**답변**
子丑 월령은 辛癸甲이에요. 丙火가 있으니까 甲木을 활용하는 거예요. 그런데 乙木으로 되어 있잖아여? 똑같은 지적 조건을 활용하는데 학교에서 안 하고, 乙이니까 사회에 가서 하는 거예요. 여건 변화일 뿐이야. 甲木이라는 사람에서 乙木으로 바뀌었다고.

**질문**
그 차이만?
**답변**
그렇지. 굴욕을 당하는 한이 있더라도 월령의 조건을 최대한으로 지키셔야 되는 거 아니야? 자평 명리학이 뭐에요? 전구월령, 월령에서 구하라고 했잖아. 월령의 조건을 지키셔야지.

『명리학 개론 1』에 네 번 나와 있고, 『명리학 개론 2』에 세 번 나와 있고, 『명리학 개론 3』에 세 번 나와 있어여. 이건 너무나 당연한 말들이라 더 이상 어떻게 얘기할 수 있는 것도 아니여. 너무나 오랫동안 해 온 이론이라. 해오세요, 다음 주 까지. 팔품별 이거 하는 데 뭐가 문제야? 문제 될 게 하나도 없잖아여. 하나도 문제가 될 게 없어여.

| 子丑 | 寅卯 | 卯辰 | 巳午 | 午未 | 申酉 | 酉戌 | 亥子 |
|---|---|---|---|---|---|---|---|
| 癸甲 | 癸甲 | 乙丙 | 乙丙 | 丁庚 | 丁庚 | 辛壬 | 辛壬 |
| 辛癸甲 | | | | | | | |
| | 癸甲丙 | 癸乙丙 | 乙丙庚 | | | | |
| | | | | 乙丁庚 | 丁庚壬 | 丁辛壬 | 辛壬甲 |

어디서 많이 들어 본 거 같지 않아여? 어디서 많이 들어봤져?
여러분들이 공부하는 이 학당 말구여. 다른 데서 제 이론 가지고 공부하는 사람들은 이거 가지고 이미 강의하고 돈 벌기 시작을 했는데, 나한테 배우신 분들은 상생식을 모르고 있으면 참 허망한 일이져. 지금 이거 가지고 강의해서 돈 벌고, 이거 가지고 수강료도 튼튼

하게 받고 사시거든여, 다른 분들은. 여기서 공부하는 학생들도 아닌 데도…

子丑 월령은 자기가 무슨 비결 집에서 찾아낸 이론이라고 생각하고, 子丑 월령은 子丑의 수생목인데 이거는 辛癸甲으로 수생목하면 뭐고뭐고 다 하거든여. 비결 없어여, 이거 제가 만들은 겁니다. 제가 만든 상생식이고, 제가 모조리 만들어 낸 거예요. 이 상생식이 처음 들어 보는 건가여? 아니져.

**子丑 월령**은 용법이 수생목이에요. 수생목을 하려면 어떻게 해야 되여? 금생수 해야 되져. 뿌리가 튼튼해야 된다. 보좌가 己土잖아여.
**寅卯 월령**은 수생목해야 되여. 수생목 하려면 어떻게 해야 되여? 목생화 해야 되져. 너무나 당연한 말이여.
子丑하고 寅卯월령 합치니까 뭐에요? 辛癸甲丙 아니에요? 이게 상생식이에요.
제가 어떤 사람한테 "니들이 남들이 쓰기 전에 니들이 써야 되는 거 아니냐?" 이렇게 말 했을 거 아니에요? 쓰기 시작했으니까. 제가 이거 만든 지 이미 5년 됐잖아여. 누군가는 쓸 거 아니에요? 그런데 여러분들은 안 써여. 왜냐하면 제 책을 안 읽으니까. 제 책을 안 읽어여, 솔직히.
누군가 "니들이 하면 안 되겠냐?" 제안을 했을 거 아니에요. 하려나 모르겠어여. 이런 거 가지고 강의도 하고 써 먹어 봐라. 직업은 다 나와 있는 건데. 너는 이 직업은 뭐다, 이 직업은 뭐다, 용법이 다 나와 있으니까 쓰면 되잖아여. 안 나와 있다고 하면 안 되거든여. 그런데 진짜 안 해여. 참 희한한 제자님들이에요. 진짜 이상해여. 남들이 다 해여. 그라고 남들이 다 한다고 고발을 하잖아여? 저 사람 못하게 하면 안 되냐고 물어보잖아여. 다른 학파에서 하니까… 창광이 만들었다 이름 안하고 하는데. 그거 내가 왜 막아야 되여? 그 좋은 이론을 누구든지 써야지. 그래도 막아야 되여? 그럴 필요는 없잖아여. 지가 만들었다고 하건, 뭐 하건.

누가 아무리 만들어 봐야, 제가 한 거는 논문에 있어여. '팔품'이라는 단어, '당령'이라는 단어 논문에 있어여. 사령은 이게 사령이다. 24개 사령 했잖아여. 그거는 시비 걸려서 죽는 한이 있어도 내가 만든 거예요. 인정도 못 받잖아여. 사령 24개는 이와 같다. **연해자평의 월령용사지신도와는 유사성을 띠지만, 24개로 구분하는 것은 마땅한 것 같다.** 24개. 32개로 구분하는 법칙은 월률분야이지, 사령과는 자평진전과는 틀리다. 이런 것도 제가 만든 것들이에요.

이거 하셔야 되여, 상생식. 할라나 모르겠어여. 5월 달까지 답변하기로 했는데. "이거를 가지고 니들이 강의도 하고 동영상도 한 번 찍어서 해 봐라." 그랬는데, 쉽지가 않아여. 총 88개입니다, 상생식이. 총 88개. 친절하게 만들어 줬잖아. 용신 책에 보면 만들어 줬을 텐데? 책에 보면 진로적성 보고서에 써 있져. 근데 이게 일렬로 이렇게 쭉 써서 쓰니까 합치는 게 귀찮은 가 봐여. 남들은 그거 모조리 다 합쳐여.

"子丑 월령에 癸甲이면 뭐고, 辛癸는 뭐다." 그랬더니, 그것만 쳐다보고 있는 거예요. 辛癸甲은 안 하는 거예요. 너무 간단한 거 아니에요. 이거 구분이 안 되시나여? 이거(辛癸甲) 하고 이거(癸甲丙) 하고?

'子丑 월령에 수생목을 하려면 금생수가 필요하다' 하고, '寅卯 월령에 수생목 하려면 목생화가 필요하다' 이게 구분이 안 가나여? 가여?

이거(辛癸甲)는 뭐가 필요하다는 거여? 수생목, 공부하려면 뭐가 필요하는 거여? **자료가 필요하다.** 이거(癸甲丙)는 뭐가 필요하다는 거예요? **미래에 목적이 필요하다.** 이거 간단한 말이잖아여.

그래서 이런 것들(癸甲, 辛癸甲)은 자기의 절대적 지식을 내 놓는 거고, 이거는 뭐 하는 거여? **이거(癸甲, 癸甲丙)는 평가적 지식을 내놓는 거잖아여.** 이때에 순위가 매겨지잖아여. 이런 것들을 생각해 내서 쭉 하는 거예여.

기초적 상생식이 총 8개가 이렇게 탄생을 하는데, 통변은 주르륵 나와 있져? 누구든지 "내가 할께요." 답변만 하면 참 좋은데. 그러면 한 두 시간이면 끝나는데, 이론 만들어 놓은 거. "할게요."만 하면 두 시간이면 모두 해결할 수 있는데... 쉽지가 않은 가 봐. 알았져?

午未 월령의 화극금은 화극금 하려면 뭐가 필요해? 목생화. 배우고 익힌 내력이 있어야 된다는 거여. 경력이잖아여. 申酉 월령에 화극금은 제조져, 제조. 제조 하려면 뭐가 필요해? 판매처가 있어야 된다는 데 뭐가 잘못이에요? 이런 거 통변하는 거예요. 뭔 말인지 알았지?

쉬었다 합시다.

### 11강 2교시 임상

**질문**
기토가 겁재를 구신을 쳤는데, 그럼 새로 생긴 직업을 버려야 되나요?

**답변**
상신이 구신을 극한 거져. 구신이라는 거는 직업을 유지하는 거고요, 상신이라는 것은 자기 금융 가치를 높이기 위한 거예요. 그런데 금융가치를 높이려고 하다보니까 기존 직업이 손상이 간 거예여.

**질문**
그래서 새로 생긴 직업을 버리고 전에 것을 그대로.,,

**답변**
그래야져.

**질문**
새로 생긴 직업을 버려라?

**답변**
네. 그런데 그런 운에 들어오면 돈 더 벌 수 있는 방법을 계속 연구해 내서 벌려고 하면 계속 망하는 거예여. 그것만 조심하면 되여.

**질문**
기존의 것도 타격을 받지 않습니까?

**답변**
타격을 무지하게 많이 받져. 그런데 그것이 인간관계로 구성이 되어 있으면 신임을 딱 잃어 버리져. 인간관계로 구성이 되어 있으면 신임을 잃어버리잖아요. 사람들 보면 식당 같은데 가 보면 주인이 식당 팔라고 내 놓았으면 맛이 달라진 거 아세요? 그렇잖아여. 누차 얘기하지만 개가 냄새 맡는데 사람보다 700배의 정확도가 높다는 뜻인데. 우리들의 냄새는 감각이라는 거 있잖아, 감성 지수고. 개보다 700배 높아여. 그것도 그런 성향에 들어가져.

### 印比의 종류

印比라고 하는 것은 무엇을 말하냐면 편인격에 나오는 말인데, 살인상생. 한 번 필기 해 보세요. 印比는 편인격에 해당 되는 말이다.

#### 1) 살인상생 + 인비

살인상생 + 인비하면 부속 기관 근무하는 거예요. 부속 기관 근무에요. 官이 같아여. 살인상생 인비하면 조직 내에 부속 기관이에요.

#### 2) 살 X + 인비

두 번째, 살이 없고 인비하면 조직 별도 기관 근무에요. 이때는 월급을 안 줘여. 자기가 벌어먹어야 되여. 뭐만 주냐면, 상품 구성만 주고 알아서 먹고 살아야 되여.

#### 3) 살 X + 인비 + 근왕

세 번째, 살이 없고 인비하고 근왕하면 자영업에요. 인비가 이렇게 세 가지 종류가 있어. 이거 쓰나 마나에요. 처음에 이거의 시작이 어디서부터 출발을 했는지, 가만히 생각 해 봐여. 생각 해 보면 알 것 아니여. 지금부터 육신의 생화극제에 넘어갑니다.

### 육신의 생화극제

다섯 개의 생화극제가 있습니다. 1번 관인, 2번 재생관, 3번 식재, 4번 인비식, 5번 인비 이걸 쪼개면 몇 개 나와여? 10개 나오져. 이걸 음양으로 교체하면 몇 개 나와여? 20개 나오져. 그러니 편인, 비견이나 겁재 교체하면 20개 나와여. 그러려면 음양이 교체했으면 가서 합화하러 가는 거고, 음양이 같으면 체화하러 가는 거다. 이런 설명은 여기서 나오는 말들이에요. 이거 했으면 이거 당연히 다 알게 돼 있어여. 이거 말고도 비견, 겁재 낀 게 '비식'이라는 게 있잖아여. 이런 것들입니다.

### 정인 + 겁재

그러면, 아까 말 할 때 인겁 했단 말이야. 정인 겁 했어여. 관이 없는 상태에서 겁 했져? 그러면 조직 내에 있지만 별도의 기관이잖아여. 명령 기관이 아니잖아여. 별도 기관이니 자기들이 먹고 살아야져. 그런데 관이라는 운에 왔어여. 그걸 상신이라 그래. 관이라는 운에 왔으니까 조직 내부로 들어가야져? 그런데 그런 것들은 정교수 되면 투잡을 할 수 있어여, 없어여? 안 되져. 돼, 안 돼? 안 되잖아. 그러면 인겁을 버려야 되잖아, 또. 그러면 직업이 없어지져? 그러면 이 사람은 야구선수가 자기 직업이었는데 축구하러 들어가니까 공을 손으로 건들면 돼, 안 돼? 그런데 버릇이라 공을 손으로 자꾸 건들잖아여. 그런 거 하고 다른 거 아니냐. 쉽지 않아여? 쉬워. 또, 의문점이 뭐여?

그리고 상신, 구신 이런 것들은 의미가 부귀빈천 의미라는 거 아시져? 생화극제하고 부귀빈천 의미가 틀리잖아여. 육신의 생화극제에 격으로 나누면 부귀빈천이라는 게 들어가 있고, 격이라는 걸 빼면 생화극제만 남아여. 인비라는 의미는 육신의 생화극제져. 그런데 이거를 격으로 말하면 인겁이 구신이었져. 의미가 틀린 거예요. 그러면 생화극제라고 하는 처세방법하고, 부귀빈천이라는 구응이 틀린 거라고. 그러니 의미를 더 하면 되져.

이거를 부귀빈천으로 나누면 직업 유지를 고유하게 잘 하고 있다가 구신으로, 상신이 들어왔으니까 금융효과를 노리고 싶은 거 아니에요. 이 사람은 귀를 뭐로 바꾸고 싶은 거여? **부로 바꾸고 싶다**는 얘기져. 그러면 귀도 끝나고 부도 안 되는 걸 알아야 되는 거라고. 그러니 얘기하잖아여. **상신이라고 다 좋은 거 아니다.**

그런데 일간이 뭐 였져? 일주가. 壬午일주인데, 이 사람의 본래 성격이 뭐였져? 일주 보니까. 다 잊어 먹은 거여. 보살님들 너무 하는 거여.

### 일주가 암장과 간합 하면
**일주가 암장 간합하면 성격이 투잡하는 성격이 있다고 했잖아.** 너무 하는 거야, 다들. 성격 자체가 있단 말이에요. 그걸 다 통찰력 있게… 이게 복식이라고 했잖아. 그 놈의 사람 쳐다보고 "점잖으시네, 인품이 어떠네." 이거 백날 소용이 없다고. 우리한테 오면 뭐에요? 푸줏간에 개고기처럼 운명으로 쳐다보는 거라고 그냥. 아무 소용없는 얘기에요. 투잡, 딱 쳐다보고 한꺼번에 파노라마처럼 사진기가 막

찍어져야 되여. 일간은 투잡으로 명령을 받았잖아여. 그런 것도 생각을 해 주셔야지.

질문
아버지가 돌아가시긴 했는데 왜 아버지가 키워주신 만큼 보답을 다 못하고 아버지만큼 사회적으로 환원도 못하고 이런 말씀도 하시더라구여.
답변
네, 좋으신 분이에요. 좋은 신 생각하고 있는 건데, 좋으신 분이에요. 일주 간합을 항상 명심 하세요. 투잡을 하고 있다.
질문
그런 말은 어디서 나오는 거예요?
답변
좋으신 분이에요.
질문
보기 드물게 상담을 오셔서...
답변
나이가 먹었나 보지. 나이 먹으면 다 그렇게 말해여. 또 의문점 얘기 해 봐여.
질문
일지 간합하는데, 월일이 다 간합이 됐거든요. 그런데 투잡 안
답변
자기가 그날 안 나와서 그래.
질문

투잡 안 하는 이유가 뭐에요?
**답변**
壬午(丁+壬) 이렇게 하면 투잡 한다고 했지, 항상. 일지에 합이 있으면 단독으로, 그렇지 않으면 식구끼리. 다른데(未) 있으면 어떻다고 했어? 남 시켜서 그랬잖아.
**질문**
제가 궁금한 건 월일이 일간하고 다 합인데, 왜 투잡을 안 하는지...
**답변**
봐야지, 또.
**질문**
이분은 남 시켜서는 안 되는 거네요.
**답변**
자기가 못 믿어여. 다른 사람을 믿지 못해여.

소실살
처음에는 이 얘기의 시작이 어디서부터 시작한 거 였져? 소실살이라는 것에 오해가 심하다. 이거는 '샵인샵'이라는 개념을 가지고 있다. 그거부터 시작한 거잖아여. 얘기의 출처가 그래여. 투잡 한다는 뜻이에요.
우리나라에서 투잡이 가장 많은 게 뭐져? 재테크, 주식 이런 거. 이런 거 제일 많이 해여. 누구나 하는 거 많이 해여.

합이라고 하는 건 절지에 항상 있으니까 합이에요. 절지가 아니면

합이 아니에요. 그런데 庚辰일주 같은 건 乙庚합이잖아여. 절지가 아니라고 생각하겠지만 庚金이 辰이면 절지 아니여? 목왕절이니까. 절지가 아니면 합을 이룰 수가 없다는 거죠. 또 의문점?

**질문**
丁亥일주 이런 것도 소실살인가요?

**답변**
소실살, 투잡성. 그런데 그게 '사람을 투잡으로 하느냐? 업을 투잡으로 하느냐?' 에 대한 문제를 또 다시 나누어야 되잖아여.

**질문**
乙酉일주인 저는 업을 투잡을 하는 건가요?

**답변**
네. 본인은 완벽한 乙酉일주, 투잡 성향입니다, 절지형이라. 그런 거는 정확도 거의 100%입니다. 누가? 직접 내가. 저한테도 물어보세요. 辛巳일주. 투잡 입니다. 누가? 내가. 그런 뜻입니다.

**질문**
丁亥일주는요?

**답변**
그것도 투잡입니다. 그런데 辛巳, 乙酉 이렇게 얘기했잖아여. 금일간, 목일간 이렇게 물어 봤잖아여. 누가 물어 봤어? 사람이 물어봤어, 물건이 물어 봤어? 물건이 물어 봤지. 辛金이라는 물건이, 乙木이라는 물건이 물어 봤잖아.

그런데 저 사람에게는 丁亥일주 그러잖아여. 뭐가 물어봤어? 이게 물건이여, 사람이여? 사람이 물어 봤어. "나 다른 사람 만나도 되여?" 물어봤어, "다른 일 해도 되어?" 물어봤어? 틀리잖아.

丁火 마음하고 乙木, 辛金 마음하고 같아, 틀려? 틀려. 쟤들은 자기가 사람인 거야. 조기란이는 자기가 뭐여? 물건인 거야. 나 팔러 가야 되는 거야. 의미가 틀립니다. 아미타불. 그게 기본적으로 수화라는 것과 금목이라는 개념이 기초가 조금 부족하십니다.

**질문**
토는요?

**답변**
반인반수. 반신반인. 그렇잖아여. 반인반수. 개념이 좀 틀리져? 많이. 많이 틀립니다. 이런 생각들을 해 주셔야져. 할 수 있져?

이거(丁亥)는 사람을 투잡. 이 사람, 저 사람. 얘들(辛巳, 乙酉)은 안타깝게도 사람이 좋아, 물건이 좋아? 물건이 좋아. 그러니까 이 일, 저 일 이렇게 하는 거여. 의미가 틀립니다. 얘(丁亥)는 분명히 '나는 사람이다' 야. 얘들(辛巳, 乙酉)은 내가 사람이다가 아니야. 나는 물건이다 이렇게 하는 거여. 의미가 틀립니다.

그래서 얘들(丁亥)은 뭘 달라고 그래? 정을 달라고 하고, 얘들(辛巳, 乙酉)은 뭘 달라고 그래? 머니(돈) 달라 그래. 이게 의미가 틀리는 겁니다. 이런 것들입니다. 개념들이 조금씩 틀리져.

사주 부르세요.

---

사주 예시 5)

| 時 | 日 | 地 | 天 | |
|---|---|---|---|---|
| 己 | 癸 | 癸 | 壬 | 乾 |
| 未 | 卯 | 卯 | 戌 | 5 |

卯辰이여, 寅卯여? 양력으로 몇 월, 몇 일이여?

**상담사**
양력으로 3월 21일.

卯辰이여, 寅卯여? 뭐여? 확실히 얘기 해. 춘분이 지났어, 안 지났어? 안 지났어요. 안 지났어? 춘분이 22일이잖아. 계산 하나 마나여. 22일이 춘분이여. 동지가 22일, 하지가 22일, 추분이 22일. 그거 정해진 거여.

### 1. 용신 : 甲

#### 1) 辛(辛癸) + 丙(甲丙)

자기가 사는 환경이 쓸 만한 환경인지, 쓸 만한 환경이 아닌지를 판단해야 되는 거여. 그러려면 뭐가 있어야 돼? 丙火가 있어야 되여. 여하튼 丙火가 있어야 돼. 내가 타고난 환경을 활용할 가치가 있는지 알려면 丙火가 있어야 돼. 이 환경을 지켜야 된다는 거야. 굳건히 지키려면 뭐가 있어야 돼? 辛金이 있어야지. 그래서 辛癸로 지켜야 되느냐? 甲丙으로 발전을 시켜야 되느냐?

그런데 이 사주는 丙火가 없져? 丙火가 없습니다. 그러니까 이 환경이 활용 할 가치가 나오는 거야, 안 나오는 거여? 안 나오는 거고. 이 환경을 굳건히 지키는 거야, 안 지키는 거야? 지킬 필요가 없져. 그럼 뭐가 권장이여? 이 환경을 떠나는 걸 권장해, 안 권장해? 떠나는 거 권장이져.

## 2. 팔품 : 寅卯
이러한 환경 속에서

### 1) 삼합 : 부실활용
삼합으로 되어 있습니다. **미발전된 열악한 환경을 활용을 해서 자기의 능력을 발휘하는 겁니다.** 떠나는 것보다. 열악성을 활용하라구여. 좋은 걸 활용해야 돼, 나쁜 환경을 활용해야 돼? 나쁜 환경을 활용을 하는 거여.

이러한 삼합은 부실을 활용한 능력을 사용하시는 겁니다. 부실 아시지? 부실 활용.

이런 얘기까지 다 해야 되는 거여? 이런 거 까지 다 배우고 싶은 마음 있어여? 이런 거 까지 배우고 싶은 마음은 없지. 힘들잖아여. 있어여? 그러다가 죽어여. 잘못하면 죽습니다. 한 번 명리학 잘못 들어가서 요 밑으로 깊이 드러가잖아여 숨 못 쉴 정도로 얼마나 폐쇄공포

증이 심한 줄 아세요? 쏙 들어가면 잘못하면 죽어여. 이 정도까지 알아 가지고 뭐다뭐다 알아서 쏙 들어가면 못 빠져 나와여. 그냥 꽥 하는 거예요.

제일 좋은 방법은 卯니까 콩나물 파는 장사하면 좋습니다. 癸水로 수생목으로 키우고, 壬水로 팔면 된다는 얘기에요. 卯 콩나물 보이져? 눈깔 두 개 달리고. 癸水로 조루로 막 주고, 壬水로 갖다 팔고. 콩나물 장사 하면 좋다 그렇게 하면 되여. 그렇게 하면 안 죽어여. 막 자부심도 생기고.

질문
저희 엄마가 丁卯 癸卯 癸卯인데 콩나물 장사를 했어여. 엄청 크게 공장을 하셨어여…

질문
근데, 지금 시대에도 그게 맞을 까여?

답변
좀 바꿔서 하면 되잖아여.

질문
丁卯 癸卯癸卯에 乙卯시거든요.

답변
콩나물 장사야.

질문
어머니 생각에 그거 밖에 없더래요. 근데 그때는 그 시절에는 집에서 콩나물 다 키웠잖아요. 근데 어떻게 그 생각을 하셨을까요?

답변

콩나물 묘, 물조리로 물 주고, 壬水로 팔고.
**질문**
壬水가 없으면 못 팔아요?
**답변**
납품하면 되어. 자기가 직접 안 팔고.
**질문**
이 사주는 卯월에 수가 너무 많지 않아요?
**답변**
너무 발전 되는데. 하여간 이렇게 하면 죽지는 않아여. 수명도 길고. 그런데 저처럼 막 파잖아여? 중풍 걸려여. 큰 일 나는 거여. 빨리 포기 하기를 권장 드려여. 죽어여, 진짜. 오래 못 살고 힘들어여. 저는 안 죽으려고 출근을 안 하잖아여. 딴 짓을 계속 딴 짓을 하는 거져. 죽지 않으려고 애 쓰는 거져. 그런데 가끔 가다 몰입되면 2년 동안 아무것도 안 하잖아여. 방에 들어가서 쳐 박혀서 나오지도 않아여. 폭 빠져가지고. 그리고 다리 절고 나오고 그러져.

그러면 콩나물 완성 된 거 팔아야 돼, 부서진 거 가지고 장사해야 돼? 부서진 거. 그래서 세일, 떨이, 아울렛 이런 거 있잖아여. 잘 따져보면 돼. 집 살 때 완전히 돈 주고 사야 돼, NPL로 사야 돼? NPL로 사고 이러한 방법론을 연구해 내는 겁니다.
그래서 이 사주 더러 "**리스크 관리에 대단한 능력을 가지고 있으며 노약자, 어린이 보호에 대단한 능력을 가지고 있으니 너는 콩나물 같은 어린이 교육자로써 최고의 교육자가 될 수 있다.**"라고 말하져. 아휴, 힘들어. 삼합입니다. 아까 한 거니까 입 한 번 뗀 거예여.

월요일 날 초보자 강의하는 거 올라가져? 거기 보면 자세하게 쓰여 있습니다. 월요일 날 초보자 강의 하는 거 올라가여. 지지가 자세하게 쓰여 있으니까 읽어 보시는 거여, 안 읽어 보시는 거여? 시간이 없구나.

2019년 판에 보면 자세히 쓰여 있습니다. 어떻게 보고, 어떻게 보는지…

이런 식으로 자세히 설명을 합니다. 한 단계 발전 된 모습으로 설명을 하고 있어여. 무조건 삼합 이런 식으로만 설명하는 거 아니에요. 삼합입니다.


### 3. 올해 운세

올해 운세는 새로운 생존 현장으로 진출해야 되져? 卯亥 했잖아여. 배우고 익힌 걸 가지고 어떻게 해야 되여? 생존 현장으로 가야져, 亥니까. **지위를 높이는 현장인 卯未가 아니라, 생존현장으로 진입해야 된다**는 뜻입니다.

그래서 이게 삼합인데 亥卯未 중에 卯未가 있는데 **亥卯가 왔으니까 이거를 생존 현장이라고 하고, 卯未를 전문가 현장**이라고 하거든여. '생존 현장으로 가는 거 아니냐?' 이런 식으로 되어 있습니다. 질문이 뭐여, 이 아이는?


### 질문

아버님, 어머님 밑에서 일을 하고 있어요. 사업체가 좀 큰 가 봐요. 이혼을 했어요. 딸 둘이고…

**답변**
일찍일찍 하는 게 좋아.
**질문**
그런데 돈이 있으니까 주변에서 소개를 해서 재혼을 자꾸 권하나 봐요. 그런데 10 몇 살 씩 어린 엄마가 와서 도대체 어떤 스타일을 맞춰 줘야 되냐고... 엄마 말을 듣겠대요. 그러니까 전 와이프가 몰상식하게 애들을 놓고 가 버렸나 봐요. 여자를 못 믿으니까 소개는 받는데, 사주를 넣어서 "엄마가 선택 해 준 사람으로 할게요." 이렇게 얘기가 되나 봐여. 그럼 어떤 스타일 여자를...
**답변**
장가드는 거 얘기 하나 봐.


### 己亥년 운세
올해 운세는 어때? 己壬하고 己癸가 있으니까.

#### 1) 己壬
己壬은 거쳐 가는 여자야? 오래 사는 여자야? 거쳐가는 여자를 만나는 운세이십니다.

#### 2) 己癸
己癸도 있져? 그 중에서 알맞은 거를 고르시려면 크리스마스가 지나가야 됩니다. 올해는 壬水운이여, 癸水가 강한 운이여? 壬水가 강하지. 亥水가 있으니까. 그리고 "지속적으로 업데이트를 하고 관찰을 해 보고 짝을 맞춰 보다가 크리스마스 지난 연후에 맞춰 봅시다." 이렇게 하면 돼. 동지 이후로. 이렇게 하면 돼. "만나면 슬프고, 헤어지면 파리하자." 2019년. 이런 거 하면 되어.

**질문**
그런데요 엄마는 되게 순하고 착한데 강한 여자를 원하시긴 하더라고요.
**답변**
뭐 마음대로 해. 괜찮아. 또, 의문점? 이 사주에 의문점?
**질문**
삼합이 되었는데, 甲木이 사령이면 상관으로 보는 거예요?
**답변**
격은 수목상관격이 아니고. 수목 상관은 사령인 거고, 격은 乙木으로 봐야 되니까 수목식신격 그라져. 수목식신격인데, 이 사주가 근왕으로 해서 식신이에요? 비견으로 해서 식신이에요? 비견으로 해서 식신이져. 그래서 일간이 비견으로 왕 하니까, 식신격은 항상 비견으로 하던지 근으로 했잖아여. '근으로 하는 거는 자기가 자격 조건을 갖춘 것이 있고, 비로 왕 하면 주변 사람이 자격 조건을 갖췄다'라고 생각하라고 했잖아여. 자기 능력으로 살아야 돼, 남의 능력으로 살아야 돼? 남의 능력으로. 얼마나 멋있어여? 그러니까 콩나물 장사여, 콩나물 장사집 아들이여? 콩나물 장사꾼 아들이란 뜻이여. 쉽져? 일간은 그렇단 얘기에요. 또 의문점 얘기 해 봐요.

그럼, 이 사람은 제조를 배워야 돼, 영업을 배워야 돼? 영업을 배워야지. 왜? 근왕하지 않으니까 영업을 배워야 되져. 뭣 때문에? 壬水. 영업을 배우러 가라 이 뜻이져.

상생식 : 癸甲丙
　이 사주의 상생식은 甲木이잖아여. 이때에 寅卯에 甲木이니까 癸甲이었져. 이때는 丙火를 해야져. 이게 癸甲丙이에요. 丙火가 사주에 있어, 없어? 없져. 丙火가 있었으면 유용지신이 辛金이에요. 丙火가 없으니까 어떻게 해야 되여? 이때 甲木한테는 癸水만 있으면 되는 거예여.
　丙火가 있었으면 이게 유용지신이 庚金인데, 丙火가 없으니까 이게 비워 있잖아여. 그러니까 이 甲木한테 뭐만 있으면 돼? 癸水만 있으면 되여. 충분한 지혜가 癸水한테 있는 거여. 丙火가 있었으면 찐따 된 거예여. 이럴 때는 庚金이 꼭 필요한 거여. 이렇게 유용지신을 잡는 거예요.
　어렵지 않져? 이게 상생식이에요. 『명리학 개론』에 전 책이 전부 다 상생식으로만 구성이 돼 있어여.

　癸甲丙입니다, 상생식이. 유용지신이 필요하지 않져? 비어 있으니까. 癸甲丙 '**비어 있으니까 필요하지 않다**' 이런 뜻입니다. 수생목입니다. 자기 일만 열심히 하면 됩니다. 이 정도 했으면 공부도 많이 한 겁니다. 공부 무지하게 많이 한 겁니다.
　丙火가 있었으면 辛金이 있어야지 대학 졸업합니다. 丙火가 없었으면 癸水 하나가 대학원까지 가는 거여, 경영학까지 가고. 그 의미가 틀립니다. 뭐에 따라 달라지는 거여. 잘 할 수 있어.

**질문**
또 실패 할 까 봐 걱정이신데...
**답변**
그거는 할 거에요, 실패는.
**질문**
그럼 계속 여자를 소개하면 만나고, 소개하면 만나고 결정하면 되겠네요?
**답변**
올해는 그렇게 하라고 했잖아. 己壬 했으니까. '**만나면 심각하고. 헤어지면 파티하라**' 그런 마음으로 크리스마스까지 가라. 그런 뜻입니다.

또, 문제를 제시 해 봐. 당령으로나, 뭐로나. 당령은 그러니까 癸甲 됐져? 癸甲이 됐으니까 됐잖아여. 기본적 실력이 있어, 없어? 있어. 그럼 된 겁니다. 업무 능력이 좋은 거예여.
그런데 丙火까지 있으면 파급효과를 막 일으켜야 되니까 더 공부해야잖아여? 안 해도 된다고. 그냥 "집에 가만히 앉아 있어도 누가 뭐라고 안 할테니 걱정하지 마라." 업무 능력이 매우 양호합니다.


### 4. 격국 : 식신격
격국은 식신격입니다.

1) 근왕 또는 비견

식신격에는 일간은 뭘로 되어 있어야 되여? 근왕이나 비견으로 되어 있어야 되져. 근왕은 내 실력, 비견은 뭐에요? 동반자 실력이라는 거 있져? 동반 능력 이런 거를 사용한다. 동반능력자를 사용한다.

### 2) 식신생재

식신격은 격이 뭐를 갖추고 있어야 되여? 편재를 갖추고 있어야 되져. 솔직히 편재가 있어야지 자기가 자기를 보호 하져. 편재를 갖추고 있어여, 없어여? 戌중은 쓰는 거 아닙니다. 未중 丁火를 쓰는 거져. 식신생재 하고 있져. 그러면 격이 완성이 됐습니다. 환경적 격은 생재를 하잖아. 완성이 되어 있습니다.

그런데 천간에 되어 있는 게 아니라, 모조리 암장에만 되어 있으니까 이게 뭐에요? **생존 환경이 완성 되어 있다**는 거지, 능력으로 완성된 거는 아니잖아여. 능력으로 되어야 되는 건가여? 아니죠. 그러면 콩나물 장사 잘 되는 거져? 그럼 됐습니다. 뭐 문제가 없져. 또, 의문점?

그러면 일간 검사까지 다 했져. 일간 검사까지 했잖아여. 투잡도 안 하져? 없잖아여. 이 戊土하고는 이거(癸水)하고 합이 안 됩니다. 辰중에 戊土나 되지. 戌 중에 戊土하고는 합이 안 됩니다. 그러니까 이건 어림없습니다. 그러면 투잡도 안 하져? 아주 단순하니 얼마나 좋아여. 시간 많져? 이렇게 보는 겁니다. 이거는 아직은 공부 안 한 거 같애. 다음 주에 이것까지 포함 시킵시다.

"子丑 월령에 용법이 뭐지? 활용해야 돼, 말아야 돼?" 이런 것들이 있잖아여. 그런 것도 해야 됩니다.

### ** 창광의 사주 통변 **

이 사주는 그러니까 자기 동네를 어떻게 해야 돼? 활용을 해서 적극적으로 써야 돼, 경계라는 걸로 지켜야 되는 거야? 지키기만 하면 되여. 이 사주는 癸水만 있고, 庚金이 없져. 최선을 다 해서 지켜야 돼, 설렁설렁 지켜야 돼? 癸水만 있으니까 그냥 지키기만 하면 되는 거여. 辛癸까지 있으면? 목숨 바쳐서, 庚癸가 있으면 목숨 바쳐서 지키는 거잖아여 癸水만 있어서 얼마나 다행이에요. 그런 거 얘기하는 겁니다. 멋있지 않아? 이런 뜻입니다.

그리고 또 잘 생겼고. 이쁘잖아여, 애가. 얼마나 이뻐요? 건강하고, 이빨이 자꾸 썩어서 그렇지. 건강하고. 이빨 썩는 거 뵈지?

**질문**
왜 보여요?

**답변**
그냥. 그냥 그래. 머리도 빠질 거여, 나중에.

**질문**
대머리 될 수 있어요?

**답변**
하여간 그런 거는 나중에 하고.

**질문**
金으로 보는 거예요?

**답변**
다 봐야져.

卯의 특성

卯木이, 卯라고 하는 것이 申酉戌 금에 손상이 가면 이빨이 약해여. 금극목 당했져? 콩나물 뿌리가 자꾸 끊어지니까 근본이 약하져.

질문

그래서 아까 콩나물 끊어지는 파손 된 거라고 하신 거예요?

답변

네. 이빨 뿌리가 약하져. 그리고 또 토끼 이빨도.. 이빨이 뿌리가 약하니까 옆으로 나고 그러잖아여. 뻐드렁이라고 하나? 이런 것들도 나고 그러져. 얘는 치열 교정을 했겠져. 이 정도 나이면. 그런 뜻이 있습니다.

---

사주 예시 6)

| 時 | 日 | 地 | 天 |
|---|---|---|---|
| 乙 | 己 | 己 | 乙 |
| 丑 | 巳 | 丑 | 丑 |

坤 3

사주 진짜 좋네. 끝내 주네.

1. 팔품 : 子丑

그러면 팔품이 子丑월령인데, 용법이 뭐라고 했져? 이때는 癸甲하는 것이 당연하져. 수생목하려면 + 금생수가 있어야 되져? 금생수가 있어야 됩니다. 금생수가 안 된다고 할 수는 없습니다. 금생수가 안 된다고 할 수는 없어여. 왜? 丑 중 辛金이 용사로 활성화되려면, 삼합하면 용사 한다고 했져? 그런 겁니다. **부모한테 많이 물려받고, 사랑 받고 살면 된다**. 이렇게 생각하시면 됩니다.

1) 용법 : 辛 + 癸甲

그러면 이 환경을 활성화 시켜야 되느냐? 그러면 甲木이 투간 하면 되고. 이 환경을 열심히 지켜야 하느냐? 그러면 辛癸 금생수하면 됩니다. 그러니까 수생목하면 이 환경을 활성화 시키는 거고, 금생수하면 이 환경을 열심히 지키면 되는 거예요. 어떻게 할까여? **금생수로 환경을 열심히 지키면 되는 겁니다**. 그러면 활성화는 때 되면 지가 알아서 하는 거예요, 자동으로.

2) 삼합

그리고 나서 1번 삼합을 이뤘져. 환경을 열심히 지키는 것에 대한 재능을 만들어야 돼, 안 만들어야 돼? '**재능을 만드는 사람이 된다**' 이러한 뜻입니다. 그러면 이 사주는 환경 복이 있어, 없어? 있어여. 년년히 내려와서 고유하게 자리 잡은 지켜도 될 만한 환경 복이 있져? 그런 뜻입니다.

만약에 甲木이 또 투간 탁 됐으면 어떻게 해야 돼? 환경을 개량해야 되져? 파급 하려고, 개량하는 환경입니다. 이게 용법입니다. **子丑에 금생수냐, 수생목이냐 중에 금생수로 아주 호환이 좋게 잘 생겼다**

는 뜻입니다.

삼합이 되어 있다. 방합이 없다 이런 뜻이져. 그런데 이 사주는 삼합이 되어 있으면, 방합에 삼합이라는 게 되어 있다고 봐야 된다고 했져? 무조건 방합이 없다고 하면 안 된다고. 삼합이 있으면 환경에서 재능을 발견하다 이렇게 하라고 했져? 방합은 무조건 인정하기로 했어여.

### 3) 沖

상충이 없으니까 유학 가면 갔다 와야 돼, 가서 안 와야 돼? 갔다 와야지.

**질문**
상충이 있으면 가서 안 와요?

**답변**
가면 되잖아. 가서 오지 마. 알았지? 갔다 와야져, 상충이 없으니까, 유학을 가면 꼭 갔다 와야 됩니다. 그랬더니 시집갔다 다시 오면 안 됩니다.

이 사주는 상충이 없으니까 집을 나갈려는 성격이여, 안 나갈려는 성격이여? 안 나갈려는 성격이니까 어릴 때부터 자꾸 쫓겨내는 버릇을 해야 되여. 지 식구들만 만나려고 하고, 다른 식구들은 안 만나려고 할 거 아니야? 봐봐, 지금. 사람이 상충이 하나도 없잖아. 보여, 안 보여?

1번 丑辰이 있어, 없어? 없지. 2번 未도 없지. 3번 戌도 없지. 辰戌 丑未 충기가 하나도 없져? 충기가 하나도 없으니까 접촉 효과가 없는 거라. 여자여? 남자여? 그래서 섹시하지가 않습니다. 남녀접촉 불량.

### 丑의 沖氣

丑辰파가 있어야지 가서 "자기야, 아버지 보다 자기가 좋아." 이런 얘기도 할 거 아니여. 일파를 구성해야 될 거 아니야. 丑未충이 있어야 될 거 아니야. 충이 있어야지, 자기야 나 오늘 집에 가기 싫어 이렇게 할 거 아니냐구. 충이 있으면 집에 가기 싫다고 할 거 아니여.

丑戌 형살이 있어야 할 거 아니야. 형살도 없어 또. 육시랄 인간 왜 이렇게 없는 거여? 삼형도 없잖아. "자기야, 나는 당신 가족 자체가 좋아." 이렇게 할 거 아니여?

### 질문

형살이 있으면 그쪽 가족이 좋다고 그래요?

### 답변

동네 이사 간 거잖아, 아예. "우리 가족 하고 담 쌓을 거야. 자기하고 살 거야." 이렇게 할 거 아니냐고. 이게 한 번도 해 본적이 없는 거야. 충기, 마디가 없었다는 뜻이여. 이렇게 보는 겁니다.

이렇게 상충 개념이란 충기 개념도 저렇게 丑辰, 丑未, 丑戌 다 봐야 돼. 이러다 죽을 수도 있다 그랬잖아. 진짜 죽어여, 잘못 하다가. 자세히 하다 죽을 수도 있다는 거 알아야 돼. 이렇게 보는 겁니다. 삼합도 보고 상충도 보고, 방합에 삼합형 이렇게 해서 이런 식으로 판단하는 겁니다.

### 2019년 운세
2019년 운세는 巳丑하고 있는데, 巳亥상충이라 이러한 뜻입니다. 올해 운세는 자기가 근무하는 곳에 부장님 이런 거 있잖아. 교감 선생님 이런 거 있잖아. 얘가 바뀌는 거 얘기하는 거여.

**질문**
직장이 완전히 바뀌는 게 아니고...
**답변**
아니, 상사가 바뀌는 거여. 근데, 손님 왔는데 "상사가 바뀌는 운이네." 이렇게 말해 가지고. 상사가 왔다 갔다 하겠어? 내가 왔다 갔다 하겠어? 내가 왔다 갔다 해야지, 상사가 바뀌는 거 아니야. 뭔 말인지 알져? 그런 말입니다. 그래서 **업무 전환 운**이라고 합니다.

**질문**
시집은요? 선을 보라고 해도 절대 안 봐요.
**답변**
여지껏 시집 안 갔어여? 乙丑생이면 40이 다 되지 않았어여?
**질문**
34살이여...
**답변**
아직 멀었네, 놔 둬여. 많은 거 아니여?
**질문**

그래도 가야져.

**답변**

요즘은 결혼이 27, 28, 29 이게 적령기에요. 이젠 못 가여. 올해부터는 서른 넘으면 결혼하기 힘들어여. 왜냐하면 노인이에요, 노인. 냄새 난다고 남자들이 안 받아 줘여.

**질문**

그래도 34살이면 아직은 꽃띠에 들어가는데...

**답변**

아니, 지금은 안 그래여. 27 되어야 되어.

**질문**

애 자체가 결혼이 안 되는 거예요?

**답변**

아니, 요즘 결혼 적령기가 27, 28, 29이라고. 서른 넘으면 안 데려가여. 막 다운이 얼마나 되는데... 옛날 얘기여 서른 다섯 이런 거는. 차라리 45되면 몰라여. 이런 식입니다. 2019년이. 이게 뭐라고 했어여? 업무 변화를 얘기하져. 이런 뜻입니다.

**질문**

남자는 안 만나요?

**답변**

답변 금지.

**질문**

가야 돼요.

**답변**

누군데여?

**질문**

조카에요. 사촌 여동생 딸인데요.... 어떻게 해야 될까요?

**답변**

아... 그것 참....

**답변**

대전이나 홍성 이런데 살면 좋은데....

**질문**

논산, 논산이요.

**답변**

논산? 와, 그럼 갈 수 있어요. 대전이나 홍성 이런데... 서울 살면 안 돼요. 눈이 높아서 안 돼요. 부산도 안 됩니다. 대도시라서... 대전, 홍성, 공주, 논산 정도는...

**질문**

논산의 단위 농협에 다니는 남자인데...

**답변**

아니, 갈 수 있습니다. 경금이 언제 들어와?

**질문**

다음 달...

**답변**

다음 달에 선을 보게 되면 강제로 해야 됩니다. 소도시 살면 가능하죠. 대도시 살면 안 됩니다. 가면 괜찮아요. 그런데 나중에 얘는 직장을 다니다가 국수 장사를 할 거거든요. 냉면 장사 이런 거... 나중에 이런 거 배워 놓으면 좋죠.

**질문**

지금은 유치원 교사라고...

**답변**

국수 장사, 냉면 장사 이런 거 좋습니다. 나중에 나이 먹걸랑... 장사 잘 되겠네. 이런 것들을 어디 가서 巳丑의 + 辛癸, 庚癸로 전수받아 오시면 꽤 쓸 만 하죠. 巳丑이 되어 있잖아요? 辛癸, 庚癸로 전수받아 오라고...

**질문**

장사하는 전수요?

**답변**

네, 전수를 받아 오시면 괜찮습니다. 하다 못 해 식료품 대리점, 대형 마트도 괜찮습니다. 조금 있으면 날씨가 풀려서 저 언덕에 살며시 고여 있던 얼음 덩어리가 녹을 거 아니에요? 저 밑으로 막 내려가서 자축 월령은 어디간지 없어요. 저 밑에 싹 내려가면 아마 축, 인, 묘, 진, 사 이정도가 되면 국수 장사를 시작하지 않을까.... 지금 현재까지만 해도 순진무구한 자축 월령이죠. 녹아 봐. 그럼 괜찮죠. 부자 되고 잘 살 수 있죠.

대신 조건은 남편은 남겨 놔야 됩니다. 남편은 사업성이 하나도 없으니까 쫌상으로 남겨 놔야 됩니다. 허름한 와이셔츠에다 펑퍼짐한 기지 바지에다가 게슴츠레한 눈을 뜨고.... 면에 가면 비슷한 사람들 있죠? 이렇게 남겨 놓으면 됩니다. 나이가 먹으면 상모까지 할 수 있습니다.

**질문**

결혼해야 돼요? 안 하면 안돼요?

질문

선 자리가 많이 들어오는데, 하나도 안 나간대요…

답변

여튼간 이렇게 하시면 됩니다. 이런 얘기가 왜 나왔지? 계수, 계수가 당령이여.

1. 용신 : 癸水

계수가 당령이면 입을 뭐부터 떼라고 했어요? **철학과 감성적 사유 속에서 도덕적 인간형이 되기 위해서 지식체계를 세워야 된다.** 이렇게 얘기하라고 했죠?

1) 甲木

계수가 당령이면 업무 능력을 파악하려면 甲木이 있어야 되져? 업무 능력이 좋아 안 좋아? 안 좋아. 네, 고맙습니다. 안 좋습니다.

2) 己土

그런데 환경 적합성은 아주 좋아. 하지만 능력은 완전히 다운 됐어요. 환경 적합성은 아주 좋죠.

3) 辛금

3번 신금은 사유축이니깐 있어? 없어? 자격증은 있어? 없어? 있으니깐 자격증은 있습니다.

### 4) 丙火

그런데 얘가 뭐를 안 해? 丙火. 광고를 안 해. 쇠뚝배기처럼 가만히 있는 거여.

**질문**
저 巳火는 못 써요?

**답변**
저건 나중에 여름 오면 써. 미리부터 불 피우지 말고요. 시간이 가면 쓰는 것들이에요. 두 가지(환경 적합성과 자격증)가 좋죠. 직업 적합도는 커? 안 커? 크지 않죠. 자격증이 가장 좋습니다. 축월 신금이 오면 자격증이 더 낫겠어? 유산이 더 많겠어? 유산이 더 많아서 국수 장사를 하시면 됩니다.

**질문**
며느리를 이런 며느리를 얻어야 되나…

**답변**
왜?

**질문**
축중 신금이니깐…

**답변**
아니, 쇠뚝배기를 어디다 써?

**질문**
아니 재산이 많다니깐….

**질문**
병화가 없어서 쇠뚝배기라고 하는 거죠?

**답변**

네. 자기광고, 자기PR, 자기 자랑을 안 하는 거죠. 옷을 입어도 나처럼 단추 꼭 채우고 다니는 애들 있잖아요? 그런 애들. 말 붙이면 혼날 것 같이 생긴 인상. 그런 겁니다.

**丑**

丑이라는 게 뭐라고 했어? **수갑을 꽉 찬 것 같다**고 했죠. 그런데 그것이 이제 문이 열린다고 했죠? 속정이 참 많은 사람입니다.

**질문**

사유축 합이 되면요?

**답변**

네, 열린다고. 정을 표현할 날이 얼마 안 남았습니다. 내년에 상관, 편관 합이죠. 편관이 있었으니 남자는 있고, 상관 내 마음의 문만 열면 되잖아여. 酉월달부터 지지고 볶고 갖다 들이대면 되는 거예요. 얘가 연하남을 좋아하는 편이라서... 꼰대를 싫어해요.

**질문**

남자보다 3살 많던데...

**답변**

괜찮아요, 그 정도면. 소개시켜 주면 되고.

## 2. 격국 : 토금식신격

격국은 토금 식신격의 근왕이고, 비왕이죠. 토금 식신격의 비왕이면 제살한다고 해서 자격조건이 있다고 했고. 남이 도와줘? 안 도와줘? 도와주는거여. 근왕하면 지 실력으로 해야 된다고 했죠.

그런데 이 애가 참 답답한 게 뭐냐면, 근이 왕 해? 비견이 왕 해? 근이 더 왕 하죠. 엄마가 옷 사준다고 해도 싫다고 하고, 집 사준다고 해도 싫다고 하고... 쓸 데 없이 자기 독립 욕구만 강해서...

질문
아까 쇠토박이라고 하셨죠?
답변
쇠뚝배기. 모가지를 매달아서 끌어가도 안 오고. 호랭이 수염을 뽑아다가 끌어도 안 와요. 고슴도치가. 호랭이 수염도 무서워하지 않는거여. 그리고 아버지와 안 친해서 이게 문제가 됩니다.

## ** 창광의 사주 통변 **

격은 이제 공부 다 할 줄 알죠? 토금식신격. 그런데 축월이기 때문에 식신생재를 타고 났죠. 그런데 근왕과 비견으로 되어 있어요. 비견하면 식신제살이라고 했어. 식신제살은 자격조건을 갖추고 옆에 후원자들도 많다는 뜻이고, 근왕하면 자기 독립 조건도 갖췄잖아요. 그러니 개업을 해야 돼? 안 해야 돼?

개업을 해야 되는 겁니다. 저는 그런데 자축 월령을 벗어나서 국수 장사를 하러 떠났으면 좋겠습니다.

질문
혹시 乙木 때문에 그런가요?

답변
네. 의문점?
질문
제살태과에는 안 걸리나요?
답변
제살태과? 뭐 살이 있어야지만 제살태과지.

삼합으로 된 격

격이 삼합으로 된 격이잖아요. 그래서 제살태과라는 용어가 아니라, **재능으로 된 격**이라고 생각해야 돼요. 태과라는 건 별로 어울리지 않죠. 재생살 보다는 비식이 더 왕 하죠? 그렇잖아요. 그러니깐 지위가 큰 것은 아니다.
 만약 이 사주가 식신이 삼합이 아니고, 방합으로 구성된 식신이었잖아요? 그렇게 되면 극이란 용어를 써도 됩니다. "살을 극했다. 남편이 죽었다." 써도 됩니다. 삼합으로 된 것은 '극'이란 용어를 쓰지 않습니다. 얘 아버지는 무슨 장사해요?

질문
그릇 도매를 엄청 크게 하거든요...
답변
그거 해요. 냉면 그릇 장사. 얘 이모는?
질문
이모는 없고, 외삼촌 있어요. 저희들이 이모죠.
답변

본인이 이모에요?

질문

친 이모는 아니에요. 친 이모는 없어요..

답변

누가 중매를 설 거여?

질문

논산에서 누가 중매를 하는데요, 그 동안 선이 들어오면 안 보다가 이번에는 농협에 다니는 사람 하니깐...

답변

농협?

질문

네. 남자가 농협에 있대요.

답변

단위 농협이면 아주 적당하네.

질문

그런데 안 본다고 해서 엄마가 애가 타서...

답변

볼 거예요.

질문

저 삼합이 사축이 아니라 유축이어도...

답변

그건 곤란하지. 그 때는 얘기가 심각하지. 그 땐 丙火가 떠야 되지. 아니면 乙木이 손상이 가져. 그건 곤란하지. 무조건 손상이 가져.

질문

남자가 기미 일주인데..

**답변**

괜찮아요.

**질문**

같은 토끼리 괜찮아요? 애도 토가 강한데...

**답변**

토가 강하면 강할수록 쫌상이니깐 괜찮아요. 쫌상은 다 좋아요.

**질문**

庚午달에 이렇게 된다고 했잖아요..

**답변**

식정관합이요. 어렵게 생각하지 마세요.


### 중매 보는 법

중매 선다고 하면 전부 다 뭐로 봐야 되여? 중매라는 게 에이전시가 있단 말 아니여? 그럼, **식정관 합이나 상관편관 합, 관살과 비겁의 합** 이런 게 있고, 식정관 합이 있잖아여. 그때는 틀림없이... 내년이면 시집가게 돼 있어여. 그리고 사랑하게 돼 있어여.

**질문**

마음이 열려서요?

**답변**

마음이 아직 안 열린 게 아니구여, 열려 있어여. 또, 의문점?

아까 '합이 사축이 아니라 유축으로 되면…' 이런 질문을 했잖아요. 이게 무슨 뜻인지 아세요? 별것도 아니에요. 己土가 丑월에 낳고 巳酉丑해서 금이 왕 한데, 약한 乙木이 편관이 저렇게 뿌리도 없이 있잖아여. 저거 톡 치면 제살태과로 남편 꼬끄라트리는 거 아니냐? 이러한 의미인데, 삼합의 기운은 상극적으로 사용 되는 게 아니라는 거여. 실력적으로 사용 되는 거지. 물리적인 게 아니에요. 그러니 상징적인 금이에요. 상징적인 금이란 말이에요.

그런데 酉金이 저기 달라붙으면 상징 아니져? 얘기가 틀렸져. 그건 금극목이에요.

**질문**
삼합이라도 酉丑이면 금극목이라는 거예요?
**답변**
당연하죠. 상징적이 아니게 되어 버리잖아여, 금극목이.

### 삼합을 육신화 시킬 때

삼합은 대체적으로 육신으로 설명할 때 약간의 실력이라고 하는 상징적 의미로 얘기를 해야 되여. 삼합을 육신화 시킬 때, 사람으로 표현을 딱 해서는 안 된다는 거예요. 그래서 저기서 巳酉丑 했잖아여. 그래 가지고 식신이 왕 하다고 하면 안 되는 거예요. 원래 원칙상은. 능력이 식신이다라고 말하는 거지.


### 5. 일간

그리고 이 사주는 일주 보니까 암장합이 없져. 그리고 **음색일종**1)이져. **음팔통**2) 이렇게 하잖아여, 기분 나쁜 용어. 그러니 합이라는 게 없져? 그러다 보니까 남성관이 뚜렷하지 않은 거예요. 남녀관이 뚜렷하지 않다고. 그래서 그거를 쇠뚝배기라고 그래여. 그런 의미가 가져 있는데, 다행히 양기가 기세에 하나 있잖아여. 기 사회생을 한 거예요. 양기가 딱 하나 남아 있는데. 그래도 음팔통이라, 합이 전혀...

> 1) 음으로만 되어 음으로 종한다는 말, 음팔통의 다른말

> 2) 음팔통 : 陰八通 사주 여덟글자가 모두 음으로만 되어 있는 경우를 말한다.
> 특히 추동에 태어나 음팔통인 경우, 극단으로 치우칠 가능성이 있으며 정신의 건강이 걱정되는 경우가 많다.

양팔통은 합이 많아여.

**양팔통**3)은 합이 많은데, 음팔통은 합이 잘 이루어지지 않아여. 간 합이 없으면 뭐가 없어여? 소통 불량이라고 했져. 소통 불량이에요. 그래서 남자를 위해서 멘트를 준비 해 놓은 게 얘가 없어여. 엄마가 가서 선보고, 사위 만나보고 엄마가 가서 다 하고, 집도 사주고 그래야 되어.

얘 비니까 어떻게 할 거야? 비견인데. 상신이 비견인데. 어떻게 할 거여. 비견이 없으면 "니가 사." 그러면 되거든여. 사줘야 됩니다.

> 3) 양팔통 : 陽八通 사주 여덟글자가 모두 양으로 되어 있는 경우를 말한다.

제일 아파트 좋네, 거기. 제일 아파트를 사라고 하면 돼. 제일 아파트가 제일 아니여? 하여간 제일 아파트라고 있나 벼, 가서 사라 그래. 제일. 제삼은 아니고.

**질문**
이름이 제일 아파트가 아니라 제일 좋은 아파트 사라는 건가요?
**답변**
아니여, 제일 아파트라고 있을 거예여. 제일 은행도 있는데 왜 없어여? 하여간 제일 아파트 사라고 해. 제일이여, 삼일도 아니고.
그럼, 안녕히들 가세요.

실전임상2 完